U0861938

当代大学生明德教育系列丛书

知诚讲信——诚信读本

华宪成　主　编
肖捷飞　副主编

天津大学出版社
TIANJIN UNIVERSITY PRESS

图书在版编目(CIP)数据

知诚讲信:诚信读本/华宪成主编. —天津:天津大学出版社,2012.5(2022.1 重印)
(当代大学生明德教育系列丛书)
ISBN 978-7-5618-4361-1

Ⅰ.①知… Ⅱ.①华… Ⅲ.①社会公德教育 - 中国
Ⅳ.①D648.3

中国版本图书馆 CIP 数据核字(2012)第 100064 号

出版发行 天津大学出版社
地　　址 天津市卫津路 92 号天津大学内(邮编:300072)
电　　话 发行部:022-27403647
网　　址 www.tjupress.com.cn
印　　刷 廊坊市海涛印刷有限公司
经　　销 全国各地新华书店
开　　本 169mm×239mm
印　　张 14.25
字　　数 295 千
版　　次 2022 年 1 月第 4 版
印　　次 2022 年 1 月第 12 次
定　　价 37.00 元

《知诚讲信——诚信读本》

编写委员会

编写成员：（按章节顺序）

肖捷飞　李林霞　陈　雷

向　利　霍　岩　华宪成

总序

道德教育的使命与责任

改革开放以来，中国从计划经济向市场经济转型，经济建设和社会发展取得了巨大的成就。进入21世纪，经济全球化、信息网络化、价值多元化给正处于转型中的中国社会带来新的冲击。财富利益的分化与侵蚀、行为观念的多元与错位、经济社会的发展与阵痛，使我们的道德体系面临着前所未有的复杂社会生态。在持续多年的经济高速增长的背后，一些领域道德失范、诚信缺失的现象，部分社会成员人生观、价值观扭曲的现象日益暴露出来。食品、药品、交通、建筑等重大安全问题撼动了社会的道德底线，人们疾呼"道德重建""诚信工程""人性良知"；与此同时，张丽莉、郭明义、吴菊萍、吴斌、沈星等一批道德模范，又用其良知和善举，不断感动和震撼着每一个人的心灵。

作为教育界人士，在观察社会道德的同时，我们应当反思当前的道德教育。当今社会道德滑坡的状况反映了我们的家庭教育、中小学教育乃至大学教育中存在的现实问题。

道德是一种意识形态，是人们共同生活及其行为的准则和规范。它往往代表着社会的正面价值取向，是判断行为正当与否的标准之一。它是一门做人的学问，也是一门待人接物的学问。所谓德育，就是对学生进行品格和道德的教育，即人之所以为人的教育。所以，学校的道德教育是一种立人、树人、成人的教育。

那么，德育的目的是什么？就是培养学生形成良好的道德意识、道德品质和道德行为，树立正确的责任、义务、荣誉、正义和幸福感等观念，使其做一个道德纯洁、人格高尚、对社会和人民有贡献的人。因此，道德教育首先是使学生做一个好人，继而做一个贤人（贤德之人），最高层次则是做一个"圣人"。

什么人叫作好人？做到孟子所说的，有"恻隐之心、羞恶之心、辞让之心、是非之心"的人是好人；"做人有底线，做事有常识"的人是好人。两岁女童小悦悦两次被车碾压，在18名路人视而不见的情况下挺身而出救人助人的拾荒阿婆陈贤妹是好人；20年献血6万毫升，

10 多年为希望工程和灾区群众等捐款 12 万元，先后资助 180 多名特困生的普通采场公路管理员郭明义是好人；三十年如一日，义务赡养 6 位无任何血缘关系的孤寡老人，在自家创办的企业安置 20 名农民职工的普通农民林秀贞是好人；20 多年捐款 40 多万元，坚持用 80% 收入做慈善的 96 岁老将军张玉华是好人；用一套房换灾区孩子一幢教学楼的“上海奶奶”沈翠英是好人。而时时处处做好事、全心全意为人民服务的雷锋更是全社会学习的好人楷模。所以，做好人的教育就是挖掘人性中最美好部分的教育。其最终目的，就是要通过教育，在全社会形成一种学好人、敬好人、做好人的良性循环。

什么人叫作贤人？按孔子的标准，耐得住清贫、以快乐的心态坚持做学问的学者颜回是贤人，所以他说：“贤哉，回也！一箪食，一瓢饮，在陋巷，人不堪其忧，回也不改其乐。”按孟子的标准，“贫贱不能移，富贵不能淫，威武不能屈”的人是贤人。按中国传统的标准，做到舍生取义、杀身成仁的人是贤人，精忠报国的大将军岳飞、赤胆忠心的民族英雄文天祥都是这样的人。按中国当代的标准，不远万里来到中国帮助中国抗战的加拿大大夫白求恩和印度医生柯棣华是贤人；身患肝癌、坚持同全县干部和群众一起，与深重的自然灾害顽强斗争的“人民的好公仆”焦裕禄是贤人。还有汶川地震中用自己的身躯保护学生而牺牲的谭千秋等英雄教师们，用一颗大爱无畏的心锻铸出不朽的师魂；黑龙江省佳木斯市女教师张丽莉关键时刻舍生忘死，勇敢地以自己的血肉之躯救出两个学生，此谓大贤人也。按毛泽东同志的说法，他们每个人都是一个高尚的人、一个纯粹的人、一个有道德的人、一个脱离了低级趣味的人、一个有益于人民的人。他们都是能够为国家、为民族、为社会、为人民奉献毕生精力和智慧的人，毫不利己、专门利人的人，这就是贤人。

为实现上述德育的目标，我校构建了以社会主义核心价值体系为指导，以“三讲三心”明德教育为重点的大德育教育体系。这个大德育教育体系就是“一个统领、三个倡导、六个方面、八个结合”。

一个统领，就是以社会主义核心价值体系统领全局。它是兴国之魂，是社会主义先进文化的精髓，决定着中国特色社会主义的发展方向。

三个倡导，就是党的十八大报告中对社会主义核心价值体系的新阐述，即：倡导富强、民主、文明、和谐，倡导自由、平等、公正、法治，倡导爱国、敬业、诚信、友善。这 24 个字是对原有的社会主义核心价值体系的进一步精简和凝练，是从国家、社会和公民三个层面对社会主义核心价值体系进行的精辟阐述。

六个方面，即“三讲三心”，讲诚信、讲礼仪、讲感恩；对国家、人民尽忠心，对父母、长辈尽孝心，对同学、同事尽爱心。这“六个方面”结合了当代社会主义的道德要求，继承了中华民族的优良道德传统，强调培养学生的社会责任感、历史使命感和个人道德感。

八个结合，一是道德教育的民族性与世界性相结合，二是道德教育的历史性与现实性相结合，三是道德教育与政治教育相结合，四是道德教育与思想教育相结合，五是道德教育与心理教育相结合，六是道德教育与法律教育相结合，七是道德教育与公民教育相结合，八是道德教育与知识教育相结合。

第一，道德教育的民族性与世界性相结合。

不可否认，道德是具有民族性的。不同民族、国家或阶级的人群有不同的道德观念和道德标准。中华民族传统伦理讲究“仁、义、礼、智、信、温、良、恭、俭、让”，西方现代伦理道德观念认同“自由、平等、人权、博爱”。但是，在不同民族、不同道德观念中总是存在一个共同的、赖以互相沟通的因素，那就是要使人成为一个人、一个好人的基本要求。德国人拉贝在南京沦陷时期先后保护了20多万难民；印度诗人泰戈尔为和平正义而赋诗声援中国抗战；我国新疆维吾尔族大叔阿里木江·哈力克靠卖羊肉串谋生，以微薄收入资助数百名贫困学生。尽管这些人国籍不同、民族不同，但他们是大家都认同的好人。所以，我们既要发扬以中华文明为基础的民族传统美德，发扬现代革命传统美德，又要以开放、开明的心态向世界其他文明学习，学习其他文明当中有益、有用的部分，采用审慎的态度，做到“洋为中用”。道德本身不但具有民族性，也具有世界性。我们通常说的各国、各民族之间要“求同存异”，这个“同”就是大家都认可的共同的道德理念和价值标准，其具有普遍性、包容性、基础性和开放性的特点。如果道德只有民族性没有世界性，在经济全球化背景下，人们如何交往？各国之间若没有共同的价值观念，如何谈判沟通？因此，我们要把世界文明的共同成果和价值共识作为德育的重要资源之一，促使学生在中华民族传统美德和世界先进文明的熏陶中成长、成人、成才。

第二，道德教育的历史性与现实性相结合。

任何一个民族的道德都有其产生的历史过程。在这个历史过程中，道德观念不断融入人们的血液中，形成心理文化积淀。道德的传承是道德发展的基础。正如马克思所说的历史“是在直接碰到的、既定的、从过去承继下来的条件下创造”的。当然，道德是发展的，不是一成不变的。但是总有一些古今相通的要素，它们具有跨越时空的价值。我们权且称其为永世价值。例如：古代讲公忠体国，现在讲爱国主义；古代讲舍生取义、杀身成仁，现在讲舍生忘死、见义勇为；古代讲仁者爱人，现在讲团结友爱；古代讲“不独亲其亲，不独子其子”，现在讲尊老爱幼；古代讲“和而不同”，现在讲“求同存异”、构建和谐社会，等等。这些无疑是可以继承的。只有积极传承历史发展过程中的优良道德传统，才能站在一定高度，为道德的持续发展做出新的贡献。所以，在构筑大学生的道德观和价值观时，历史与现实是不可或缺的两个维度。德育既要发扬我国优秀文化传统，又要关注社会现实，彰显时代特色。正如胡锦涛同志所说，要“弘扬传统美德，倡导新风正气”。

第三，道德教育与政治教育相结合。

道德教育不同于政治教育，它有一套相对独立和完整的教育体系。在政治教育中，突出用马克思主义的立场、观点和方法来分析现实问题，阶级、政党、政权、政治制度和政治理念居于中心地位。在道德教育中，培养具有完整人格的人是其主要任务，更注重人的存在和精神追求，道德信念、道德品质和道德规范居于中心地位。新中国成立后，有一段时期道德教育出现泛政治化的倾向。1995 年，钱伟长在《切实解决教育发展中的几个紧迫问题》中就指出，“在德育工作中，往往以政治教育代替道德教育……以至流于形式”。但是，如果只有道德观念，没有正确的政治信念和追求，不关心国家的前途和命运，显然不妥。因此，我们的大德育是在强调道德教育的同时，结合政治教育，帮助学生树立正确的政治方向。这其中，爱国主义无疑是当前经济全球化时代必须要强调的主旋律之一。一直以来，爱国主义就是中华民族的光荣传统和崇高美德，也是中国各民族大团结的政治基础和道德基础。存有爱国之心，才有报国之行；对祖国的成就和文化感到自豪，具有强烈的民族自尊心和民族自信心，才会竭尽全力，为中国屹立于世界民族之林做出应有的贡献。

第四，道德教育与思想教育相结合。

持不同思想观念和宗教信仰的人，不决定其道德水平的高低。道德是一个对任何国家、民族、人群更普通的东西，而理论、思想、信仰是因人或人群而异的。我们不能要求所有人都信仰马克思主义，也不能要求都信仰某种宗教，但应要求人们遵循人类文明的道德底线。获得诺贝尔和平奖的特蕾莎修女信奉天主教，但是作为慈善工作者，她的一生主要替印度加尔各答的穷人服务；南丁格尔奖章将荣誉赋予来自全世界各个国家秉持人道原则、胸怀慈善美德的慈善人士，不论其信仰和身份，这充分说明不同思想和信仰的人群中都有好人。但是，道德教育与思想教育是紧密相连的。二者结合，有助于良好道德观念的树立和形成。因为道德是基础，思想信仰是更高层次的追求，是对终极价值的判断，具有巨大的能动作用。道德教育与思想教育相结合，使学生了解和领会马克思列宁主义、毛泽东思想、邓小平理论、“三个代表”、科学发展观及习近平新时代中国特色社会主义思想，学习和掌握历史唯物主义和辩证唯物主义的思想方法，才能够更好地帮助大学生树立正确的世界观、人生观和价值观，从而提升其道德观念和道德水平。

第五，道德教育与心理教育相结合。

道德教育关注个体人格的完善和行为的规范，侧重对人的世界观、人生观和价值观进行教育；心理教育关注个人合理的心理需求和对良好的心理素质的培养，侧重对动机、情绪、兴趣、意志等心理品质的教育。近年来，面对多元文化冲击和社会转型时期的复杂环境，学生的心理健康教育日益成为其全面发展不可或缺的要素之一。马加爵杀人、留学生刺母、刘海洋硫酸伤熊等事件，都反映了个别大学生严重的心理问题与道德问题。当前,学业问题、情绪问题、情感问题、人际关系问题、环境适应问题和特殊群体问题是大学生中普遍存在的心理健康问题。道德的形成有赖于心理结构中认知、情感、意志、行为的全面发展,而成熟、稳定的心理状况是科学世界观、人生观、价值观确立的保证,是良好道德素质形成的基础。因此,道德教育与心理教育有机结合,才能培养出学生高尚的道德情操,促进学生健康心理品质的形成。

第六,道德教育与法律教育相结合。

道德是自身观念对个体行为的内心约束,是一种自发自律;法律是从外部对人的行为进行约束,是一种外发他律。道德来源于人类社会发展过程中的人文自觉,总体而言是先于并高于法律的,因此是一种更高层次的追求。所以,道德是法律的外延,法律是道德的底线。但是,道德和法律作为维持社会秩序的两种手段,二者缺一不可。道德通过扶正和扬善伸张正义,法律通过压邪和惩恶匡扶正义。中共中央印发的《公民道德建设实施纲要》就强调:“把法制建设与道德建设、依法治国与以德治国紧密结合起来。”因此,在大学生教育中,道德教育要与法律教育相结合。一方面,引导学生加强自身道德修养以健全人格;另一方面,教育学生了解法律制度以规范行为。最终,就是要形成自律和他律的统一。

第七,道德教育与公民教育相结合。

道德教育主要是对人的道德意识、观念和行为进行教育。公民教育一词来源于西方民主社会,特别是美国,“做合格的公民”一直是美国价值教育的一个目标。中国过去的德育更多地是培养“臣民”,自五四运动后才兴起公民教育。公民教育相较于道德教育,更注重形成现代公民的公民意识和公民行使权利与义务的能力,更加强化国家认同和身份认同。公民教育的基本使命,是使学生对中国特色社会主义政治制度、政党、政府的运作机制以及民主与法制加深了解,学习参与社会公共事务的知识和技能,明白公民的权利和义务,培养学生积极参与社会事务、为国家和社会服务的责任意识。把道德教育与公民教育相结合,就是在健全人格和价值判断的基础上,教会学生参与国家事务、肩负社会责任、承担相应义务。我们不仅要培养行得正、走得直、坐得端,重品行、明是非、讲礼仪的有德之人,也要培养“先天下之忧而忧,后天下之乐而乐”的合格公民。

第八,道德教育与知识教育相结合。

有知识不代表有道德,考分高不等于品德好。美国纽约大学心理学教授海姆·吉诺特是纳粹集中营里的幸存者,在他写给老师的一封信中说道:“我亲眼目睹了一般人看不到的事情:毒气室由有学识的工程师建造;孩子们被受过教育的医生毒死;婴儿被训练有素的护士谋杀;妇女和孩童被受过高中或大学教育的毕业生射杀。”所以,我们的教育不应当培养“学识渊博的野兽、身怀绝技的疯子、受过教育的纳粹”。相反,拾荒阿婆陈贤妹救起小悦悦,获得“第三届全国道德模范”荣誉的普通村民刘兴元、刘贺龙父子和舍己救人、营救落水儿童的胡文传，这些平民英雄没有渊博的知识，但是他们有高尚的道德。所以，知识不等于道德。当然，广大人民勤劳向善的风貌是优良的历史传统和清正的社会风气“风化”的结果。对大多数人来说，受教育程度高，道德水平也相应高一些。新中国成立初期，钱学森、华罗庚、梁思礼、朱光亚、邓稼先、钱三强等著名科学家，放弃在国外优厚的工作待遇和生活条件，冲破重重困难回到祖国，报效国家，展现了爱国知识分子的高尚情操和道德水平。因此，一切知识，只有用在把学生教育得更有人性时，才更为重要；只有道德教育和知识教育统一协调发展，才更有利于培养德才兼备的人才。

无论什么教育都是以知识教育为基础的，德育也不例外。我们说，德育要回归生活，绝不是否认道德知识教育的重要性和必要性。我们一定要明白，学习道德知识对于稳定品德的形成、树立正确的思想观念、养成良好的道德品质是必不可少的。本套丛书共六册，包括《忠义千秋——忠义读本》《孝悌力行——孝悌读本》《大爱仁心——仁爱读本》《以礼立人——礼和读本》《知诚讲信——诚信读本》《感恩怀德——感恩读本》，将为培养好人、贤人发挥重要的作用。同时，该丛书有幸由天津大学出版社出版，也是我对母校“天大”多年来培育教导表示的感恩。

我衷心希望大家学习好、应用好这套丛书，修身明德，止于至善，使自己在个人品德、职业道德、社会公德方面都有提升，做一个有理想、有思想、勇担当、负责任、德才兼备的优秀公民！

党委书记、院长 郁庚葳

前言 Preface

诚信是中华民族传统美德中的重要组成部分。在中国,历代圣贤先哲都始终坚持以诚信为本。孔子说:"人而无信,不知其可也。"孟子说:"诚者,天之道也;思诚者,人之道也。"司马光也曾说:"夫信者,人君之大宝也。国保于民,民保于信。非信无以使民,非民无以守国。是故古之王者不欺四海,霸者不欺四邻。善为国者,不欺其民;善为家者,不欺其亲。"在中国历史上曾有"杀猪示信""一诺千金""一言既出,驷马难追"等诸多关于诚实守信的美谈佳话,形成了中华民族特有的重承诺、守信义、以诚立业、取信于人的优良道德传统。

历史进入21世纪,中国人将告别贫困,跨越小康,走向富强,实现梦寐以求的民族振兴梦想。在这一历史性转折的重要时刻,传承中华民族的诚信美德,加强诚信建设,在全社会形成良好的诚信之风尤为重要和迫切。改革开放以来,中国经济发展取得了举世瞩目的巨大成就。但是,在中国经济迅速发展过程中,中国社会也出现了一些新的问题,其中,社会诚信缺失愈演愈烈,已成为当今中国最严重的社会问题之一。政务失信,以权谋私、贪赃枉法、行贿受贿,一个又一个贪官在腐败中倒下;一些国家公务人员不认真履行职责,为了政绩弄虚作假,造成社会财富的巨大损失。商务失信,一些企业不择手段追求自身的经济利益,虚假广告,制假贩假,以次充好,缺斤短两。近些年,让中国人寒心而又气愤的"毒奶粉""地沟油""瘦肉精""染色馒头"……让人们在现实生活中不知道什么东西可放心吃,什么东西可放心喝,什么东西可放心用……一些企业诚信的严重缺失不仅严重地扰乱了中国社会的正常生活,还造成了每年上千亿元的经济损失,造成了社会财富的巨大破坏,影响了中国社会和经济的和谐发展。同时,中国社会生活中的这些不诚信行为,正影响着当代中国青少年的健康成长。在大学生中，一些人考试舞弊，论文抄袭，履历造假，不能按时归还助学贷款……这些不能不让人们对中国社会的未来忧心忡忡。

这些年来，党和国家高度重视中国社会转型期所面临的诚信缺失问题。2001 年中共中央印发了《公民道德建设实施纲要》，在全社会大力倡导“爱国守法、明礼诚信、团结友善、勤俭自强、敬业奉献”的基本道德规范。党的十六大报告更是明确提出当前认真贯彻《公民道德建设实施纲要》，要“以诚实守信为重点”。党的十七届六中全会通过的《中共中央关于深化文化体制改革推动社会主义文化大发展大繁荣若干重大问题的决定》指出：“把诚信建设摆在突出位置，大力推进政务诚信、商务诚信、社会诚信和司法公信建设，抓紧建立健全覆盖全社会的征信系统，加大对失信行为惩戒力度，在全社会广泛形成守信光荣、失信可耻的氛围。”党的十八大报告针对当前社会诚信缺失，提出：“深入开展道德领域突出问题专项教育和治理，加强政务诚信、商务诚信、社会诚信和司法公信建设。”要在全社会“倡导富强、民主、文明、和谐，倡导自由、平等、公正、法治，倡导爱国、敬业、诚信、友善，积极培育和践行社会主义核心价值观”。

加强学生的诚信建设，对于学生的成长、成才至关重要，是一件刻不容缓的大事。学生是我国社会主义现代化事业的建设者和接班人，是国家宝贵的人才资源，是民族的希望，祖国的未来。加强学生的诚信教育，引领学生在学习生活中，自觉加强诚信道德修养，努力培养诚实守信品格，正确认识社会发展规律，确立崇高的人生理想和信念，在学习上诚实严谨，勤奋好学，求实创新，练就真才实学，自觉担当社会重任，成为德、智、体全面发展的人，未来的中国才能充满希望。

本书通过生动有趣的故事向学生介绍了中华民族历史上讲信誉、守诚信的人和事，让学生懂得知诚讲信一直被中国社会尊为美德，传承中华民族美德。本书通过对坚守诚信、情为民所系、利为民所谋、权为民所用的当代中国社会脊梁的讴歌，对一些受利益驱使、见利忘义、不讲诚信、损害社会和他人利益的人和事的鞭笞，弘扬中华民族的美德。本书通过对当今中国社会诚信缺失和诚信建设面临种种困难的剖析，以及对解决诚信缺失问题途径的探讨，引导学生在学习生活中，正确认识当前中国诚信缺失，确立“人无诚信不立，国无诚信不强，社会无诚信而危”的诚信理念，加强思想道德修养，培养诚信品质，做到以诚为本，以诚立身，说诚信话，办诚信事，做诚信人，并以自己的实际行动影响和促进全社会诚实守信良好社会风尚的形成，实践中华民族的美德。

编者

2020 年 1 月

目　录
Contents

第一章
诚信概述

导论

中华民族自古以来就是礼仪之邦，诚信一直是中华儿女的传统美德。在五千多年的历史长河中，有无数英雄人物以诚信美德赢得后世称颂。古有曾参杀猪取信、重耳退避三舍信守承诺，又有刘玄德、张翼德、关云长桃园三结义，还有嵇康信友托孤、山涛守信不避嫌抚育遗孤，更有曹操断发示诚信、周亚夫恪守承诺一视同仁守军规……正是因为他们信守承诺，才能在历史舞台上光彩夺目，受人敬仰。作为当代大学生，理应明白诚信的概念："诚"和"信"的含义；了解我国诚信观念的形成及演变，以及中西方诚信观的差异，最终形成我国现代诚信价值观。

第一节　诚信的概念、形成及演变

2001 年的全国高考作文是以"诚信"命题的：一个年轻人，在漫漫人生路上经过长途跋涉，到达一个渡口的时候，他身上已经有了七个背囊：美貌、金钱、荣誉、诚信、机敏、健康、才学。渡船开出的时候风平浪静，过了不知道多久，风起浪涌，上下颠簸，险象环生。老艄公对年轻人说："船小，负载重，客官你必须丢掉一个背囊，才可安全到达。"看年轻人不肯丢掉任何一个，老艄公又说："有弃有取，有失有得。"年轻人想了想，把"诚信"丢到了水里。

读了这个故事的我们都为这个丢掉"诚信"的年轻人感到惋惜，因为他把人生中最重要的东西丢掉了。一个诚实守信的人，是一个正直的人，是一个胸怀坦荡的人。即使他没有美貌，没有金钱，没有荣誉，没有机敏，没有健康，没有才学，也仍然能活得坦荡，活得问心无愧。现在，社会选拔人才时最看重的还是品德。因为诚信是我们为人处世最基本的品德。

（图片来源：http://www.anshow.com/html/huibenmanhua/2009/1229/373.html）

一、诚信的概念

> 名言警句：
>
> 诚，百行之源，五常之本。
>
> ——周敦颐
>
> 信犹五行之土，无定位，无成名，而水金木无不待是以生者。
>
> ——朱熹

（一）“诚”的含义

“诚”是自然规律和做人法则的内在根源。“诚”是人立足于社会的基础，是最基本的道德规范。在“诚信”道德规范中，“诚”是“信”的根本。一个人，只有“诚”于内，才能“信”于外。

“诚”就是真实不欺的道德品质。中国古代思想家们以“实有是心”“实有是事”

解释“诚”。“诚”的基本含义就是真实。“诚”即是真心、真言、真行，没有虚伪和欺诈。“诚”的来源有以下几点。

1. 对鬼神、祖先的信任

在传统的道德思想中，“诚”首先源于对鬼神、祖先的信任。《尚书·商书·太甲下》中就记载了伊尹对太甲说：“鬼神无常享，享于克诚。”①意思是说，人只有先诚实地相信鬼神，鬼神才能按人所期望的那样，然后才会保佑、延福于这个人，这里强调的是对鬼神信任的重要性。

2. 自然万物本性的哲学范畴

“诚”在古代思想家们眼中，逐渐成为能够体现自然万物本性的哲学范畴。《中庸》中说：“诚者，天之道也；诚之者，人之道也。”②天指的是自然。道就是规律法则。天之道就是自然的规律。人之道就是做人的道理和法则。自然界的万事万物都是真实的，没有虚假的；真实是宇宙万物存在的基础，所以说诚是天之道。在中国传统哲学思想里，自然规律和做人的法则是一致的，做人的法则依照于大自然的规律。“诚者，非自成己而已也，所以成物也。”③这句话的意思是，诚是大自然的规律，是做人的法则；只有依靠着诚，依靠着万物相通的本性才能完成自我的实现。诚是自然规则和规律，它贯穿于事物发展的全过程，离开诚，事物本身就不存在了。

3. 自然规律和做人法则的内在统一

“诚”是自然规律和做人法则的内在统一。自然规律是“诚”的根本特征，是万事万物存在、繁衍的基本事实；做人法则是对大自然规律的尊敬和效法。朱熹后来解释时说：“诚者，真实无妄之谓，天理之本然也。”④诚就有了客观真实、实际存在的意思。我国的儒家学说一直很重视“诚”，常常将“诚”与“真”“实”等概念相关联，后来也就演绎为诚实、真诚等道德品质。

案例链接

晏殊进士考试

诚实真诚是我们立身处世的基本准则，是受人尊敬和信任的必要前提。北宋婉约派词人晏殊，便是一个诚实可靠的人。晏殊自幼聪颖过人，五岁便能作诗，有“神童”之称。江南安抚使张知白听说以后，便极力推荐他进京参加考试。在他十四岁

① 孔颖达. 尚书正义. 上海：上海古籍出版社，1990.
② 朱熹. 四书章句集注. 北京：中华书局，1983.
③ 朱熹. 四书章句集注. 北京：中华书局，1983.
④ 朱熹. 四书章句集注. 北京：中华书局，1983.

那年，晏殊与一千多名进士一起进行殿试。到复试时，晏殊发现考试题目是自己以前曾经做过的，便如实向宋真宗禀报，并请求改换题目。宋真宗本来就欣赏晏殊的才华和博学，再加上他诚实、真诚的品德，便更加赞赏，赐他同进士出身，后授给他秘书省正字的职位。

（图片来源：http://epaper.lnd.com.cn/html/bdcb/20100718/bdcb500773.html）

点评：尽管晏殊自小就聪慧过人，但他仍然严格要求自己，为人正直诚实。也正是因为他的诚信，才能获得宋真宗的信任与重用。

4. 为人至善的道德规范

"诚"已演变为一种至善的道德规范，既是一切具体的道德规范的基础，又是为人道德修养的一种最高境界。《中庸》中说："诚之者，人之道也。"①《孟子》中说："思诚者，人之道也。"②在这里，"诚"作为道德规范，是为人的法则。儒家认为，大自然的本质特征就是诚，它是真实存在的，而作为大自然中的成员，人的本质特征也应该体现出大自然的本质特征，那么"诚"作为为人法则也是毫无疑问的。"诚"体现出了人的生命存在和生活本身的真实，更是人性本身的内在要求。所以朱熹曾经这样解释过："诚之者，未能真实无妄而欲其真实无妄之谓，人事之当然也。"③意思是说，人应该保存大自然"诚"的本质特征，但是这一本质特征并不是人天生就完全具有的；人应该看到这些不足，通过后天的教育等努力，不断地培养"诚"的品德。所以，儒家特别强调"诚"对于自我修养的意义，认为真实诚信才能够修养身心品德，而后才能"齐家、治国、平天下"。

---

① 朱熹. 四书章句集注. 北京：中华书局，1983.

② 赵岐. 孟子注疏. 上海：上海古籍出版社，1990年，影印《十三经注疏》阮元校刻本.

③ 朱熹. 四书章句集注. 北京：中华书局，1983.

案例链接

曾参杀猪

（图片来源：http://paper.wenweipo.com/2003/04/20/ch0304200140.htm）

古往今来，诚信是一个人立身处世的根本品质。儒家特别注重后天的教育对人诚信道德品质的培养。孔子的后学曾参杀猪给儿子吃就是一个很好的例子。有一天，曾参的妻子要到市集买东西，在旁玩耍的小儿子看见，赶忙跑上前去，扯着母亲的衣襟，又哭又闹，希望母亲也带他一起去。曾参的妻子怕年幼的儿子走不动路，不愿意带他去，但又被儿子缠得没有办法，只好哄着儿子说："好儿子，只要你乖乖地待在家里，自己一个人玩儿，等妈妈回来了就把咱家的肥猪杀了给你吃，如何？"

儿子一听可以杀猪吃，马上就止住了哭声，眨巴眨巴眼睛，望着妈妈说："真的么？"母亲点了点头。儿子的脸上立即露出了笑容，蹦蹦跳跳地跑到一边，再也不吵着要去集市了。这一切都被站在一旁的曾参看在眼里。

杀猪吃本是曾参妻子哄儿子的一句玩笑话，曾参的妻子自然没有将这句话放在心上。等她买了东西回到家里，便看见曾参正拿着绳子捆自家的肥猪，身边还放着明晃晃的杀猪刀。妻子一看，慌了，急忙拉住曾参说："你疯啦？刚才我被儿子缠得没有办法了，才哄他说杀猪给他吃，你倒好还当真了不成？"曾参严肃地对妻子说："做母亲的怎么能够随便欺骗小孩子呢？他那么小，什么都不懂，只会学父母的样子，听从父母的教诲。你说话不算话，欺哄了孩子，就是在教他说假话，欺骗人。再说了，今天你欺骗了他，儿子便觉得母亲的话都不可信，以后你再怎么教育他，他也不会再听你的话了，你以后还怎么教育孩子呢？"

妻子听了，觉得丈夫的话很有道理，尽管心中不舍，但最后还是跟丈夫一起把猪杀了，给儿子。

点评：在中国的传统道德体系中，"诚"不仅是最基本的、最重要的道德规范，更是道德修养中的基本态度。中国传统教育更为重视幼儿的家庭教育，因为父母是孩子的第一任老师，父母的言传身教对孩子品德和性格成长尤为重要。曾子因妻子对儿子的一句玩笑话而杀猪，用自己的实际行动来教育儿子、感染妻子。这件事会在儿子心中打下信守承诺的烙印，并且教会儿子怎样做一个言行一致的人。

（二）“信”的含义

“信”是道德品质的外在表现和普遍要求。“信”的基本内涵是真实可信、诚实不欺；守言行诺、言行一致。《春秋谷梁传·僖公二十二年》就记载过这样的一段话：“人之所以为人者，言也。人而不能言，何以为人？言之所以为言者，信也。言而不信，何以为言？”①人和动物的区别在于可以说话，能用语言交流；之所以会说话并能够用语言交流，是因为所说的一定要做到，言行一致；“信”是言之所以为言、人之所以为人的根本原因，所以，言必真，必可信。

案例链接

宋濂守信还书

（图片来源：http://www.jhnews.com.cn/jhwb/2010-10/14/content-1265701.htm）

宋濂是我国明代文学家，被明太祖朱元璋称为“开国文臣之首”。他是一位信守承诺、诚实可靠的人，受到了皇帝的信赖和周围人的尊敬。宋濂从小酷爱读书，但家里贫困，没钱买书更上不起学，他只好向别人借书。每次借书，他都按照约定好的归还时间，按时还书，从不违约，所以大家都愿意把书借给他。

有次正当寒冬数九天，滴水成冰时，宋濂借到一本书，爱不释手，马上连夜抄书。最后手指冻得通红，动也动不了。母亲心疼孩子，便劝他：“孩子，都大半夜了那么

① 谷梁赤.春秋谷梁传.台北：商务印书馆，1983.

冷，等天亮再抄吧，别人又不等着这书看。”宋濂却说：“不管别人是不是等这书看，到了归还的时间就要还，这是信守诺言，也是尊重别人的表现。”抄完以后，他马上把书送还给别人，不敢耽误。就这样宋濂信守诺言，靠着借书读的方式饱览群书，最后成为知识渊博的人。

点评：宋濂虽然家境贫寒，但品行诚实守信，无论条件多么艰苦，借来的书总是按时归还。这样宋濂在大家心目中赢得了信赖，大家都愿意把新书、好书借给他。依靠这样的读书方式，宋濂通过自己的诚实行动和刻苦努力，成为一代重臣。

亲爱的同学们，看到这样的宋濂，再回想自己平时到图书馆借书有没有出现超期未还书的情况呢？未按时归还图书可是不诚实守信的行为，不仅影响到自己在学校学习生活的信用度，而且还耽误了真正需要看书的同学，同时还要缴纳一定的超期费用，多不划算呀。

同学们，从今天开始，从自己做起，从身边人做起，时刻提醒自己和周围的朋友同学，按时归还所借的图书或其他物品。

1. 外在的伦理道德规范：信守诺言

中国现存最早的史书《尚书》中记载了“信”的意思：“此厥不听，人乃或诪张为幻，曰小人怨汝詈汝，则信之。”①这里的“信”是相信的意思。《尚书·周书·无逸》中记载了武王伐纣的誓师词，里面历数商纣罪行：现在的商纣王只听信妲己的话，对祖先的祭祀不闻不问，抛弃了自己的国家，不任用同宗的长辈和兄弟，却将重任授命于四方八面的罪人逃犯。在这里，“信”是指对人的信任。另外，“罔中于信，以覆诅盟”②中的“信”是指誓言、承诺和约定。

《说文解字》解释“信”为：“信，诚也，从人言。”③从“信”的字面理解便是“人言为信”，意思是要说到做到，信守诺言。东汉刘熙《释名》指出：“信，申也，相申述使不相违也。”④其意指，人们的行为应当是其言语承诺的相应延伸。孔子说：“信近于义，言可复也。”⑤即信和道义是相近的，说过的话要能实行和兑现。孟子也提出“朋友有信”，并将“信”作为处理五种人伦关系的重要规范之一。孔子把“诚信”看作为人立世的基点，把“言必信，行必果”⑥“敬事而信”⑦等作为规范弟子言行的基本要求，将“信”视为求学做人的前提和基础。当代学者朱伯昆先生在解释儒家伦理中的“信”

---

① 孔颖达. 尚书正义. 上海：上海古籍出版社，1990.

② 孔颖达. 尚书正义. 上海：上海古籍出版社，1990.

③ 段玉裁. 说文解字注. 上海：上海古籍出版社，1981.

④ 刘熙. 释名. 台北：育民出版社，1970.

⑤ 刘宝楠. 论语正义. 北京：中华书局，1986.

⑥ 刘宝楠. 论语正义. 北京：中华书局，1986.

⑦ 刘宝楠. 论语正义. 北京：中华书局，1986.

时说，“信有二意：信任和信用。其核心内容是诚实不欺”①。可见，“信”的含义就是诚实不欺、恪守诺言，忠实地践履自己的许诺。

案例链接

晋文公守信退避三舍

（图片来源：http://www.966.com/xw/201011/72484.html）

“春秋五霸”之一的晋文公重耳“退避三舍”信守诺言的故事，传为美谈。

晋文公重耳是晋献公的儿子。晋献公年老时，宠爱骊姬，想把骊姬的小儿子奚齐立为太子，就把原来的太子申生杀了。太子申生一死，晋献公的儿子重耳和夷吾只得逃亡国外，以躲杀身之祸。

就这样，重耳流亡到了楚国，楚成王将重耳视为贵宾，热情款待。有一天，楚成王半开玩笑半认真地问道：“如果公子返回晋国，你将拿什么来报答我呢？”重耳说：“男壮丁、美女、美玉丝绸，您都有了；羽毛兽类、象牙皮革，都是贵国的特产；那些流散到晋国的人，都是您剩下无用的了。我拿什么来报答您呢？”楚成王笑道：“即使这样，您总得要报答我点什么吧？”重耳想了想回答道：“如果托您的福，我能安全顺利地回到晋国，那么如果晋国和楚国交战，双方军队在中原遇见了，我就让晋军退避三舍。如果得不到您退兵的命令，我只有左手拿着马鞭和弓梢，右边挂着箭袋和弓套奉陪您较量一番。”

① 朱伯昆.先秦伦理学概论.北京：北京大学出版社，1984.

后来重耳回到晋国即位。公元前632年，诸侯争霸，晋国攻下楚国的两个附属国，把曹国和卫国的国君都俘虏了。楚军趁机进攻，晋文公重耳便下令往后撤退九十里。

晋军中有些将士不明白："我们的统帅是国君，对方带兵的只是臣子，哪儿有国君给臣子让道的理啊？"

狐偃解释道："打仗要先评个理，才能理直气壮。当初楚王曾帮助过主公，主公也曾答应过楚王，要是两国交战，晋国愿意退避三舍。今天我军往后撤退九十里，就是为了实现这个诺言。要是我们对楚国失信，那么我们就理亏了。如果退了兵，他们还不罢休，步步紧逼，那就是他们输了理，我们再跟他们交手也不迟啊。"

楚军有些将军见晋军后撤，便想停止进攻。可成得臣却不同意，仍然紧逼晋军，追到城濮。成得臣还派人向晋文公下战书，措辞十分傲慢。晋文公派人回答："贵国的恩惠，我们从来不敢忘记，所以今天我们退让到了这里。现在既然你们不肯谅解，那么我们只有在战场上见。"

成得臣骄傲自大，不把晋军放在眼里，结果中了埋伏，最后楚军被晋军杀得七零八落，溃不成军。

晋文公在"城濮之战"中奠定了自己"春秋五霸"之一的地位。

点评：在这一场战斗中，晋文公践行了当年许下的承诺，不惜退避三舍，许多将士很不理解，可能还有很多同学看到这里也会觉得晋文公有点傻、有点呆：这是多好的进攻时机呀，怎么这样就放弃了呢？其实不然，晋文公这次退避三舍，不仅遵守诺言，而且还赢得了晋国民众的尊敬和信任，老百姓都会认为：晋文公在打仗这样的关键时刻都能恪守承诺，更何况是平时治理国家呢？甚至晋文公还会赢得楚国上至君主下至百姓的尊敬。

晋文公这次退而守信，为后世所称颂，也为他以后成为中原霸主奠定了坚实的基础。

先秦诸子百家都十分强调"信"的作用，儒家思想中把它列为处理人与人关系的道德准则，强调无论是对人还是对己都必须诚实。孔子认为"信"即是仁，他曾经指出"能行五者于天下为仁矣"①，这五者分别是"恭""宽""信""敏""惠"，都属于孔子"仁"的范围。既然"信"属于"仁"，那么人与人之间的交往也应该有"爱人"的含义了。所以孔子认为："人而无信，不知其可也"②。他将"信"作为人的道德标准之一，是做人的起码要求。孔子极其痛恨那些表里不一、油嘴滑舌、口蜜腹剑的人。他还认

① 刘宝楠.论语正义.北京：中华书局，1986.

② 刘宝楠.论语正义.北京：中华书局，1986.

为“言必信,行必果”①,把“信”看作个人必备的品德;他还将“忠于信”置于人伦第一位,认为人无信,就不能做人,更不能得到别人的信任。孔子还将“信”列为“四教”之一。《论语》中记载:“子以四教:文、行、忠、信。”②由此可见孔子对“信”的重视。孟子则将“信”看作与“善”同等重要的基本品质:“思诚者,人之道也。”③

《吕氏春秋》中还专有《贵信》一文,实际上是先秦诸子学者对“信”的总结。此文强调,“信”曾被视为“天道”。它还强调,守信从长远来说必然会带来利益和成功,失信必然带来损失和失败④。

汉代董仲舒将“信”与“仁”“义”“礼”“智”并列为五常,最后成为封建集权时期儒家道德规范之一。孔子说:“人无信不立。”⑤信守诺言是做人的道德支撑,没有诚信便无以立足。朱熹将守信作为人安身立命的根本:“人道惟在忠信……人若不忠信,如木之无本,水之无源,更有甚的一身都空了。”⑥陆九渊则将讲诚信作为人区别于动物的标准,对那些不讲忠信的人更是恨之入骨:“人而不忠信,何以异于禽兽者乎?”⑦

2. 君臣为政之道:恪守承诺

古代的思想家们认为,“信”不仅是朋友之伦理规范,更是君主建立王道政治和“威动天下强”的关键。《尚书·周书·康王之诰》记载:“昔君文武丕平富,不务咎,厎至齐信,用昭明于天下。”⑧康王追忆先王之道,提到文王武王行其大道,天下太平,万民殷富。不允许行过失丑恶之事,达到圣德昭明、齐信于天下。这里的“信”是指治国行政上的信用。孔子将“忠于信”置于人伦交往的第一要务,认为人而无信,就不能做人,更不能得到别人的信任。在他看来,只有“言必信”,才能“行必果”。对朋友如此,对君主也是如此。

信是统治者有效地治理国家、维护统治的根本保证。只有统治者恪守自己的诺言,臣民才会信任、拥护统治者;如果统治者不能恪守承诺,终将遭受臣民的抛弃,甚至是杀身之祸。

更重要的是,只有统治者恪守承诺,做到有法必依、刑赏分明,不随心所欲,才能让民众遵纪守法。《论语·子张》中便有这样的话:“君子信而后劳其民。”⑨意思就

---

① 刘宝楠.论语正义.北京:中华书局,1986.
② 刘宝楠.论语正义.北京:中华书局,1986.
③ 赵岐.孟子注疏.上海:上海古籍出版社,1990年,影印《十三经注疏》阮元校刻本.
④ 许维遹.吕氏春秋集释.北京:中华书局,2009.
⑤ 刘宝楠.论语正义.北京:中华书局,1986.
⑥ 黎靖德.朱子语类.北京:中华书局,1986.
⑦ 陆九渊. 陆九渊集.北京:中华书局,1986.
⑧ 孔颖达.尚书正义.上海:上海古籍出版社,1990.
⑨ 刘宝楠.论语正义.北京:中华书局,1986.

是说，只有统治者讲信用、守信用，才能统治民众。

案例链接

周幽王烽火戏诸侯

（图片来源：http://www.plcsky.com/ls/sjzt/122136.html）

公元前779年，也就是周幽王三年，周幽王姬宫湦骄奢淫逸。自从得到褒国进献的美女褒姒后，封其为妃，更是整天沉溺于后宫佳丽之中，荒废朝政。褒姒生性不喜言笑，面对宫中琼楼玉宇，锦衣玉食，美酒佳肴，她怎么也笑不出来。但褒姒天生丽质，美艳绝伦，整天愁云密布岂不成为一大憾事。周幽王看在眼里，急在心里，为了目睹褒姒一展笑容，大臣们千方百计，但始终不得效果。

一天幽王带褒姒到骊山出游，奸臣虢石父献出烽火戏诸侯这个计策，幽王决定试一试，于是命令点燃烽火。烽火台上的青烟直冲云霄，各路诸侯见烽火报警，以为京城出现敌情，急忙整装带兵来到烽火台。各路诸侯火速赶到烽火台后看见君主安然无恙，面面相觑，如丈二和尚摸不着头脑。而褒姒这时游兴正浓，看到各路诸侯蜂拥而至，个个汗流浃背，满脸是灰，于是向周幽王询问，幽王笑而不答。看到这种场面，褒姒忍不住开怀大笑。看到褒姒终于开了笑口，而且笑时花枝乱颤，周幽王不禁喜笑颜开，忘乎所以。风尘仆仆的各路诸侯军这才终于明白，烽火报警，调兵遣将，原本只是为博宠妃一笑。无奈王命如山，大家只得悻悻离去。为讨褒姒展开笑颜，幽王几度故伎重演。后来褒姒生了儿子，幽王十分高兴，取名伯服。

公元前774年，幽王废了申王后和太子宜臼，立褒姒为王后，伯服为太子。同时重用善进谗言的奸臣虢石父为卿，国人怨声载道。申王后把所有事情都告诉父亲申侯，申侯非常愤怒，毅然联合两个诸侯攻打西周。兵临城下，周幽王慌忙点燃烽火报警。屡受戏耍的各路诸侯以为又是昏君在讨好美人，于是按兵不动。最终，镐京陷落，幽王被杀，西周300年的历史宣告结束。

点评：诚信是国家建国之基、立国之本。周幽王为博得美人嫣然一笑，竟然一而再，再而三地把军令当作儿戏，点燃军事报警的烽火台，三番五次地戏耍诸侯国。周幽王失信于众诸侯在先，也无怪最后民众怨声载道，最终导致西周的灭亡。“水能载舟，亦能覆舟”的道理在于君主是否能够获得民心，而能否获得民心的关键在于君主是否能够守信于民众、尊重民众。

同样，在荀子的学说中，也非常强调“信”的重要性。他说：“言无常信，行无常贞，唯利所在，无所不倾，若是则可谓小人矣。”①他还说：“故用国者，义立而王，信立而霸，权谋立而亡，三者明主之所以谨择也。”②与孔子、孟子一样，荀子不仅把“信立与否”当作道德修养有否之标准，而且也视为君主治国之要略。

（三）“诚”“信”的含义

由此可见，“诚”“信”二者是相互贯通，互为表里，互相补充的。“诚”是“信”的根本、基础，“信”是“诚”的结果、归宿。孟子曾讲：“居下位而不获于上，民不可得而治也。获于上有道：不信于友，弗获于上矣。信于友有道：事亲弗悦，弗信于友矣。悦亲有道：反身不诚，不悦于亲矣。诚身有道：不明乎善，不诚其身矣。是故，诚者，天之道也；思诚者，人之道也。至诚而不动者，未之有也；不诚，未有能动者也。”③可见，在孟子看来，诚是信之源，信是诚之用，信生于诚，无诚则无信。诚于中，必信于外。因此，二者相结合共同组成了诚信的基本含义，表述的是诚实、真实、守信、无妄之义。此外，诚信还体现着实事求是的精神，也就是要求人表里如一、知行合一。《孟子·离娄上》正是因为论述了“诚”与“信”之间的区别和联系，隋唐前后的思想家便把“诚信”作为统一的为人根本的道德规范，认为：“虽有仁智，必以诚信为本。故以诚信为本者，谓之君子。以诈伪为本者，谓之小人。”④

古语说“忠诚发乎心，信效著乎外”，“诚”是道德主体的自我诉求，表现为真诚、诚挚、诚恳、真切等内在的道德品质，故有“诚者自成也”的说法。“信”是“内诚”的外化，表现为重言诺、守信用、讲信义等社会化的道德实践。虽然“诚”与“信”各有侧重，但都含有“诚实守信”的意思。诚信就是要求人们在社会交往中必须讲真话、干实事，始终保持言行一致。

无论是在国内还是在国外，诚信都是人们在日常生活、生产中所必须遵守的基本生活信条和道德规范，更是人与人之间基本的评价体系。诚信的形成及演变是随着社会经济、政治、文化等因素发展而融入了丰富的内涵和意义的。总的来说，在我国

---

① 王先谦. 荀子集解. 北京：中华书局，1986.

② 王先谦. 荀子集解. 北京：中华书局，1986.

③ 朱熹. 四书章句集注. 北京：中华书局，1983.

④ 吴枫. 中华思想宝库. 长春：吉林人民出版社，1990.

传统观念里，诚信是属于道德政治范畴的。

案例链接

季札挂剑

（图片来源：http://www.people.com.cn/404/404.html）

春秋时期吴国公子季札是讲诚信、坚守诺言的人。鲁襄公二十九年，也就是公元前544年，季札按照国君的旨意出使各诸侯国。他中途路过徐国，受到徐国国君热情款待。两人志趣相投，谈古论今，把酒言欢，非常高兴。几天后季札便要离开徐国继续赶路，徐国国君设宴为季札送行。临别时，季札佩带的宝剑引起了徐国国君的兴趣，他连连称赞不已，非常喜爱。季札也看出徐国国君非常喜欢这把宝剑，便想把这把剑送给徐国国君作为纪念。可是宝剑是自己作为吴国使节的一件信物，到各个诸侯国时必须要佩带它，才能被接待。但是现在自己的任务还没有完成，怎么能在这个时候把剑送给别人呢？徐国国君心里明白季札的难处，所以啧啧称赞宝剑时却又欲言又止，不好意思开口。季札在心中暗暗承诺：等自己出使其他诸侯国回来，一定将宝剑赠送给徐国国君。

几个月后，季札完成使命，从其他国家直接赶回徐国。然而，出乎意料的是徐国国君早已暴病身亡。季札感到非常震惊、悲痛和后悔，来到徐国国君的墓前，悲痛地说："徐国国君，我来晚了，我知道你喜欢这把宝剑，现在我出使的任务完成，所以给你送剑来了。"说完他将宝剑取下，双手把剑敬到墓前，郑重地挂在了墓前的松树上。

站在一旁的随从很是不明白，问道："大人啊，徐国国君已经去世了，你把宝剑送给他，挂在他墓前的松树上，他又看不到，你这样做有用么？"

季札说:"在离开徐国的时候,我心里就许下诺言,一定要把宝剑赠送给徐国国君。怎么能因为徐国国君不在了就违背自己的诺言呢?"

季札挂剑的故事告诉我们:即使是心中默许的诺言,也应该尽力兑现。

点评:也许有些同学看了这个故事会莞尔一笑,这个季札也太死心眼了吧,既然徐国国君已经不在人世,又何必把宝剑悬挂于树上呢?中国古代的君子做人首要的一点就是诚信,而且不管有没有旁人监督都一定要完成自己的承诺,当自己的许诺成为现实后才能心安理得。这是我们现代社会有些人所缺少的东西。只有当我们每个人都践行自己的承诺,我们对周围的陌生人才能够产生信任,我们的社会才会更加和谐。

二、诚信的形成及演变

名言警句:

与人以实,虽疏必密;与人以虚,虽戚必疏。

——韩婴《韩诗外传》

诚实是智慧之书的第一章。

——[美]杰弗逊

(一)诚信的形成

我国几千年来较为封闭的自然经济,束缚着人与人之间的经济来往和交流拓展;人与人之间形成的诚信关系自然也拘泥于熟悉的人际圈子之中。这些熟悉的人际圈子属于局限于某种血缘关系或者地缘关系的中国传统信任范围。由此可见,中国传统诚信思想是建立在个体道德自律的基础上的诚信体系,中国的诚实守信更多依赖于个体的道德修养。

而在西方思想家们的著作中,我们可以发现,西方社会也是非常注重诚信的,这起源于社会契约论。社会契约论的奠基者们把诚信作为人们在社会中履行承诺时必须执行的道德规范。格劳修斯就认为:守约是人的本性,"有约必践,有害必偿,有罪必罚等,都是自然法"①。霍布斯则进一步认识诚信的重要性:"正义的性质在于遵守有效的信约,而信约的有效性则要在足以强制人们守约的社会权力建立以后才会开始,所有权也就是在这个时候开始的。"②守约是正义的源泉,没有守约就没有正义,有契约但不履行便是不义。

---

① 西方法律思想史编写组.西方法律思想史资料选编.北京:北京大学出版社,1983.

② 霍布斯.利维坦.黎思复,黎廷弼,译.北京:商务印书馆,1985.

综观中西方思想家们关于诚信的主要观点,结合现代社会市场经济条件,诚信被赋予了新的内涵,但基本含义仍是诚实守信。诚实,就是实事求是,求真务实,表里如一。诚实首先是既不欺骗自己,更不欺骗别人;诚实就是言如其思,行如其言;诚实是诚言、诚行、诚心的统一体。诚实的另一层含义包括真诚、诚意、诚挚等意思。而守信,就是重诚信,守承诺,讲信誉。姜正冬先生在《论社会诚信》一文中提到,信还包括相信、信赖、信托、诚信四层含义①。

以上诚信的基本含义是从道德层面来描述的。当今社会市场经济飞速发展,只有作为经济主体的个人之间普遍交流才能让社会资源和生产资料得到最有效的配置,交易成本才能最大限度地降低,市场才能得到最大限度的发展。这样人与人之间的普遍交流就突破了以往自然经济时期以某种血缘关系或者地缘关系缔结而成的狭小的信任圈子,并且随着经济的发展,交流的范围逐渐扩大,交流就日益普遍和复杂,往往还会出现跨地域、跨文化的交流模式。而这种信任是没有血缘关系、没有地缘关系的陌生人之间的信任,这种信任建立在共同利益的基础上,是互惠承诺的诚信体系。因此,市场经济下的当代诚信仅仅依靠道德范畴的内在诚信修养是不够的,更需要以西方诚信思想中的契约为基本特征,以法律制度进行规范和维系。

市场经济条件下的诚信,由于契约的存在,人与人之间交易过程中的保障正常交易和实施的成本降低,所以经济交往得到了明确而且强有力的保障,经济交往所产生的利益更具可预见性,交易风险也降到了最低;而法律制度界定了人们各自的权限、责任和义务,事前规范和限制了某些由于利益所驱动的不良行为,事后还仲裁和惩罚了不诚信行为。这样的"违法必究"就增加了人们失信的成本,迫使他们的行为趋向诚信,从而达到个人诚信道德修养。

因此,诚信具有以下特点。

第一,诚信具有不可替代性。诚信是做人的基本品德。因为人不能离开社会而生存和发展,人总是要生活在社会当中的,所以人在社会中总要承担相应的义务和责任。正因为有诚信,人与人的关系不仅因为利益而联系,更是因为彼此的信赖而持久;正因为有诚信,人与人之间才能避免不必要的压抑和提防,人与人之间才能有安全感;正因为有诚信,人们才能在交往中感受到彼此的真心,才能将生活中可能产生的矛盾和风险降到最低;正因为有诚信,人们才能更好地追求自己的梦想,实现自己的奋斗目标。因此,无论是古代还是当今,诚信仍然扮演着重要的角色,缺它不可。

第二,诚信具有社会普遍性。诚信遍及社会的每一个角落,存在于现代社会中的各行各业。无论是经济贸易、政治协商还是人际交往,随时随地都离不开诚信。诚信还存在于不论群体还是个体的一切物质、精神往来的关系和过程中,因为它是重要的

---

① 姜正冬. 论社会诚信. 山东师范大学学报:人文社会科学版,2002(3).

纽带和桥梁。假如人们之间不能彼此信任，假如一切过程和活动缺少了这个重要的中间环节，那么社会一切正常的链条都会断裂：小到家庭、邻里，中到部门、单位，大到团体、组织，甚至国家都会无法存在。人们基本的社会生产生活将无法进行，社会将出现无序混乱的状况。诚信存在于社会、政治、经济等所有领域，并发挥着重要作用。

第三，诚信具有系统性。首先，不论时代、社会、经济如何变迁，诚信都存在于任何一种社会利益依托关系中。无论是自然经济、商品经济、计划经济、市场经济等不同的经济形态，还是奴隶社会、封建社会、资本主义社会、社会主义社会等不同的社会形态，诚信都存在其中并发挥着不可磨灭的重要作用。其次，诚信的含义随着社会历史条件的发展而丰富。随着社会的不断进步，诚信在社会中发挥的作用越来越重要和明显，诚信的含义也在不断地发展和完善。

案例链接

商鞅立木取信

（图片来源：http://www.infzm.com）

公元前359年，也就是秦孝公三年，商鞅变法的条令已准备就绪，但还没公布。商鞅担心百姓不相信自己，便做出了一个立木取信的举措——在国都集市的南门竖起一根三丈高的木头，并贴出告令：谁能把这根木头扛到北门去，便赏五十两黄金。

不一会儿，南门口就围了一大群人。老百姓对此感到奇怪，都不相信仅仅扛根木头就能得到那么高的赏金，纷纷交头接耳，悄悄议论着。

正在大家你看我、我看你的时候，突然有人站了出来，歪着头看了一下木头，说："我扛得动，我来扛！"说完，扛着木头就往北门走。大伙儿立刻让出一条道，嘻嘻哈哈地跟在这个人后面，走到北门。

商鞅看到后当场赏给扛木头的人五十两黄金。看热闹的人看见扛木头果真能得到五十两黄金，都啧啧称奇，纷纷懊悔自己没有去扛。

这条消息立即传遍了秦国上上下下。老百姓都说：左庶长商鞅恪守承诺，一诺千金。商鞅的变法很快就在秦国实施起来了。

在变法实施开始时，有些秦国老百姓便前往国都，控诉新法使民不便。这时太子也触犯了法律，商鞅说："为什么新法不能顺利施行？就是因为有些上层人士带头违犯。天子犯法与庶民同罪，太子是我大秦王国的继承人，不可施以重刑，那就将他的师傅公子虔处刑，另一个师傅公孙贾脸上刺字，以示惩戒。"第二天，秦国老百姓听说此事，对商鞅这种恪守承诺的品德和公平、公开、公正的管理很是佩服，渐渐地大家都遵从了新法。

点评：看似天下掉馅饼、不可思议的事情——搬根木头就能拿到五十两赏金，却是商鞅信守承诺、树立威信的起点。诚信是立国之本。

（二）诚信的演变

在远古自然经济时期，人们只能依赖大自然以狩猎为生。对于某些自己不能解释的自然现象，人们从最早的害怕、畏惧逐渐发展为迷恋、崇拜，并且将这些不能解释的自然现象与对上天、上帝及祖先神灵的崇拜之情融合在一起，通过祈祷、祭祀等仪式表达自己的诚心实意，以期得到上天、上帝及祖先神灵的庇佑，保护自己群落的生命，狩猎时获得更多的猎物，子子孙孙能够繁衍下去。这便是诚信的雏形，带有一定的偶然性和神秘性。

随着我国农业经济的形成和发展，以血缘关系和地缘关系为纽带，以家庭、邻里为基本单位的社会形成了。人们发现，对上天、上帝及祖先神灵的诚心祈祷保佑的需求逐渐衍变为人与人之间在日常生产、生活中的一种交往需要。只有人与人之间互相诚实守信，彼此信赖，大家才能共同生活发展。于是，诚信演变为人们的道德规范和品行的衡量标准。

当经济不断发展，人与人之间生产、生活等交往越来越频繁时，社会的组织关系也由血缘关系、地缘关系为纽带的熟人亲情关系逐渐发展为"内则父子，外则君臣，人之大伦也"①的由父子、君臣、夫妇组成的封建社会宗法体系。曾经单纯作为人们的道德规范和品行衡量标准的诚信也相应地具有了宗法血缘体系的烙印。

中国传统的思想家们认为，在以血缘、地缘为纽带的家庭伦理中，越靠近亲情中心，人与人之间的信任感就越强；而在"君君臣臣、父父子子"的宗法社会范围内，为了维护封建统治、巩固封建秩序，人们除了自身应该有诚实守信的品德以外，君与臣

---

① 朱熹．四书章句集注．北京：中华书局，1983.

之间必须诚信，父与子之间必须诚信，夫与妇之间必须诚信，这时的诚信就带有一定的政治色彩。中国传统思想家们还特别强调的是，君主是否对臣民讲诚信会直接影响到政权的兴亡、社会风气的好坏；而臣民对君主是否诚信是衡量臣民的最基本标准。因此，为了维护封建统治和社会秩序，诚信首先是政治手段，然后才是道德规范。在封建社会里，诚信首先要人们服从封建统治和秩序，然后才要求人们从自身修养出发，不断规范自我，逐渐成为真正诚实守信的人，从而对待陌生人就像对待自己亲人那样诚实不欺、信守承诺。

进入20世纪80年代，我国改革开放进入市场经济时期，人们逐渐恢复了对中国传统诚信思想的认同。在现代社会中，诚信已成为人与人交往的重要原则和基本道德素养，因为市场经济本身就是以契约与合同为基础的经济活动，诚信必不可少。但是利润是市场经济的核心，它会迫使人们追求市场经济利益最大化。如果仅仅依靠人们的诚信道德来规范市场经济的经济活动和行为肯定是不够的，还需要有强制的、完善的相关法律制度和体系。

但我国目前的市场经济处于初级阶段，市场经济体制不够健全，市场化程度不够高，各种遵循市场经济信用原则的相应的法律法规还未有效地建立起来，在我国社会主义现代化建设过程中，诚信体系建设成为一个亟待解决的问题。我国现阶段诚信建设在传承传统诚信思想中道德内涵的同时，还受到西方契约诚信和法律制度的影响，被赋予了新的理性含义。在现代社会，诚信首先延续了传统诚信思想里的道德内涵，是社会人际关系的根本纽带；其次，诚信还必须在市场经济的指导下，遵循“公平、公正、公开”的规则，将合同、契约等方式与诚信道德相结合。只有人与人之间诚实守信，相互信任，才能使每个人履行自己应尽的社会责任和义务；合同、契约、法律制度等理性因素才能为市场经济的稳定、繁荣奠定坚实的基础和提供强有力的保障，这样市场经济才能更加稳固地发展。

行动指南

◆诚信备考。在考试复习时，认真梳理课程知识体系，真正掌握每一个知识点，弄懂难点和重点。

◆诚信应考。在考试过程中，认真做好自己的试卷，不交头接耳，不左顾右盼，不做同学的传声筒，不扔纸条，不夹带任何与考试有关的资料。

◆诚信帮助同学。在考试复习中，如果遇到同学对某一个知识点有疑问，认真耐心解答；在考试中，如果遇到同学递纸条或者询问等作弊行为，应予以拒绝，情节恶劣者，可以当场报告老师予以制止。

◆父母是子女的第一任老师。父母的言行直接影响着子女的言行。父母对于子女任何细微的承诺，都应该竭力完成，从小树立一个信守承诺的榜样，子女才能最后成为守信用的人。

◆子女应该尊敬父母，听从父母的吩咐，答应父母的话一定要做到。当自己的意见和父母不一致时，耐心细致地进行解释，与父母进行商量，共同解决，不要随意地顶撞父母。

第二节　中西诚信思想的比较

一、中国诚信思想的基本内涵和特点

名言警句：

一言之美，贵于千金。

——葛洪

遵守承诺就像保卫你的荣誉一样。

——[法]巴尔扎克

(一)中国诚信思想的起源

恩格斯认为："在历史上出现的一切社会关系和国家关系，一切宗教制度和法律制度，一切理论观点，只有理解了每一个与之相适应的时代的物质生活条件，并且从这些物质生活条件中被引申出来的时候，才能理解。"①这就是说，经济基础决定上层建筑，文化形态与社会状态相适应。中国诚信思想起源于远古时代的神秘宗教意识。

在远古自然经济时期，人们只能依赖大自然以狩猎为生。对于某些自己不能解释的自然现象，人们本能地会产生害怕、畏惧的感情，后来发展为认为世间万物都有灵魂存在。正如恩格斯在《路德维希·费尔巴哈和德国古典哲学的终结》中认为："在远古时代，人们还完全不知道自己的身体构造，并且受梦中景象的影响，产生了一种观念：他们的思维和感觉不是他们身体的活动，而是一种独特的、依附于这个身体之中而在人死亡时就离开身体的灵魂的活动。从那时起，人们不得不思考这种灵魂与外部世界的关系，假如说灵魂在人死时离开肉体还可以继续活着，那么就没有理由去设想他本身还会死亡，这样就产生了灵魂不死的观念。"②人们只有诚心诚意地

① 马克思，恩格斯．马克思恩格斯选集，第2卷．北京：人民出版社，1995.

② 马克思，恩格斯．马克思恩格斯选集，第4卷．北京：人民出版社，1995.

相信自然万物都有灵魂，只有遵从自然万物的规律，听从自然万物神灵的指示，才能得到自然万物的恩泽和庇护，自己的部落种群才能世世代代、生生不息。所以，诚信就是遵从天命的体现。人们诚心诚意相信自然万物，相信自然万物皆有神灵。人们的这种诚信不仅遵从了大自然的规则，而且还可以进行自我保护，同时也陶冶和净化了自我品德。

其次，在传统的宗教思想里，远古时代的人们常常把对自然万物、上天的崇拜和对祖先神灵的崇拜融合在一起，真心实意地相信上天和祖先都有某种神秘力量，这种神秘力量能够保佑自己和自己的部落种群顺利地生存繁衍；同时，远古时代的人们还认为这种真诚的信任是向上天和祖先神灵祈祷所必需的要求。所以，这时的诚信是指人与神灵之间的关系，人必须对上天和祖先忠诚。《尚书·商书·太甲下》中就记载了伊尹对太甲说："鬼神无常享，享于克诚。"①人们普遍认为，在对上天和祖先的祭祀祈祷的过程中，必须报以诚意，相信上天和祖先神灵的存在，相信上天和祖先神灵能够庇佑和恩泽自己及部落。如果没有相信上天和神灵祖先存在的诚心，如果没有相信上天和神灵祖先可以保佑自己的诚意，如果没有得到上天和神灵祖先庇佑后的忠心和报恩之心，再复杂再郑重的祭祀仪式和祭祀物品都起不到任何作用。在祭祀过程中，人们除了要对上天和祖先神灵尊敬崇拜，更重要的是，还要及时兑现对上天和祖先神灵许下的承诺，承诺的祭祀物品要及时供奉。这就要求远古时期的人们必须遵守诚信。

（二）中国诚信思想的发展

1. 中国传统诚信思想的发展

（1）中国传统诚信思想在封建社会早期宗法血缘伦理观念中形成

随着社会和经济的不断发展，中国进入了农业经济社会时期，此时逐渐形成以血缘宗族关系为纽带的农村宗法家庭。马克思说："物质生活的生产方式制约着整个社会生活、政治生活和精神生活的过程。"②自然，在农业经济社会时期所产生的中国传统诚信思想便打上了"排除商业功利关系的宗法血缘人伦关系中的行为规范，是一种建立在血缘亲情、朋友情义、社会人情和封建国家宗法关系基础上的道德精神"的烙印③。

在以血缘宗族关系为纽带的农村宗法家庭里，关系最密切的是与自己有血缘、亲缘、姻缘关系的人，然后才是与自己有地缘关系的熟人、朋友。越是靠近亲缘中心，人们之间的关系就越紧密；越是远离亲缘中心，人们之间的关系就越疏远。这种社会结

---

① 孔颖达. 尚书正义. 上海：上海古籍出版社，1990.

② 马克思，恩格斯. 马克思恩格斯选集，第4卷. 北京：人民出版社，1995.

③ 吕方. "诚信"问题的文化比较思考. 学海，2002(4).

构及其特点决定了中国传统诚信思想带有一定的局限性和封闭性。中国传统诚信思想主要存在于以血缘关系、亲缘关系、姻缘关系和地缘关系为纽带的较为封闭的“熟人”圈子里。德国社会学家马克斯·韦伯曾对中国的诚信思想进行过一定的研究，他认为：“在中国，一切信任、一切商业关系的基石明显地建立在亲戚关系或亲戚式的纯粹个人关系上面。”①所以，有学者就认为，中国古人特别注重“私密关系”的忠诚：“讲诚信完全是忠、孝、仁、义这样的事。忠就要是真的忠，孝就要是真的孝，言语发自内心，言行一致，这就是诚信。”②

(2)中国传统诚信思想在封建社会政治统治中不断发展

在封建社会里，思想家们的任何思想学说都是为政治统治服务的，所谓“正心诚意”便是要求人们从思想上相信并认同封建统治秩序的合理性和永恒性，所以中国传统诚信思想里肯定带有浓厚的政治统治味道。傅玄曾经认为：“王者体信，而万国以安；诸侯秉信，而境内以和；君子履信，而厥身以立。……夫为人上，竭至诚开信以待下，则怀信者欢然而乐进，不信者赧然而回意矣。”③意思就是说，君主和臣民之间应该互相信任，都要讲诚信。只有讲诚信，才能国泰民安；只有讲诚信，诸侯国才能相安无事；只有讲诚信，人才能像君子一样在世间生存。由此可见，中国传统诚信思想中要求的“忠”“孝”带有一定的政治统治理念。这种理念要求臣民完全忠诚并服从君主，儿子完全忠诚并服从父亲，妻子完全忠诚并服从丈夫，这种信念是以紧密的人身依附关系和强大的人身制裁权力为基础的④。

正如曹新军在《传统诚信思想与社会主义和谐社会诚信体系构建研究》中认为：“传统诚信道德政治化的基本理念是：人的价值通过社会政治作用来实现，讲究诚信，修身养性，目的是为了对社会有所作为；诚信和仁义等道德原则是治理国家的重要前提，为政之道也是为人之道。”⑤封建统治阶级把讲诚信作为一项极为重要的政治手段。晋文公曾认为：“信，国之宝也，民之所庇也。”⑥这句话道出封建统治者对“诚信”推崇的原委：诚信是国家的珍宝，人民能够得到恩泽和庇佑的方式。全国上下都讲诚信，那么国家才能稳定，老百信才能安康。

查看我国先秦时期的典籍，我们就会发现有很多对“诚信”在政治统治中发挥重要作用的记载。《商君书·靳令》中将“礼乐、《诗》《书》、修善、诚信、仁义、非兵”称

---

① 韦伯. 儒教与道教. 王容芬，译. 北京：商务印书馆，1999.

② 吕方.“诚信”问题的文化比较思考. 学海，2002(4).

③ 严可均. 全上古三代秦汉三国六朝文. 北京：中华书局，1958.

④ 郑少珍. 中国传统诚信思想的内涵及其特点. 求索，2004(2).

⑤ 曹新军. 传统诚信思想与社会主义和谐社会诚信体系构建研究. 西安电子科技大学硕士学位论文，2007.

⑥ 杨伯峻. 春秋左传注. 北京：中华书局，2000.

为“六虱”①。“诚信”被首当其冲地排在了道德准则的第一位。唐代名相魏征就认为:“德礼诚信,国之大纲。”②这里是将诚信作为治理国家重要大纲加以强调的。而且我国古代思想家们还普遍认为,君主是否讲诚信与社会是否安定、社会风气好坏,甚至封建政权兴衰有着密切的关系。孔子认为:“上好礼,则民莫敢不敬;上好义,则民莫敢不服;上好信,则民莫敢不用情。”③意思就是君主喜好礼仪规范,那么臣民不敢不尊敬他;君主喜好仁义,臣民则不敢不服从;君主喜好诚实守信,则臣民不敢不用感情去尊敬他。诚信是封建统治者们巩固政治地位所必须遵守的道德规范,“去食,去兵”不可“去信”④的思想表明信守承诺是封建统治者们最基本的治国之道。综观天下,比如商汤、周文王、周武王这样的明君身体力行地推崇诚实守信,才可建功立业,国家才能兴盛;而夏桀、商纣王这样失信于民的暴君最后国破家亡。《子贡·问政》中,孔子强调了诚信在封建统治中的重要性:“足食,足兵,民信之矣。”归根到底,君主“惟在于诚信”则“君之所保”,只有“守信用”才能“昭明于天下”,最后才能“信立”“而霸”⑤。

(3)中国传统诚信思想在封建社会道德修养中不断完善

我国古代思想家们非常重视作为君子的“修身为本”。《大学》中讲道:“意诚而后心正,心正而后身修,身修而后家齐,家齐而后国治,国治而后天下平。自天子以至于庶人,一是皆以修身为本。”⑥一个人只有对自己和别人都真诚并且诚实守信,然后心才能够安定正直,内心安定正直以后才可提高自我道德修养,提高自我道德修养以后才能够使家庭和谐美满,家庭和谐美满后才可有参与治理国家的志向,有参与治理国家的志向才能最后国泰民安,而这一因果良性循环的根本在于提高自身道德修养。对于君子道德修养首要一点就是必须诚实守信、恪守承诺。

一方面,诚信是君子自我提高道德修养的首要准则。孟子认为:“善人也,信人也。”“可欲之谓善,有诸己之谓信。”⑦只有诚实守信的人才能被称为善良的人。孔子在《论语·为政》中有“人而无信,不知其可也”⑧的观点。孔子还将“恭、宽、信、敏、惠”作为“仁”的五种重要道德品行⑨。

另一方面,诚信是人与人在交往过程中提高自身修养的重要手段。《孟子·滕

---

① 石磊. 商君书. 北京:中华书局, 2009.
② 吴兢. 贞观政要. 上海:上海古籍出版社, 1978.
③ 刘宝楠. 论语正义. 北京:中华书局,1986.
④ 刘宝楠. 论语正义. 北京:中华书局,1986.
⑤ 刘宝楠. 论语正义. 北京:中华书局,1986.
⑥ 朱熹. 四书章句集注. 北京:中华书局,1983.
⑦ 焦循. 孟子正义. 北京:中华书局,1986.
⑧ 刘宝楠. 论语正义. 北京:中华书局,1986.
⑨ 刘宝楠. 论语正义. 北京:中华书局,1986.

文公章句上》指出："人之有道也，饱食、暖衣、逸居而无教，则近于禽兽。圣人有忧之，使契为司徒，教以人伦：父子有亲，君臣有义，夫妇有别，长幼有序，朋友有信。"①意思是说，人之所以能够为人，如果只是吃饱饭、穿暖衣、住好房子而没有教化，那和禽兽没有区别。古代圣贤对此非常忧虑，所以设司徒这个职务，教天下道德伦理：父子之间有亲缘，君臣之间有仁义，夫妻之间有差别，长幼之间有尊卑顺序，朋友之间有诚信。这便是后人总结为"父子、君臣、夫妇、长幼、朋友"的"五伦"。孟子还一再强调"不以规矩，不能成方圆。"②这个"规矩"就是封建社会伦理秩序。如果不遵守这个伦理秩序，人就和动物没有区别。人与人之间交往遵守封建社会伦理秩序也是信守承诺的一种表现。

2. 中国当代诚信思想的发展

中国传统诚信思想是以农业经济为基础，依托以血缘、亲缘、姻缘或地缘关系缔结而成的社会组织结构所产生的。随着经济基础、社会关系、意识形态等的不断发展变化，我国的诚信思想已从传统诚信思想发展为当代诚信思想。中国当代诚信思想是在市场经济体制要求下，由于受到西方诚信思想契约论的影响，在传承中国传统诚信思想的基础上而逐渐形成的。

(1) 中国当代诚信思想在中国传统诚信思想传承中发展

中国传统诚信思想在中国传统文化中占有重要位置，在中国人的心目中更具神圣地位。千百年来，中华民族将诚信作为立身之本，非常重视诚信作为自身的道德修养和行为准则。在中国传统诚信思想的熏陶下，诚实守信逐渐成为我国古代社会的传统道德价值观念和行为评价标准。同时，中国传统诚信思想还将诚信作为构建人与人之间日常交往和正常政治经济秩序的重要道德责任。这是中国传统诚信思想中合理的部分，是我国传统文化中的珍贵的道德资源。

但中国传统诚信思想与市场经济下所要求的当代诚信思想是有差异的。这种差异不仅有经济体制的局限性，还有历史与阶级的局限性，所以对中国传统诚信思想我们需要在传承中发展，我们需要借鉴西方诚信思想以合同、契约、法律法规等硬性的约束机制来解决市场经济中的问题。

横向比较中西方诚信的发展演变，可以发现，中国当代诚信思想在中国传统诚信思想传承中发展，实际是西方诚信思想反向经历的历程。当西方社会市场经济日益成熟，已经建立起的我们所推崇的合同、契约、法律法规等硬性的约束手段却不太能规范和惩治市场中出现的不诚信问题，法律法规的治理作用有些捉襟见肘时，内在的道德修养对经济和社会的和谐发展开始产生法律可能难以替代的重要作用。而内在

① 焦循. 孟子正义. 北京：中华书局，1986.

② 朱熹. 四书章句集注. 北京：中华书局，1983.

的道德修养正是中国传统诚信思想所推崇的践行诚信的方式。

由此可见，中国当代诚信思想必须传承中国传统诚信思想的道德诚信的内涵，汲取中国传统诚信道德自律的内省方式，同时根据跨地区、跨文化、跨国籍等现代因素，形成相应的道德义务与社会责任的信任纽带；同时，汲取西方诚信思想中的合同、契约、相应完备的法律法规等硬性约束，规范市场经济中的交易活动，惩戒不守诚信的经济主体和经济活动。这样才能建立起适应社会主义市场经济发展要求的中国当代诚信思想，我国社会主义社会才能够和谐、繁荣和稳定。

(2) 中国当代诚信思想在西方契约论影响下形成

中国传统诚信思想的精华是将道德诚信作为内在支撑的，但这种内在支撑适用于以血缘、亲缘、姻缘或地缘关系为纽带的“熟人”交流圈，因此局限于家庭、邻里局部范围内的信任交流，不能满足市场经济所要求的跨地区、跨国家、跨文化的生产、生活交流。再者，市场经济本应遵守市场信用原则使市场配置最优化，但是利润和效益是市场经济活动的最终追求目的，这难免使一些经济主体为了追求丰厚的利润而违背信用。这时我们需要汲取西方发达国家的当代信用体系经验，将契约精神引入市场经济下的当代诚信思想中。因为契约可以通过风险的限制减少诚信建立的不确定性，使诚信的建立获得客观的标准和普遍的认同；契约还可以让诚信规范化、制度化、法律化，使恪守诚信的人获得应有的权利和保护，使不守信的人付出不诚信的代价并受到相应的惩罚。

西方诚信思想中的“契约”精神正是其诚信确立的必要条件，正如游戏中所必须确立的“游戏规则”，是规范和制度的安排。当代美国著名自由主义道德哲学家罗尔斯认为具有“契约精神”的规范和制度应该体现社会公平与正义。而这种公平和正义是中国传统诚信思想中通过道德自律方式体现出来的，而今它必须体现在制度当中。首先，只有规则和制度具有正义性质，诚信社会的建构才能有恒久保障。而且这个正义的规则和制度必须体现的是大部分人的利益和意志。其次，当前传统诚信思想中道德自律性与市场经济中追求利润和效益的目标相悖，追求利润和效益的洪水突破道德自律的堤坝时，就只能靠制度的硬性约束机制、相关完备的法律法规来扭转信用滑坡的趋势。用硬性的约束机制、相关完备的法律法规来惩戒不守诚信的经济主体，让他们明白不诚信的代价是高昂的，以此警戒那些藏于社会黑暗角落中希望通过不诚信方式觊觎利益和利润的经济主体，从而使其能够恪守诚信。

（三）中国诚信思想的特点

1. 中国传统诚信思想的特点

中国传统诚信思想作为中华民族传统政治道德观念中的瑰宝，除历史性、民族性、地域性等普遍特征以外，还具有在宗法血缘伦理观中的不平等性、注重自我修养的道德自律性、超越功利的道义性和侧重于道德感性倾向等特点。中国传统诚信思想是中国古代人民集体智慧的结晶，更是中华上下五千年历史文明的重要宝库。

(1)在宗法血缘伦理观中的不平等性

中国传统诚信思想在宗法血缘伦理观中具有的不平等性主要体现在以下几方面。

首先，中国进入农业经济社会后，以血缘宗族关系为纽带的农村宗法家庭就是其基本组织形式。费孝通先生在其《乡土中国》中便精辟地总结出中国乡村社会组织结构，“用图像来表示，就像一枚石头扔进宁静的池塘，泛起一圈圈涟漪”①，这些涟漪以自己为中心，一层一层向外推，向外扩散，如同一圈圈同心圆。这些同心圆以自己为中心，越靠近中心，越是亲近；越是远离中心，关系越疏远。人与人之间关系不均等，并且都有特定的伦理规范和相处之道。这就表明由血缘、亲缘、姻缘和地缘缔结的中国农业经济社会的组织结构本身就具有不平等性，这注定在农业经济社会时期所产生的中国传统诚信思想也具有不平等性。

其次，为了巩固封建统治，维护森严的封建等级制度，我国封建社会统治思想中占主导地位的儒家思想便提出人要遵守“五伦”：“父子有亲，君臣有义，夫妇有别，长幼有序，朋友有信。”这就要求父子之间、君臣之间、夫妻之间、兄弟之间、朋友之间要恪守诚信。恪守诚信的方式就是儿子、臣民、妻子、年幼的人、朋友要完全对自己的父亲、君主、夫君、年长的人、朋友忠诚。有学者就提出过这样的观点：“儒家认为，人虽然应爱一切人，但是，这种对一切人的爱，在先后、程度、方式上又是有别的，这一差别表现为一个以自我为中心的爱的辐射圈，愈近而愈先、愈亲、愈厚。”②中国传统诚信思想的基础就是在具有“爱有等差”的亲缘、血缘、姻缘和地缘关系下不平等的人际关系，具有宗法血缘伦理观念下的不平等性。在这样的社会条件下，人与人之间交往不是随意的，而根据能否值得信任作为是否交往的首要标准。中国传统社会中的信任，从未超越血缘、亲缘、姻缘或地缘的局限，正如费孝通先生所认为的“并不是对契约的重视，而是发生于对一种行为的规矩熟悉到不假思索时的可靠性”的“乡土社会信用”③。这种信任，其实是一种“熟人”关系之间的伦理规范，如果一个人不讲诚信，会遭到亲朋好友的唾弃；相反，一个人恪守承诺，不仅会得到亲朋好友的信任，而且还可吸引更多的朋友，获得良好的人际关系。这种诚信，首先满足于家庭宗族内部的道德要求，属于“家庭内部”的范围；其次是朋友之间的信任，人与人一旦成为好友，那么彼此之间属于“自己那伙”的，是“自己人”，因此朋友之间就遵循肝胆相照、重义忘利的诚信原则。所以，与自己血缘、亲缘、姻缘、地缘关系就近的，自然信任就

① 费孝通. 乡土中国. 北京：生活·读书·新知三联书店，1985.

② 张锡勤. 中国传统道德举要. 哈尔滨：黑龙江教育出版社，1996.

③ 费孝通. 乡土中国. 北京：生活·读书·新知三联书店，1985.

越多;相反,与自己血缘、亲缘、姻缘、地缘关系就远的,自然信任就越少。

(2)注重自我修养的道德自律性

正如前文“中国传统诚信思想的发展”中所讲述到的,讲诚信是君子“修身为本”的根本途径。古代思想家们普遍认为,恪守承诺是一种基于自我道德良知底线和自我约束的兑现承诺的自觉行为,不需要其他外界干扰。儒学代表荀子认为:“君子养心莫善于诚,致诚则无它事矣,惟仁之为守,惟义之为行。”①要成为君子,必须提高自我道德修养,提高自我道德修养就必须诚实守信,别无他法。北宋周敦颐在《通书》中就认为:“诚者,圣人之本,‘大哉乾元,万物资始’,诚之源也。”②要达到至高无上的诚信道德境界,人必须摒除人性中所有的私欲、劣根性,只有通过道德自我约束来加强个人道德修养,最后才能成为圣人。

这里有个“徐积买肉”的故事。宋朝有个书生叫徐积,一次他经过一家肉铺,心里就琢磨着要买这家的肉,但因为突然想到要买其他的东西就暂时没有买。买完其他东西回来的时候,徐积正准备买路边偶遇的肉时,忽然想到:“我刚刚已经许愿要买那家肉铺的肉,这会儿又改主意了,岂不是违背了我当初的诺言么?”于是他故意绕到心里许诺的那家肉铺买了肉。

有些现代人也许会觉得徐积有点迂腐,不就是块肉嘛,哪儿买还不是一样么? 错了! 这个很小的故事典型地体现了中国传统诚信思想的道德自律性特点。古代思想家们认为什么方式能够使人们提高自我修养达到君子的标准呢? 这种能够践行中国传统诚信思想的方式就是《礼记·中庸》中提到的“慎独”:“道也者,不可须臾离也,可离非道也。是故君子戒慎乎其所不睹,恐惧乎其所不闻。莫见乎隐,莫显乎微,故君子慎其独也。”③慎独其实是个人在相对安静的环境下,对自己是否诚信的思想和行为反复进行警醒、约束的自律行为。这种自律行为基于人们对良知、道义、忠信、礼义、廉耻等道德观念的自我践行,是“正心诚意”以达到“君子养心莫善于诚”。而这种道德自律性与他人无关,注重的是个人自我道德的完善,最后达到提高自我修养,成为圣人。

当然,中国传统诚信的道德自律性特点对提高一个民族道德水平具有积极意义,为人与人之间的诚信交往提供了重要的精神保障,现在仍然值得我们学习与推崇,但仅仅依赖个人的道德自律意识,把诚信排除在契约、法律法规的强力执行之外,为后来埋下了不诚信问题的隐患。

(3)超越功利的道义性

中国传统诚信思想的道德自律性特征,促使中国传统诚信思想带有超越功利决

---

① 王先谦. 荀子集解. 北京:中华书局,1986.

② 周敦颐. 周敦颐集. 北京:中华书局,1990.

③ 王文锦. 礼记译解. 北京:中华书局,2001.

定利益关系取舍的道义性特点。正如费孝通先生所说:“乡土社会的信用并不是对契约的重视,而是发生于对一种行为的规矩熟悉到不假思索时的可靠性。”①因此“讲诚信”在人们潜意识里总是和“重义”相对应的,而“不诚信”在人们潜意识里总是和“弃义”相对应的。

在中国传统思想家们眼里,“义利争辩”是我国传统文化中的热门问题。儒家思想就把“义利争辩”作为一个重要的讨论范畴。孔子就用一系列“义利观”标准来区分君子与小人,提出了“君子喻于义,小人喻于利”“君子义以为上”“君子义以为质”“君子谋道不谋食”等观点②。孟子在继承孔子义利观的基础上,强调提及仁义则不必谈利,进一步提出了“舍生取义”的思想。因此,中国传统道德价值观把“重义轻利”思想作为评判品德行为的重要准则之一。

中国传统道德价值观里的“义”包括个人的道德品行与国家的整体利益、社会的责任等紧密联系,融合为一体的内涵。中国传统诚信思想作为人与人之间交往所必须遵守的道德准则,理应属于“义”的范畴。中国传统诚信思想建立在个人道德自律意识上,不涉及任何外在功利,属于道义范畴。

在这里,我们需要辩证地看待中国传统诚信思想的这一特点。超越功利的道义性,对防范见利忘义、唯利是图的失信行为有一定的阻碍作用,有利于诚信风气的形成;但是同样使得诚信过于依赖个人的道德约束力,而没有进入以契约、法律法规强制执行的阶段,毕竟人们不可能完全无视利益的存在。

(4)侧重于道德感性倾向

纵观中国传统诚信思想,诚信主要依靠个人的道德自律来践行。这与儒家思想注重道德教化,强调以德治国的理念是分不开的。儒家思想与法家思想最大区别就是“尚德不尚刑”,如“与朋友交言而有信”“人而无信,不知其可也”“民无信不立”③等。因此,中国古代思想家们普遍把诚信作为“立人之道”“立政之本”,对诚信的道德约束价值都予以了高度肯定。在中国传统文化中,诚信一直都被认为是道德规范,而不是法律规范。这与西方传统社会依靠契约、合同、法律法规来强制约束和保障诚信是有着根本区别的。

中国传统诚信思想具有道德感性倾向。因为在中国封建社会里,人们恪守诚信的首要依据是以血缘、亲缘、姻缘或地缘所缔结而成的各种人情,以自我的直觉、情感来判断他人的道德。这样的判断没有准确的判断标准,常带有比较强烈的主观性,显

---

① 费孝通. 乡土中国. 北京:生活·读书·新知三联书店,1985.

② 刘宝楠. 论语正义. 北京:中华书局,1986.

③ 刘宝楠. 论语正义. 北京:中华书局,1986.

示出了中国传统诚信思想的不稳定性。因此，中国传统诚信思想自然就拘泥于以血缘、亲缘、姻缘或地缘所缔结的狭小的范围中，整体覆盖面相对较小。因此，有学者就认为中国传统诚信思想“不但不能发育人的理性精神，而且恰恰相反，以其无条件的忠孝，无条件地‘为朋友两肋插刀’的情感取向阻碍了中国人以功利心态学习正确认识和选择自身利益的可能性，从而阻滞了中国人理性精神发育的可能性”①。

2. 中国当代诚信思想的特点

(1)在契约论影响下的平等性

中国传统诚信思想作为约束人们行为的道德规范根植于封建社会，不可避免地沦为封建统治者统一民众思想、维护社会稳定的工具。中国传统思想家们普遍将诚信与“忠”“孝”“礼”“义”等道德规范并举，在“君君臣臣、父父子子、夫夫妇妇”的封建宗法伦理关系中把臣民、儿子、妻子对君王、父亲、丈夫的忠诚看作臣民、儿子、妻子对君主、父亲、丈夫的守信，具有不平等性。

随着社会变迁和经济体制的改革，交通方便、通信发达，市场资源配置大多通过交换得以实现，经济的全球化使人与人之间的交往逐渐复杂和广泛起来，经济活动交易对象的流动性也增大增强，经济交往也逐渐超越了血缘、亲缘、姻缘或地缘关系等“熟人”范围。以前仅限于“熟人”社会的中国传统诚信思想也越来越不适合现代社会的快速发展了，所以当代诚信观念要从过去的熟人关系向现代的市场关系过渡，而且还要汲取西方诚信思想中的契约精神。这就要求人们不仅仅在熟人之间要信守承诺，而且更要在陌生人之间恪守诺言。

当代诚信思想在契约论的影响下体现出平等性。这种平等性体现在不仅是个体之间的诚信，还包括个体与他人、政府、国家等的商业诚信、公共诚信。以个体与社会交往为例，个体就应主动缴纳水、电、气、网络、有线电视等各种经济费用，还应主动纳税、还贷款，这样社会服务才能正常运行。只有经济主体之间以诚信的原则普遍交往才能使生产资料和社会资源得到最有效的配置，市场经济的交易成本才能最大限度地减少，才会有良性的市场竞争，社会才能持续发展。

这种平等性还表现在公民必须遵守诚信原则，无论自己职业、身份如何。政府及政府官员首先要恪守承诺，遵守相应的法律法规，将自己的言行置于法律法规的硬性约束之内。否则如果政府或政府官员违反法律法规，没有做到个人诚信，失信于民，也就不会有社会公共诚信。

这种平等性还表现在公民必须遵守“有法可依，有法必依，执法必严，违法必究”的社会主义法制。无论公民的职业、身份如何，在法律面前人人平等。

---

① 张澍军. 人本身的建设与社会的和谐. 中国教育报，2005－10－12.

(2)强调道德自律和法律他律性

中国传统诚信思想是中国传统文化中的道德规范,强调的是个人的道德自律作用,肯定的是人内心的道德信念。但中国传统诚信思想往往注重的是“合乎情理”,恰恰缺乏“合法”,因此缺乏良心和道德谴责以外的硬性惩罚。

在市场经济条件下,仅仅依靠良心的自责和道德的谴责来制约人们不守承诺的行为是不太现实的。仅凭道德自律性“每日三省吾身”来提高道德修养,作为恪守承诺的途径已经很难成为人们普遍遵循的规则。所以近几十年来,仅依靠道德自律来履行承诺时出现的不诚信现象在我国尤其突出。

要减少仅依靠道德自律履行承诺时出现的不诚信现象,只有汲取西方诚信思想中的契约精神,用具有硬性约束力的法律法规来支撑当代诚信思想。在现代社会,建立健全和完善社会法制成为我国保护市场环境的重要途径。相应的法律法规是构建社会主义市场经济信用体制的有力保障,是当代诚信思想的重要基础,是预防、惩治失信行为的重要手段,是维护有序的市场经济和稳定的社会秩序的有力屏障。这里所强调的法律法规,不仅仅指建立和健全相应的法律法规,形成完善的法律体系;还指提高执法力度,真正做到“有法可依,有法必依,执法必严,违法必究”,法律面前人人平等,同时提高执法人的职业素质。

同时也不能忽视中国传统诚信思想中诚信道德自律的作用。道德自律和法制他律是我国市场经济下当代诚信思想的两大重要法宝。提高个人诚信道德修养,必须和健全诚信法制建设紧密结合,道德诚信自律是基础,法制诚信他律是屏障。没有道德诚信自律,那么法制诚信他律就缺少内在支撑和依靠;没有法律诚信他律,那么道德诚信自律就没有执行保障。因此,必须健全相应的法律法规才能保护诚信,惩治各种不诚信行为,进而促进市场经济的发展。

(3)由感性趋于理性

在中国传统社会里,人们讲诚信往往依据的是情感,根据个人直觉、感情来判定他人的道德品格。因为人与人之间的关系主要存在于以血缘、亲缘、姻缘或地缘关系缔结而成的社会组成结构中,亲情和人情是诚信的重要纽带。大家都是亲人或熟人,因此诚信就融入了太多的情感主观因素。但往往情感因素的摇摆不定,是无法用标准值来衡量的,因此,中国传统诚信表现出了一定的不稳定性和脆弱性。而且由于中国传统诚信只局限于“熟人”圈子,所以诚信的范围相对来说比较局限,很难覆盖到整个社会。中国传统诚信思想中人只效忠于自己的家庭、家族、民族,很难延伸为效忠于整个社会,这就会造成“小家”与“国家”之间的断裂。

当今,社会主义市场经济条件下,人与人之间的经济交往密切而频繁,早已打破以前“君臣、父子、夫妻”之间的狭隘生产生活范围,在此情形下,人与人之间要进行一定的经济活动或交流，主要依据已不仅是“熟人”圈子的情感信任，更多是趋于理性，根据对事实的掌握、分析、判断来决定是否信任对方。更重要的是，当今社会下的信任，已不仅是人主体直觉或情感，而是通过信用记录所实行的信用体系来提供相应的诚信信息，让人们来全方位地了解对方的有关情况。这样就避免了用情感断定诚信的不稳定性和摇摆性，也使当代诚信思想趋于理性倾向。

(4)开放性原则

中国传统诚信思想根植于小国寡民、自给自足的农业经济，因此也具有“熟人”特点的道德规范，适用范围较小，缺少开放性。而现代社会市场经济的全球化趋势和世界贸易体系的逐渐形成，市场利益的相互依赖和需要、市场交易活动的不断扩大、市场交易对象的流动多变，把全世界范围的人们都联系在一起，因此，人们就会借助契约的形式形成诚信的联系纽带。在全球，诚信已经成为国家政治、经济、文化交往的重要原则。

我国加入世界贸易组织(WTO)以后，国民经济与世界经济在很大程度上融为一体。因此，世界范围内的贸易规则与经济信用度就会极大地考验我国经济诚信的品质。WTO要求组织成员国实行非歧视的贸易待遇原则，不同所有制的企业和不同额度的国际资本将在更加公平的经济环境中展开竞争，因此我们的经济和开放只有符合WTO中的诚信经济的根本要求，才能在世界通行的经济规则里抓住发展的机遇，迎接新的挑战。

二、西方诚信思想的基本内涵和特点

名言警句：

欺人只能一时，而诚信都是长久之策。

——[英]约翰·雷

难听的实话胜过动听的谎言。

——[苏联]苏尤里·达列夫

“诚信”，英文为integrity，在《牛津词典》里解释为“the quality of being honest and having strong moral principles 诚实正直”。在西方，历来把诚实守信作为经典故事的主要内容流传。在现代社会里，美国经济学家弗朗西斯·福山在《信任：社会道德与繁荣的创造》中，将诚信解释为：“在一个社团之中，成员对彼此常态、诚实、合作行为的期待，基础是社团成员共同拥有的规范以及个体隶属于那个社团的角色。”①

西方地理位置特殊，四面环海，所以海运等商业贸易发展较早，商品经济相对发达，契约作为人与人交往的商业手段被广泛地运用于早期社会生活当中。而西方诚信思想首先是建立在互相信任、恪守承诺的契约精神基础上的。

时至近代，蒸汽机引起工业革命，交换手段和一般商品的增加，手工业工厂被现代大工业取代，商业贸易空前高涨，世界市场建立。经济基础决定上层建筑。资本主义使生产方式和交换方式发生系列变化，西方诚信思想的内容也随之而改变，由以前宗教文化中的契约“信任”逐渐演变为“信用”含义。

关于“信用”的内涵，经济学家们有许多解释。美国经济学制度学派代表人物康芒斯曾将麦可劳德关于“信用”的定义分为三种形式，认为只有“以一个特殊债务人为对象的一种特殊信用的现在价值”②才是信用的唯一真实的意义，称为无形体财产，是一种债。而马克思则认为信用是“以偿还为条件的付出——一般地说就是贷与借的运动”③。英国经济学家约翰·伊特韦尔等认为，信用就是“把对某物(如一笔钱)的财产权予以让渡，以交换在将来某一时刻对另外的物品(如一笔钱)的所有权”④。综观以上几种在经济学中具有代表性的解释，我们可以看到“信用”具有双向性，必须是同时性的。

资本主义不断发展，大工业时代雇佣劳动制度建立。借贷信用、货币信用、金融信用飞速发展，在绝对剩余价值和相对剩余价值的生产规律、市场竞争机制下，西方诚信思想的内容又从“信用”演变为“金钱”的等同词。

德国的政治经济学家和社会学家马克斯·韦伯在其著作《新教伦理与资本主义精神》中借用美国的政治家本杰明·富兰克林的话赤裸裸地阐明“信用”为“金钱”的意思：“切记：信用就是金钱。”“谁若被公认是一贯准时付钱的人，他便可以在任何时候、任何场合聚集起他的朋友们所用不着的所有钱。因此，借人的钱到该还时候一小时也不要多留，否则一次失信，你的朋友的钱袋则会永远向你关闭。”⑤对此英国经济学家托马斯·图克则进一步解释道：“信用，在它的最简单表述上，是一种适当的或不适当的信任，它使一个人把一定的资本额，以货币形式或以估计为一定货币价值的商品形式，委托给另一个人，这个资本额到期后一定要偿还。”⑥德国社会学家、哲学

① 弗朗西斯·福山. 信任：社会道德与繁荣的创造. 李宛蓉，译. 北京：远方出版社，1998.

② 康芒斯. 制度经济学(下册). 于树生，译. 北京：商务印书馆，1997.

③ 马克思. 资本论(第3卷). 北京：人民出版社，1975.

④ 伊特韦尔，米尔盖特，纽曼. 新帕尔格雷夫经济学大辞典. 北京：经济科学出版社，1996.

⑤ 韦伯. 新教伦理与资本主义精神. 于晓，陈维纲，等译. 西安：陕西师范大学出版社，2007.

⑥ 马克思，恩格斯. 马克思恩格斯全集(第25卷). 北京：人民出版社，1974.

家齐美尔从信任的视角对金钱作了进一步深刻的解析，认为金钱是一种对交换能够兑现的许诺，“金钱的占有所给予个人的安全感是对社会——政治组织和秩序的信任的最集中和直接的形式和体现”①。马克思曾引述过《经济学家》中的一段话“资本与其说是任何一种商业交易的界限，不如说是用来建立良好信用的基础”②，再次阐明了经济资本与信用之间的关系。

西方诚信思想直接把“诚信”与“金钱”合二为一，赤裸裸地表现出充满商业味道的认识：诚信就是金钱。西方经济学家们普遍认为：信任的心理促成人与人之间经济契约的订立，这就意味着经济借贷即信用成立；这样，人就可以谋取到预期的某些“利益”，比如土地、金钱、货币、汇票等其他物品或某种服务、打折、便利等形式。所以有学者认为信任是“作为一种介于全知和无知之间的有冒险的预期心理”③。此时，信任处于人们道德诚实与经济契约的信用的中间环节，而且一直隐藏其中不可或缺，同时，比如信誉、金钱、品德等外在的信任资本夯实了信用的基础。

在资本主义市场经济中，不仅信用就是金钱，剩余价值也是金钱。道德的诚实与信任，带来经济契约的信用；经济契约的信用带来货币的信用，货币的信用带来心理的信任，心理的信任带来新的资本和新的金钱。这样道德的诚实与信任、经济契约的信用、货币的信用、心理的信任、新的资本这几方面的互动循环，成为资本主义市场经济信用制度存在的秘密所在。由此可见，道德的诚实和信任是基础，经济契约的信用是关键，货币的信用是保证，心理的信任是隐藏链接，金钱是最终目标。因此，要追求资本主义金钱，就必须有良好的信任心理，这就要求资本主义市场经济的诚信维护制度必须有效地建立起来。最终，适应资本主义市场经济发展的商品化诚信机制逐渐建立起来了。

17 世纪著名的英国思想家、哲学家、经验主义开创人洛克，英国思想家、哲学家霍布斯等还认为，信任是民主的前提条件，更是社会秩序和政府组建的主要原则和基础。19 世纪末 20 世纪初德国经济学家齐美尔、法国社会学家迪尔凯姆、德国政治经济学家马克斯·韦伯等普遍认同，信任是社会凝聚力的基础，是社会组织强有力的黏合剂。所以，在 20 世纪末，西方信任的研究一下子成为显学，这为西方诚信建设提供了重要理论基础。

（一）西方诚信思想的起源

马克思认为，资本主义市场经济早期阶段的商业的成本和利润“只要商业资本

---

① 齐美尔. 货币哲学. 北京：华夏出版社，1900.

② 马克思，恩格斯. 马克思恩格斯全集（第 25 卷）. 北京：人民出版社，1974.

③ 陈文玲. 中美信用制度建设的比较和建议. 经济研究参考，2002（67）.

是对不发达的共同体的产品交换起中介作用,商业利润就不仅表现为侵占和欺诈,而且大部分是从侵占和欺诈中产生的"①。商业资本在古代和新时代的商业民族中的发展是和暴力掠夺、海盗行径、绑架奴隶、征服殖民地直接结合在一起的。在迦太基人、古罗马人,后来的威尼斯人、葡萄牙人、荷兰人等那里,情形都是一样的。由此可见,早期阶段的诚信状况是相当糟糕的。有学者曾做出研究,认为:在亚当·斯密时代,诚信状况有了一定的改善,但为了追求利益,经营者们往往喜欢聚在一起,商讨如何用欺诈的阴谋对付公众,抬高价格。在马歇尔时代,经济发展到一定水平,尽管欺诈的现象并未完全消除,但主动自觉抵御欺诈的力量正在不断地发展。到20世纪初,德国政治经济学家马克斯·韦伯把新教徒的诚信拔高到宗教信仰的层面,看到了诚信对经商成功的重要意义②。

(二)西方诚信思想的发展

1. 宗教伦理要求转变为法律原则

在西方宗教文化里,少有"诚"的内容阐释,重视对"信"的研究。西方诚信思想总是希望确定某些因素:比如承诺的内容、时间,如何履行,履行的义务和权利等。并将这些契约的构成元素作为"信"的兑现诺言的对象,并且将契约承诺、借贷承诺等承诺与合同、法律法规、制度等相结合。这样,承诺就逐渐成为与利益相联系但可以具体操作的理性工具了。

这里,我们将西方诚信思想的发展粗略地划分为两个阶段。第一个阶段是公元前6世纪到资本主义产生前。在这个阶段里,西方诚信思想将诚信从宗教伦理要求中提炼出来,逐渐转变为法律原则。西方诚信思想早期是隐藏于西方宗教思想里的,诚信作为正义的美德愈来愈受到重视和凸显,这与当时为谋求利益而不诚信的行为格格不入。以位于地中海的西方文明发源地古罗马帝国为例:由于地理位置的优越性和独特性,古罗马帝国繁荣的海外贸易和简单商品经济的充分发展,诚信美德逐渐从西方宗教文化中脱颖而出,并与不诚信现象猖獗之间的矛盾逐渐不可调和。

因此,在公元前6世纪中期,古罗马帝国在法律上就明确规定了"诚信契约""诚信诉讼"等一系列的法律制度。其中"诚信契约"关于合同契约问题就规定了当事双方的权利与义务,将"公平""正义""善良"的原则表示为当事人的行为准则,其实质就是将诚信作为法律行为的基本准则。

由此可见,西方诚信思想由上帝和神对人类的宗教要求转变为法律原则,还是基于商品交易基础,根植于人与人之间的经济活动之中。到了1907年,《瑞士民法典》

---

① 马克思,恩格斯.马克思恩格斯全集(第25卷).北京:人民出版社,1974.

② 杨继国.诚信、非正式制度与政府管制.厦门大学学报:哲学社会科学版,2004(3).

总则中的第二条,第一次把诚信原则扩展到一切民法关系的权利和义务的履行中。随后很多国家纷纷效仿,诚信原则成为世界各国公认的法律条例中的“帝王条款”。

2. 法律原则转变为商品化建设特征

随着资本主义市场经济的飞速发展,诚信在遵循契约原则上,拉动更多的新资本和金钱形成货币信用。而且,诚信已经不仅是法律的准则,更多地以“信用”的形式成为市场经济中的一种商品,在市场交易中大量生产、大量销售。与此同时,与信用有关的很多信息也被加工成为信用产品,通过市场,卖给需求者。正面的信用及其相关信息累积成扩大信用交易的动力,拉动更多的货币,形成新的资本和金钱;负面的信用及其相关信息累积成约束失信人的惩戒和威慑的力量,从而形成市场经济运行机制的重要组成部分。

西方发达国家经过近 150 多年的努力逐渐建立和完善资本主义市场经济中的征信制度,用市场诚信来解决信息不对称的问题,形成了较有效的市场约束机制。例如美国的商业性征信企业、追账公司等便是典型的例子之一。美国有许多专门从事征信、信用评级、商账追收、信用管理等业务的诚信中介服务机构:比如在企业征信领域,邓白氏(Dun&Bradstreet)是全世界最大的征信公司,其数据库包含全球 5 700 多万家企业的信用信息;在资信评级行业,穆迪和标准普尔最有影响力。

在许多西方国家,个人的信用记录制度是相当健全的。信用记录已经是每个人的第二张身份证。每个人或每个企业都有自己唯一的信用号码,通过这个信用号码可以查找到所有的信用记录。个人或企业如果有失信的记录,能很快地被反映出来并使其受到制裁,维护正常的诚信状态。这就是西方社会目前不太存在普遍的诚信危机的重要原因之一。

(三)西方诚信思想的特点

在西方国家,毫不夸张地说,契约文明构成了西方诚信思想的精髓。契约文明起源于西方文明发源地的古罗马帝国时期。西方社会进入奴隶制时期,生产力的发展和对外贸易的扩张带来了新的商品交换模式,人们逐渐冲破了由血缘、姻缘、地缘和人缘组成的熟人社会关系,而通过契约关系代替人身依附关系,建立起一种新的经济关系。此后,契约逐渐从经济领域向法律、政治等领域扩展开来,使人们的经济生产和生活都逐渐契约化,形成西方特有的契约文明和契约社会。

在西方国家,由于地理位置的特殊性和历史演变发展的独特性,随着经济的不断发展,人群和地域的开放度较高,契约便成为陌生的双方或者多方达成协议后可以承诺遵守的行为规则,并规定了双方之间的权利和义务及如未能履行义务时的惩罚措施,是带有法制化的诚信手段。在契约关系中,大家都必须恪守承诺,如果一方违约,对方就可以按照协议取消违约方的利益实现的保证权利,并且还要使违约方受到相应的惩罚。出于自身利益考虑和契约的外在约束机制，双方或多方就会自觉地遵守自己的诺言。正如德国政治经济学家马克斯·韦伯所说："切记：善于付钱者是别人钱袋的主人……一次失信，你的朋友的钱袋则会永远向你关闭。"一直把对别人的承诺记在心里的人，众人会认为这是一个信守承诺、可靠稳重的人，自然会对他非常信赖。由契约文明我们可以看到西方诚信思想有以下特点。

1. 普遍性和开放性

西方诚信思想中的无论双方或多方是熟人还是陌生人的行为准则，打破了血缘、亲缘、地缘和人缘的"熟人圈子"的限制，使任何个人、组织、国家之间建立更加广泛的诚信规则成为可能，并且扩大到所有范畴之内，具有普遍性和开放性。

2. 平等性

平等性表现为必须是具有独立经济地位资格的主体在平等互利的基础上自愿达成协议，而不是迫于外力，体现出"法律面前人人平等"的价值取向。

3. 财产性

马克思曾引述过 1847 年的《经济学家》中的一句话："资本与其说是任何一种商业交易的界限，不如说是用来建立良好诚信的基础。"①这句话表明，西方诚信思想是与资本主义市场经济的发展相适应的，并为经济的有效运转提供服务。

4. 一定的外部强制性

契约诚信本质上是一种外在规则守信而不是遵循德行的诚信原则。它通过外部强制性规范对不守信的人给予惩罚来实现。

三、中西方诚信思想之比较

名言警句：

自不诚，则欺心而弃己，与人不诚，则丧德而增怨。

——杨时

诚实的人从来讨厌虚伪的人，而虚伪的人却常常以诚实的面目出现。

——［荷兰］斯宾诺莎

（一）中西方诚信思想相同之比较

无论中西方，诚信都是社会秩序稳定的基石、经济正常运转的前提条件，受到高度重视。

---

① 马克思. 资本论. 中共中央马克思恩格斯列宁著作编译局编译. 北京：人民出版社，1847.

在西方，历来把讲诚信、守诺言作为人生的经典训言，并以此教育世人。对西方文化和道德产生重要影响的《圣经》里曾记载过“摩西十诫”，将“不作伪证”看作最重要的道德戒律。在西方社会，诚信是社会正常运行的必要前提条件，是维护社会秩序的主要工具，也是市场经济不可缺少的基石，更是人与人之间和谐相处的重要途径，还是一个人立足于社会的基础。现代西方信用记录制度的完善，让一个信用缺失的人在社会无立足之地，正常的生活和工作都要受到严重影响。

在我国，历来也重视诚信。我国古代的思想家们不仅将诚信作为个人立身处世之道，而且还认为诚信是立国之基、兴业之宝。例如在先秦各种文献里就已有相关记载。《左传·僖公二十五年》曰：“信，国之宝也。”①认为诚信是国家的瑰宝。《荀子·议兵》中则态度鲜明地认为：“政令信者强，政令不信者弱。”②在带领军队中，能够恪守诺言的政令执行力就强；常常失信于兵的政令执行力就弱。先秦儒家学者的代表孔子还非常强调取信于民对维护国家政权的重要作用，将“民信”放在了“足食足兵”的前面，认为“自古皆有死，民无信不立”③。

由此可见，中西方尽管地理位置不同、文化具有很多差异，但在认识诚信上面却达成了高度的共识：诚信不仅是经济领域的经商之道还是兴家立国的保障、人际和谐的重要因素，在社会秩序的维护方面同样也发挥着重要的作用。

（二）中西方诚信思想不同之比较

1. 中国诚信思想的有限性与西方诚信思想的开放性差异

中国诚信思想以前主要以君臣、父子、夫妻、兄弟和朋友这“五伦”关系展开，拘泥于“熟人圈子”的狭小范围，带有较强的主观情感，常常会对人而不是对事，适用于以血缘、亲缘或姻缘关系缔结而成的家族或亲情团体，而非普遍适用的。

西方诚信思想与中国诚信思想相比较，打破了人群和地域的局限，对不认识或不确定的第三方也能遵循诚信的规则，具有一定的广泛性和开放性，这种广泛性和开放性与全球市场资源配置和资本融资是相适应的。因此，西方诚信思想成为资本主义市场经济发展和市场秩序能够维系的必要条件。

2. 中国诚信思想的等级性与西方诚信思想的平等性差异

中国诚信思想表现出很严重的“身份等级”色彩，诚信主要存在于“熟人”之间，所谓“朋友有信”。在“熟人圈子”里，往往是根据和自己关系的亲疏来决定诚信的强弱程度的。

而西方诚信思想则建立在平等自由原则基础上，这让所有普通人在经济交往中

① 杨伯峻. 春秋左传注. 北京：中华书局，2000.

② 王先谦. 荀子集解. 北京：中华书局，1986.

③ 刘宝楠. 论语正义. 北京：中华书局，1986.

都能平等地行使相应的权利和义务，因为诚实守信是公平交易的重要原则。因此，这种平等性能一定程度地激发人们的创造性，并推动社会不断发展。

3. 中国诚信思想的自律性与西方诚信思想的财产性的差异

中国诚信思想是个人自律的标准，是自我修养和精神境界的追求。它主要是通过社会舆论、传统习惯等社会评价和个人良知、自省表现出来的自我评价，使人们在道德反思中产生满足感或自责。

而西方诚信思想是建立在人们利益互惠的基础上的，人与人要讲诚信就必须遵守契约。也就是在追求利益的最大化时人与人之间要遵守共同制定的契约，彼此之间都让出部分权利和利益，然后交换回自己的权利和利益，而且必须恪守承诺，否则要付出相应的惩罚和赔偿。因此，资本主义市场经济下的诚信在于赚取更多的剩余价值和金钱，诚信和资本主义市场经济之间密不可分。

4. 中国诚信思想的自律性与西方诚信思想的强制性差异

中国传统诚信思想是个人行为准则和自律标准，是对自我行为的要求和克制；违背诚信的人会受到社会舆论的谴责和良心的责问，但不会受外界任何的惩罚，自我不会有损失。

而西方诚信思想更多是外在规则而非内在道德规范，诚信通过契约的形式表现，恪守承诺的人被给予奖励，失信的人被给予惩罚。

行动指南

◆到图书馆借书、到阅览室看书时，用自己的借阅证借书看书，不借他人的借阅证借书看书。

◆借书后或在阅览室看书时，保持安静；不得在公共图书上乱涂乱画，不得折页，不得随意撕书，保持书籍页面清洁。如有污损书籍页面的情况出现，按照图书馆规定支付书籍污损费用。

◆借书时记清楚书籍的归还时间，提前一天归还书籍。如果借书超期，请按照图书馆借书规定支付超期借书款。

◆对待同学时，尊重他人的隐私和生活习惯；真诚待人，答应同学的事情一定要完成；当同学提出自己能力范围之外的事情，予以委婉拒绝。当同学出现问题时，看准时机当面委婉地提出来，帮助他人。

◆对待同事时，尊重同事的性格特征和做事风格；真诚待人，不在人前人后说同事的家庭、个人隐私，不在领导面前打小报告；同事在遇到困难时，予以热情的帮助；当同事的要求超过自己能力范围时，予以委婉拒绝。

◆对待朋友时，尊重他人的隐私和生活习惯；真诚待人，对不超过自己能力范围的事情，予以帮助。

思考与练习

阅读书目

①刘宝楠. 论语正义. 北京:中华书局,1986.
②赵岐. 孟子注疏. 上海:上海古籍出版社,1990 年影印十三经注疏阮元校刻本.
③黎靖德. 朱子语类. 北京:中华书局,1986.
④吴枫. 中华思想宝库. 长春:吉林人民出版社,1990.

思考题

①诚信的概念是什么?
②中国诚信思想的基本内涵和特点是什么?
③中西方诚信思想有哪些异同?

案例讨论

自助式地摊考验大学生诚信①

2010 年重庆电视台曾报道过这样一则新闻:在北碚区西南大学的校园里,有一个“奇特”的地摊,地摊上摆放着过期杂志和各种学习文具及生活小物件,但却无人

① http://v.ku6.com/show/sqnA66X5hF60UXL8.html.

守候，学生确认要买哪样物品只需将钱币放在特定的小钱罐里，或者自己找补一些零钱。

这个自助式地摊是3月14日开始摆的，虽然经营的时间不长，但在同学中引起了不小的反响。有位女同学说："这种方法是挺新颖的，但是却需要我们共勉，还要有高度的自觉性。"据记者多方打听，摆这个地摊的同学是西南大学体育学院大二学生散文涛。因为家庭比较困难，散文涛主要靠勤工俭学补贴生活费用，由于在外打工和学习时间冲突较大，使他有摆自助式地摊的想法。在摆摊之初，散文涛也对自助式心存疑虑，不过最终，他还是选择了相信同学，相信诚信。

散文涛接受记者采访时信心满满地说道："到现在没有丢过一件东西，没有少过一毛钱，通过这几天的经营情况来看，当初选择相信同学，相信诚信是非常正确的。"

思考问题：

如果你是一名勤工俭学的学生，你会选择相信同学、相信诚信，在校园中摆这种自助式地摊么？如果在我们自己的大学校园里，也有一个这样的自助式地摊，你会诚信地购买物品么？

视频链接

《感动中国》人物展播:信义兄弟

(视频来源:http://news.xinhuanet.com/video/2010－12/29/c_12929735.htm)

学习案例

湖北社会各界热议“信义兄弟”感人事迹①

新华网武汉3月2日电(记者沈翀、李鹏翔):2日,湖北省委宣传部召开弘扬“信义兄弟”精神座谈会,来自科技、文化、教育、建筑等各行各业的代表纷纷表示,在社会诚信与责任感普遍缺失的今天,孙水林、孙东林两兄弟坚守承诺,是时代的镜子,道德的标杆。

湖北省省委常委、省委宣传部部长李春明说:“孙氏兄弟是中华传统美德的传承者,是社会主义荣辱观的践行者,是建设和谐社会的推动者,是优秀荆楚儿女的领跑者。”他们用实际行动诠释了诚信大于天,责任比金贵的道理。

中国科学院院士、原华中科技大学校长杨叔子说,孙氏兄弟一诺千金、不愧对农民工血汗钱的事迹,继承了中华民族优秀的诚信传统,是社会文明道德的结晶。面对物欲横流的时弊,“信义兄弟”好似一声惊雷告诫世人应该走向何处。

中南财经政法大学党委副书记、教授、经济伦理学专家刘可风认为,“信义兄弟”

① http://news.xinhuanet.com/society/2010－03/02/content _ 13085128.htm.

的故事震撼人心，孙东林替兄还农民工工钱的行为，已经超出基本的社会道德规范层次，进入到高尚领域。在哥哥一家五口去世，留下一大堆后事需要料理的当口，孙东林首先做的事情，是自己拿出部分钱来，加上哥哥的钱，赶在春节前把农民工工资给发了。这是一种牺牲自我利益，成全他人的行为，是一种大善。

民营企业代表卓尔控股集团董事长阎志说："目前市场信用缺失已经成了制约中小企业发展的瓶颈，如果每个企业和企业家以学习和发扬'信义兄弟'精神为契机，重新审视个人、企业诚信建设，将对市场经济健康发展和企业真正做强做大起到非常重要的作用。"

来自中铁十一局地铁项目部的农民工朱光明也表示，来自全国各地的工友们有不少遇到过干活不给钱的老板。看到孙家兄弟的故事，工友们都被他们有良心、有担当的精神感动，希望社会上出现更多像孙水林、孙东林这样有良心的企业家。

2010 年年关连续几天大雪纷飞，在北京当包工头的武汉市黄陂区人孙水林为赶在年前把工钱发到家乡的农民工手上，返乡途中遭遇车祸，一家五口身亡；在天津的弟弟孙东林为了完成哥哥的遗愿，来不及处理哥哥的身后事，赶在腊月二十九返乡，凑钱代兄将 33.6 万元工钱付给 60 余位农民工。

热点讨论

女大学生"踢馆"能否踢出唐骏的道歉①

（图片来源：http://info.smgbb.cn/zixun/shehui/2011－05－04/733782.html）

2011 年 4 月 27 日，唐骏现身南京林业大学，做了一场主题为"我的成功可以复

---

① 张楠之.《女大学生"踢馆"能否踢出唐骏的道歉》. http://news.163.com/11/0504/05/736H81EO00014AED.html.

制”的讲座。一位南京大学的女生带着一沓“西太平洋大学”学位证书邀请唐骏签字,并质问其美国绿卡的由来等问题。该女生表示:没有道德的人不应该站在高校讲台上。而该女生的“踢馆”行为也引来了争议。

俗话说“打人不打脸,骂人不揭短”,当场让一位公众人物难堪,这位女生的举动在很多人看来,似乎不够厚道。但是,作为公众人物的唐骏,在“学历门”事件之后既不认错,也不向公众道歉,却继续以青年人的楷模自居,其实更不厚道。

事业难免会有起落,诚实的品德却会伴随一生,并让人终身受益。事业的成功固然重要,但个人诚实的品德修养更加重要。虽然靠欺骗和不择手段也可以获得一时的成功,但是,一个极力把自己塑造成青年楷模和人生导师的人,首先要在道德上成为别人的楷模。

从大的角度来讲,唐先生的“学历门”事件不是他一个人的悲剧,而是一个“学历至上”的时代悲剧。这也从另一方面说明,学历其实不重要,能力才最重要。从这个角度来讲,这样的成功确实可以复制。可是,要想宣扬这样的成功,必须先跨过“学历门”造成的道德困境。这不是公众对唐骏的要求太苛刻,也不是要抓着他的“小辫子”不放,而是他必须承担的社会责任。

一个道德存在严重瑕疵的人,被高校请来做关于“成功”的讨论是否合适,确实是一个容易引发争议的问题。前些天,天津大学刚刚辞退了该校引进的海外人才、天津市“千人计划”特聘专家姚庆伟教授。此人曾因引诱未成年少女在美国被捕。这说明,高校在引进人才上,也正在从重学历、重学术成就,回归到学历、成就与道德品质同样看重,甚至更看重道德。这是一个好的开端,也必然会给其他高校及社会产生示范作用和深远影响。

所谓的“我的成功可以复制”,是指连学历造假都可以复制,还是不靠学历靠能力获取成功的经历可以复制呢?我想,唐先生看重的也一定是后者吧。

说谎的人并非不能获得人们的谅解,但说谎后拒不认错的人肯定无法获得谅解。说谎或许还有不得已而为之的原因,拒绝认错则是纯粹的道德感缺失。如果不在“学历门”问题上有个彻底的交代,唐骏永远不可能迈过这道槛,再健忘的公众也不可能解开这道心结。不知道这位女生的“踢馆”能否踢出唐骏的道歉。

思考问题:

诚信做人是社会所提倡的道德规范。“打工皇帝”唐骏深陷“学历门”诚信危机,而高校请他做关于“成功”的讲座是否合适?诚信道德与成功经历孰轻孰重?你对唐骏深陷“学历门”诚信危机有什么看法?他的“成功”模式有借鉴的价值么?

课堂讨论

广西贵港数十民工欲跳楼讨薪 称“最苦民工”(图)①

中新网贵港12月16日电（记者 王刚）16日早，广西贵港市数十农民工爬上该市市区最高楼盘“联邦国际”欲跳楼讨薪，情绪激动的民工还挂出“最苦农民工最累购房人最黑开发商”“还我血汗钱”等条幅声讨开发商。

记者11时许在现场看到，30多层的“联邦国际”二期楼盘已被挂上多条白底黑字的条幅，内容以声讨开发商为主，其中最显眼的是“讨薪讨薪步履艰辛”“最苦农民工最累购房人最黑开发商”。10至20层的多个窗台上，头戴安全帽的民工们不时高呼“黑心开发商，还我工钱”“我要回家”等口号，楼下围聚的数十男女民工也齐声附和高喊。此时，有两名女子一边走进联邦国际大楼一边指指点点说：“有本事就跳下来，最好一了百了。”

来自贵港木格镇的一罗姓中年民工告诉记者，此前他一直负责打水泥浆，因被拖欠工钱，不但没法给家中老人小孩寄回生活费，就连自己想抽根烟都没钱买。

讨薪方一名崔姓副经理说，“联邦国际”二期楼盘从2007年开始由广西建工集团第二工程有限责任公司承建，至今工程已近尾声。期间，投资建设方贵港阳光房地产开发有限公司没能按时支付工程进度款，导致施工工期拖长。目前阳光房地产开发有限公司仍拖欠该公司500多万元，从而导致100多名民工的工资被拖欠。贵港阳光房地产开发有限公司一赵姓副总经理称，是对方公司未按时完工等原因导致了事件的发生。

崔副经理说，买房人大多是“买得起，供不起”，农民工跟买房者一样是最苦最累

① http://www.chinanews.com/sh/news/2009/12-16/2022069.shtml.

的人。据悉,"联邦国际"售价为每平方米3 000多元。

贵港市劳动和社会保障局一潘姓科长表示,下一步将与贵港市建设规划委员会组织多方代表协商处理此事。

至记者中午离开时,民工们仍在"联邦国际"呐喊。

讨论

(1)与学习案例中的"信义兄弟"一样,此案例中的企业家同样是承办建筑工程,一个是活着都要拖欠工人血汗工资的企业家,另一个是死了家人都会把工人血汗工资还清的企业家,如果你是工人,愿意跟谁?

(2)为什么同是承办建筑工程的,却会有活着都要拖欠工人血汗工资和死了家人都会把工人血汗工资还清这两种截然不同的企业家呢?

(3)如果你是孙水林的弟弟孙东林,你会怎么办?

顺口溜

知诚信,为人基;
讲诚信,中华魂;
践诚信,做人本;
守诚信,扬传统。
为人诚,是首要;
对己真,待人实;
信诺言,不可少;
答人言,要做到。
这两点,似容易;
做起来,有点难。
贵恪己,在坚持;
醒旁人,以正气。

第二章 诚信的当代价值

导 论

诚信是中国传统道德中的一项基本准则，是对于当代大学生来讲最为关键的，我们需要发掘并传承中国传统诚信思想的当代价值。人无诚信不立，业无诚信不旺，国无诚信不昌。大到一个国家、小到一个单位或个人，诚信都是成功的重要元素。诚信是立人之本，是历久不衰的道德原则，也是每个人立足社会的重要基础及其在现代社会的身份证明。诚信是治国之道，取信于民是治理国家的根本。诚信既是中国革命胜利的法宝之一，也是社会主义建设的重要保证。诚信治国是我国以人为本核心理念的本质要求。诚信是和谐之道，诚信友爱是构建社会主义和谐社会的重要内容，诚信引领我们走向和谐社会。

第一节 诚信是立人之本

一、诚信：立足社会的重要基础

名言警句：

真者，精诚之至也。不精不诚，不能动人。

——《庄子·渔夫》

诚信是力量的一种象征，它显示着一个人的高度自重和内心的安全感与尊严感。

——[美]艾琳·卡瑟

(一)诚信——止于至善的人格追求

1. 诚信与人格

“人格”一词是一个既崭新又古老的名词,源自拉丁文,原意是指戏剧舞台上演员所用的假面具,现在多为心理学和伦理学上的概念。简而言之,人格是指个人的品质,是个人价值和品格的总和,是每个人独有的。在中国古代没有“人格”这个词,但有与之含义相近的“人品”“为人”“品格”等词①。道德品质可以看成是人格的一个部分,健全的人格,是人类完善自己的一种道德活动,也是个人实现自身价值、保证事业成功的不可缺少的条件。人格是立人的核心。

诚信是指诚实不妄、遵守诺言的品质和行为。《辞海》对“诚信”的解释是:“诚实、不欺。”根据《说文解字》的解释:“诚信互训。”“诚,信也,从言成声。”“信,诚也,从人从言”。在实际使用过程中,“诚”通常表现为真诚、诚实、诚恳;“信”通常表现为讲信义、守信用、重承诺。

诚信作为最古老最原始的道德要求之一,它和人类相伴而生。人是社会动物,社会性是人的本质。人是在相互依赖和相互联系中生存和发展的,只有人与人之间相互诚实、说真话、传递真实信息,不掩盖事实的真相,人才能得以生存和发展,人类才能繁衍延续②。人类历史发展到今天,诚实品质从来是对人行为处事最基本的要求和规范。传统诚信观的根本内涵是指个人品质和处世之道,现代诚信则是市场经济条件下以契约为基础的一种理性的法制理念。

从以上“诚信”和“人格”概念的分析可以看出,诚信作为重要的道德规范无疑在健全人格中具有重要作用,即对诚信人格的塑造。诚信人格是人们在自身修养方面的永恒追求,是塑造全面健康人格的基石。不言而喻,“人格”的高低自然有一定的标准,“格”就是标准的意思,诚信是人格最基本的标准之一。不管做什么事情,一个人都应该坚持诚信的标准。我们只有透过诚,才能在人格上立本,在本体上立根。

2. 真诚与人格魅力

诚信最广为大家熟悉的含义是诚实守信,在此基础上可以引申出另一层含义:真诚和自信。诚实守信有规范人行为准则之意,而真诚和自信则更体现个人的主动性和精神境界,诚信于是更具生命活力。

在我们的身边,为什么有的人总是受人尊敬、被人亲近,有的人却令人唯恐躲之不及?这是因为性格不同,导致每个人人格魅力不同。人格魅力是指由一个人的信仰、性情、品行、智慧、相貌、才学和经验等诸多因素体现出来的一种人格凝聚力和感

---

① 肖川.“个性教育·人格教育·主体性教育”辨析.教育学术月刊,1999(5).

② 李逸凡,等.高等职业院校诚信教育引论.杭州:浙江大学出版社,2009.

召力。人格魅力的形成包括能力、气质、性格、道德品质等方面具有的、受人青睐的、吸引人的力量，是指人的性格、能力、气质的总和。

塑造人格魅力有很多途径，如沉稳、细心、胆识、大度等，但人格魅力的基本点便是真诚。真诚待人和恪守信义是赢得人心、产生吸引力的必要前提。诚实守信的人、彬彬有礼的人、见义勇为的人，有时看上去是吃了亏，可能会被当成傻子，甚至被讥笑为不合时宜，有些迂腐，但他们内在的人格魅力处处都能影响人、感召人。古今有很多具有人格魅力的人被人们称道和铭记。“众人皆醉我独醒”的屈原，“出师未捷身先死，长使英雄泪满襟”的诸葛亮，“发愤而著书”的司马迁，“横眉冷对千夫指，俯首甘为孺子牛”的鲁迅，“兼容并包、淡泊真诚”的蔡元培等等，在他们的人生道路上“真诚”两个字得到了最精彩的演绎。真诚的人，是最诚实的人；真诚的人，是最宽容的人；真诚的人，是最值得信赖的人；真诚的人，是最具人格魅力的人。在现实生活中，通过文学、艺术、音乐、舞蹈、绘画、电影、戏剧等表现出来的诚信人物、诚信佳话是高尚的、感人的，也是美的；相反，那种口是心非、欺诈虚伪、言而无信的人是丑的，他们可能得一时之利，甚至呼风唤雨，终将被道德鞭挞，舆论唾弃①。

3. 大学生诚信人格塑造

大学生作为社会中一个相对特殊和优秀的群体，讲求人格是对大学生一种最低的约束和最高的要求，一个有良好人格的大学生一定能够融入社会，并被周围的人认可和尊重。根据浙江理工大学开展的“大学生就业力调查”的结果显示，七成招聘单位首先看重的是人品。而从社会对大学生的期望来看，大学生良好人格的重要表征应集中体现为恪守诚信这一行为规范，因为“恪守诚信是一种在理性认知信用、信任、信誉的属性和价值中所形成的受到社会认可、赞同的行为”。恪守诚信应当成为社会成员良好人格的重要定位，更应成为大学生良好人格的基本取向。

诚信作为一种道德理想和人生修养能得到大学生的普遍认同，但在涉及学生自身利益的时候，诚信就显得很脆弱。其实我们从小到大都在接受道德教育，谁都听过“狼来了”的故事，但是在成长的过程中也都曾目睹成人世界对这些道德戒律的破坏。我们内心都相信做一个好人是应该的，但是在现实利益面前道德成了苍白的口号。诚信作为对他人或者社会的诉求，学生会表现出较强的渴望心理，但对于自己能否做到，较多的学生都会存在“视情况而定”的犹豫状态②。大学生群体出现越来越多的不诚信现象，如抄袭作业、诸多借口逃课旷课、考试作弊、拖欠助学贷款、感情欺骗、毕业论文抄袭、求职简历注水、择业签约违约，等等。这些不诚信现象的存在不利

---

① 来永宝. 诚信五论. 厦门：厦门大学出版社，2004.

② 陈云涛. 大学生诚信文化理论与实践. 杭州：浙江科学技术出版社，2008.

于大学诚信校园的建设和大学生诚信人格的塑造①。

高校是建设和弘扬诚信文化的主要阵地，也是培养大学生诚信人格的重要基地。当前很多高校开展了丰富多彩并颇具深度的诚信文化建设活动，形成了一整套高校诚信文化建设的思路。如 2002 年 5 月，中国海洋大学率先在全国高校中建立《大学生诚信档案》，并将其纳入了《大学生综合信息管理系统》，实现了学生诚信档案的电子化管理。2003 年 12 月 30 日，北京师范大学决定，从本学期的期末考试开始，北京师范大学学生如有考场违纪行为被记零分的，必须要增修一门“诚信”课的学分。2009 年 9 月，西南大学推出《大学生诚信守则》和诚信档案考评制。四川大学锦城学院自 2005 年起便在全校学生中开设明德教育系列课程，把“诚信”作为每个学生的必修课，同时为了能够更好地让学生践行“诚信”，学校设立专门的“诚信月”专题活动，以营造校园诚信文化氛围。浙江金融职业学院在新校区的建设中融入诚信文化因子，在学校正大门的左侧，设立一块两米高、镌刻着一个古朴“诚”字的巨石，并注有“诚者，天之道也；诚之者，人之道也”。在学生公寓前嵌一汉白玉，镌刻一“信”字，侧注为“民无信不立”，等等。高校校园诚信文化建设在大力弘扬传统诚信文化的同时，把现代的诚信价值、诚信理念融入校园生活的方方面面，大力宣扬以诚实守信为荣的观念，树立诚信人格的典范，发挥诚信道德典范的榜样示范作用，推动大学生诚信人格由传统向现代的转换。

案例链接

国学大师季羡林先生真诚感动大一新生②

一位北大新生背着大包小包的行李，走在北大的校园里，带着对大学生活美好的憧憬，同时也带着一脸的迷惘，这里的一切都是新的，什么都得靠自己。首先就是报到缴费，但是缴费地点还有好一段路呢，背着大包小包坐了好几小时火车，又转了好几趟汽车，“长途跋涉”的他已经是筋疲力尽。此时迎面走来一位大爷，大学生灵机一动，向大爷说明了情况并请大爷照看一下他的行李。老先生欣然同意，等那位大学生报完到缴完费，时间也已过去了大半个小时。回去一看，老先生还站在原地耐心地帮他看着他的那些个“家当”，大学生甚是感激，老先生却不以为意，默默地走了。在第二天的新生欢迎仪式上，大学生惊奇地发现致辞讲话的副校长就是昨天帮自己耐心看包的大爷——著名的国学大师季羡林老先生。季老无声的行动给了这位新生最

---

① 胡秀英. 和谐社会目标下大学生诚信教育的价值意蕴及其实现机制. 当代教育论坛，2007(9).

② http://api.baike.baidu.com/history/id=17146751.

热情的接纳，也给这位新生上了人生最重要的一堂课，季老真诚待人的行为感动了我们。学品如人品，季老在做学问上坚持只说真话、不说假话。正如季老自己总结的一样："我写的东西，不会有套话、大话，至于真话是否全讲了出来，那倒不敢说。我只能保证，我讲的全是真话。"这一份真实、真诚、朴实、毫不矫揉造作的态度，正是我们这位国学大师人格魅力所在。

点评：真诚朴实是一个人人格魅力之所在，对于大师来说是如此，对普通人来讲亦是如此。

（二）诚信——历久不衰的道德原则

1. 诚信与道德

对于现代人来讲，诚信首先属于和表现在道德领域。

道德是一定社会经济、政治、文化的客观反映。在人类社会生活中，道德是一种特殊的社会现象。道德规范是道德核心、道德原则、道德要求的具体体现。人们在各种社会活动中，形成复杂的社会关系。为了调整人与人之间的关系，以保障社会生产、生活的正常秩序，便形成了对人的行为加以约束和导向的道德规范①。诚信是道德的重要规范，不谈诚信无从谈道德。赫胥黎曾说过"诚信是道德之本"，讲道德就是维系诚信，讲诚信就是在提升道德。诚信是做人的根本，是道德的底线，所以做一个有道德的人，首先要做一个讲诚信的人。

在中国古代，诚信被视为一切道德的基础，是根本的道德规范和品质。在其他国家，诚信一样被奉为至高无上的道德准则。《圣经》中的"摩西十诫"将"不作伪证"作为重要的道德戒律。法国学者蒙田曾说过，真诚是"美德的首要和基本的部分"，它制约着其他一切美德，没有真诚这种美德，其他一切美德都将是不真实的。蒙田在他的《论撒谎》一文中对说谎提出了猛烈的批评："说谎的确是一个令人痛恨的恶习。我们只是有了语言才成了人，相互维系不散。如果对说谎的可恶可怕有所认识，就要对它比对其他罪行更加猛烈地谴责。"②蒙田在这篇文章中谈到了真诚的人不会因为说了老实话做了老实事而吃亏，相反那些巧言令色、自以为聪明之人才是鼠目寸光之徒。文章中写道："我经常见到这样的事，有意思的是吃亏的总是那些以花言巧语为常事的人，他们说话随机应变，时而要做成在谈判的生意，时而要取悦在说话的大人物。他们让自己的信仰与良心服务于千变万化的情绪，语言也时时不同；同样一件东西，他们可以一会儿说黑，一会儿又说白；人前人后两面三刀；把这些人相互矛盾的说

---

① 来永宝. 诚信五论. 厦门：厦门大学出版社，2004.

② 蒙田. 蒙田随笔全集. 马振聘，译. 上海：上海书店出版社，2009.

法加以比较，这类花招又会怎样呢？”①

诚信之所以成为历久不衰的道德原则，很重要的原因在于诚信是做人的基准。诚信的本义是不自欺、不欺人，遵守承诺，讲求信用。在讲诚信这一过程中，既尊重了自己，也尊重了别人。一个人如果言而无信，谎话连篇，人们必将拒他于千里之外，最后沦为孤家寡人。人没有信誉，也就失去了做人最根本的价值。

对于每个人来讲，诚信是立身之本、处世之宝。尤其是大学生寒窗苦读数十载，不断学习积累知识，但是要真正做个对社会有贡献的人，光靠“知识”是不够的，还必须用正确的价值观指导实践。“诚信”便是培养我们的高尚道德情操、指引大学生正确处理各种关系的重要道德依据。古今中外的教育家们几乎都一致认为诚信教育应从小抓起，从父母做起。曾参杀猪的故事告诉我们父母对子女必须“言必行、行必果”，这样才能言传身教。日本的教育中设有一门伦理课，诚实、善良、向上、奉献、谦让、名誉、正义是其主要内容。日本中小学生每人都有一本道德手册，名为“心的笔记”，用通俗易懂的语言，记载着各种道德规范，其中诚信是重要的内容。德国教育法明确规定，家长有义务担当起教育孩子的职责。德国的家长非常注意为孩子营造一个真诚的氛围。他们普遍遵守这样一个原则：教育孩子诚实守信，家长必须做出榜样。

2. 诚信与公民道德建设

诚信是自古以来的道德规范，构成了人类的道德文化遗产。对处于转型期的中国而言，它具有重要而又深远的现实意义。

诚信是现代社会中每一个人应具备的道德品质，即为人诚恳、待人诚实、做事实在、重视诺言、讲究信用、追求信誉。以诚实见信于人，这是一个人为人处世应当遵循的基本道理，也是一个社会维持正常秩序和有效运行的必然要求。诚信是一个具有双重指向性的道德范畴，一方面要求自己具有诚实守信的品德，另一方面要求人们在与他人相处的时候信守诺言，以此规范人际交往关系②。

现代社会的“诚信”道德观与传统的“诚信”观不同。现代社会的诚信道德观是建立在各种规章制度的基础上，强调法制的要求，更多地体现为一种外部的约束机制，而不是仅靠道德的自律性来完成的。现代诚信道德观是建立在市场经济对个人利益尊重、义利统一的基础上，而不是一种趋“义”避“利”的狭隘道德。它不仅仅是一种出自道德动机的品质，而且还是一种明智的行为准则。在一个制度健全的社会，诚实守信常常比欺骗或者投机取巧给一个人带来更多的益处。

---

① 蒙田.蒙田随笔全集.马振聘，译.上海：上海书店出版社，2009.

② 龙庆华.高校诚信道德建设研究.昆明：云南大学出版社，2007.

诚信道德在现实的政治、经济、文化生活方面具有独特的调节作用。在政治领域,诚信是国家和民族尊严的象征;在经济领域,信誉是企业的品牌、企业的生命;在文化领域,诚信是城市的空气净化剂①。诚信的这种调节功能,通过整合人们之间相互的现实利益来指导和影响其实际活动,从而对社会各种关系起到调控作用。只有坚持"诚信"道德强调的诚实、正义、信用的原则,"真实""诚实"的态度深入人心,"敬业""乐业"的信念根深蒂固,我们才能尽量地避免或更好地解决在社会转型期中出现的各种道德滑坡的问题。

案例链接

皮西厄斯和他真挚的朋友

古希腊,有一个叫皮西厄斯的年轻人,触犯了暴君奥尼修斯。他被关进了监狱,即将处死。皮西厄斯说:"我只有一个请求,让我回家乡一趟,向我热爱的人们告别,然后我一定回来伏法。"暴君听完后,笑了起来。"我怎么能知道你会遵守诺言呢?"他说:"你只是想骗我,想逃命。"这时,一个名叫达芒的年轻人说:"噢,国王!把我关进监狱,代替我的朋友皮西厄斯,让他回家乡看看,料理一下事情,向朋友们告别。我知道他一定会回来的,因为他是一个从不失信的人。假如他在您规定的那天没有回来,我情愿替他死。"暴君很惊讶,竟然有人这样自告奋勇。最后他同意让皮西厄斯回家,并下令把达芒关进监牢。光阴流逝。不久,处死皮西厄斯的日期临近了,他却还没有回来。暴君命令狱吏严密看守达芒,别让他逃掉了。但是达芒并没有打算逃跑。他始终相信他的朋友是诚实而守信用的。他说:"如果皮西厄斯不准时回来,那也不是他的错。那一定是因为他身不由己,受了阻碍不能回来。"这一天终于到了,达芒做好了死的准备。他对朋友的信赖依然坚定不移。他说,为自己的挚友去死,他不悲伤。就在狱吏带他去刑场的时候,皮西厄斯出现在门口。因为暴风雨,导致皮西厄斯乘坐的船沉没,因而回程时被耽搁了。他一直担心自己来得太晚。他亲热地向达芒致意,达芒很高兴,因为他终于准时回来了。

点评:患难见真情,真诚的友谊永远经得起挫折的考验。

① 高广平.中国诚信知识概论.北京:中国传媒大学出版社,2007.

案例链接

美丽还债再现人性光辉

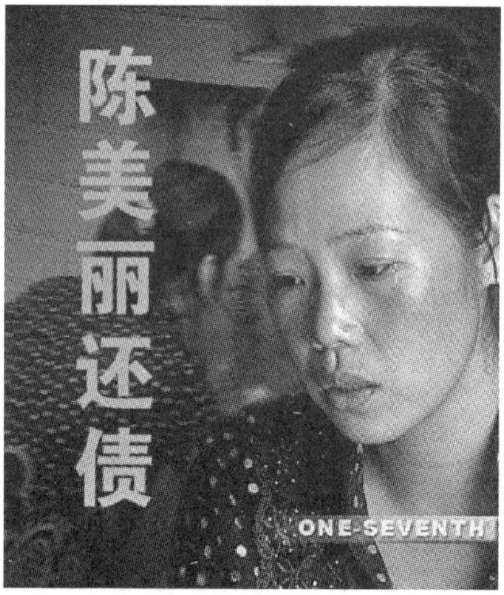

（图片来源：http://news.sina.com.cn）

2007年德兴市31岁的普通农妇陈美丽替亡夫还债的故事引起了众多媒体的广泛关注。中央电视台、凤凰卫视、东方卫视、江西省电视台、《中国青年报》《江南都市报》《上饶日报》、大江网等10多家媒体报道了陈美丽的感人故事。陈美丽替亡夫还债的故事在网络上更是引起强烈反响。各大门户网站的评论超过了20万条，各媒体发表评论百余篇，认为陈美丽是当代一个美丽的道德符号，是美丽的道德催生了美丽的传奇。2007年4月德兴市李宅乡宗儒村的王云林，在帮助村民灭火时献出了自己年轻的生命。因为王云林的突然离世，其生前一切债务变成一笔“糊涂账”，很多人都认为“人死账烂”，但31岁的陈美丽在忍受着丈夫离开的悲痛中却做出了一个让很多人难以想象并感动的决定：张贴通告，为亡夫还债。“云林生前在村里口碑一直很好，如今人刚死，如果不还钱肯定会遭到别人的非议。他生前最担心的就是欠债的事情，不想让他心有牵挂地走。”陈美丽说出了还债的原因，也流露出对丈夫的深情。陈美丽贴出还债通告前后大约一个月的时间里，本村村民、丈夫生前的一些朋友纷纷到她家来讨债。经统计，他们讨要的金额高达5万元。这个数额远比她想象的要多。最让陈美丽感到头痛的是，这5万元欠款中，近4万元没有任何凭证。但陈美丽很信任债主：“到这个地步别人不会糊弄我，一定是我老公欠了的，再苦再累也要把债还了。”陈美丽面临着一个人养活四个人的生活困境，除去一个 7 岁的大女儿和一个只有几个月大的小女儿外，还有一个年迈的婆婆。陈美丽因此获得了 2009 年“全国诚实守信模范”称号。

——摘自《中国文明网》

点评：陈美丽替夫还债完全是出于一种自觉的信任，正是这种自觉的信任让我们感受到了诚信人格的魅力，正是因为诚信使她的行为和名字一样美丽，正是这种灼目的人性光辉，使她走上了最高领奖台。

（三）诚信——人生成功的重要元素

1. 诚信与立人

为什么说诚信是立人之本、成事之基？诚信在我们的人格品行中占据怎样的地位？发挥了哪些功能？按照中国传统文化的观点，“立人”强调的是道德的完美，诚信是一个人必需的基本品质，一个人只有诚恳老实才能获得他人的尊重、赢得他人的信任。

一个讲诚信的人，其精神世界必然是充盈的、丰富的，因为在信任他人的同时自己也被他人信赖着，诚信体现着个人价值的成就感；一个讲诚信的人，他的自我是纯真的、稳定的、健康的，体现出一种理想的道德力量和意志力量；一个讲诚信的人，他拥有自尊自重的素质，因为真实展现自我、毫无隐藏正是建立在真实基础上的自尊自重。

修身立人之道是中国传统文化中重要的一部分内容。儒家认为人人皆可为“圣人”、为“尧舜”、为“大丈夫”，修身先修心，立人先立德，这对个人的道德修养和道德戒律都提出了极高的要求。

在中国传统思想文化中，儒、道、墨、法家并存，它们对社会的治乱兴衰，都有不同的表述。但是，凡涉及做人处事则都崇尚律己爱人的高风亮节。诚信，是诸子百家共举的道德标准。儒家把诚信观视为“道德修业之本”“立人之道”。孔子指出，“人而无信，不知其可也”①，讲信誉才能立身于社会。老子的“轻诺必寡信”②表达了对“诚信”的信仰。墨子的“行不信者，名必耗”③，表明不按诺言行事的，名声必然败落；“言不信者，行不果”④，表明说话不算数的，行动不可能有成功的结局。法家把诚信作为实践的准则，强调有诺言必践约，等等。

---

① 朱熹. 四书章句集注. 北京：中华书局，1983.

② 王弼. 老子道德经注校释. 北京：中华书局，2009.

③ 吴毓江. 墨子校注. 北京：中华书局，2006.

④ 吴毓江. 墨子校注. 北京：中华书局，2006.

诚信是每个人安身立命之本。儒家学说的“诚信”思想在数千年的历史发展中，对个人修养、人际交往等各方面都有明确的表述，形成一系列的道德标准和规范，对于调节人际关系、规范个人行为等都发挥了重要的作用。一个人治国平天下，先要修身养性，修的是道德之身、养的是人的秉性，思想端正了、自我完善了，方可谈立足于社会建功立业。“立人”有立德、立功、立言之内涵，儒家学说赋予了诚信德之根本的内涵。“思诚者，人之道也”把“诚”纳入了做人的道德体系范畴内。《大学》将“诚意”列为“八条目”之一，而《中庸》更把“诚”视为一切德行之本。“内诚于心，外信于行”，用德行之本指导具体的行动，诚信是立人的根本。《二程遗书》卷二十五云：“学者不可以不诚，不诚无以为善，不诚无以为君子。修学不以诚，则学杂；为事不以诚，则事败；自谋不以诚，则是欺其心而自弃其忠；与人不以诚，则是丧其德而增人之怨。”①可见，诚信对于“做人”“做事”是多么的重要。

在西方历史哲学思想的表述中，众多历史学家、社会学家、作家也都谈到诚信对“做人”“做事”的重要性。古希腊哲学家亚里士多德认为人类如果只会讥讽而不务实，这是一种不足；而言过其行，名过其实，这又是一种虚夸。所以，他在《尼各马可伦理学》一书中提出“信实是虚夸和讥讽的中道”，并肯定只有既不过誉亦非不足的中道之信实，才是一种美德。法国历史学家托克维尔主张以诚实的态度对待生命。他指出生命既不是受苦，也不是欢乐，生命只是我们必须做的事业。我们必须诚实经营这事业，直到生命终结。所以，我们在生命历程中，要做老实人，说老实话，做老实事。莎士比亚认为诚信是最能使人安心的东西。富兰克林进一步认为人与人之间和人生中最重要的幸福，莫过于真实、诚意和廉洁，等等。

诚信是个人自我价值实现的重要保障。人是社会的动物，不管在哪个年代，人不可能离群索居。人和人之间要有顺畅的交流、沟通，彼此寻求寄托与抚慰，才有利于个人的成长与进步。人与人之间相互认同的过程便是一个彼此信任、相互接纳、多元包容的过程，在这样一个过程中我们每个人才有可能发挥自己的潜能、实现自己的个人价值②。按照马斯洛等心理学家对人自我实现的研究，诚信能够为社会化的人提供一种合理的预期，即减轻人们的心理压力③。诚信能增强人与人之间的安全感，减少压抑和提防；诚信能为人们的生活提供一种连续的、稳定的、可预期的生活状态，这样一种生活状态唤起的是一种大家发自肺腑的参与感、认同感和荣誉感。

---

① 程颢，程颐. 二程遗书. 上海：上海古籍出版社，2000.

② 李逸凡. 高等职业院校诚信教育引论. 杭州：浙江大学出版社，1998.

③ 李萍，钟明华. 诚信：人生之基 立身之本. 广州：广东高等教育出版社，2004.

案例链接

不愿当状元的书生

宋朝有个人叫王拱辰，自幼家境贫寒，但他孝顺父母、生活简朴、诚实守信，常受到乡里人夸奖。通过多年的努力，他到二十岁的时候，能写一手好文章，参加乡试和会试的成绩都很好。1030年，他到京城参加皇帝宋仁宗亲自主持的殿试。皇上认真审阅了每一个考生的试卷，发现王拱辰的文章见解独到、文笔流畅，没有人能比得上他，于是就把他定为状元。当宋仁宗召集百官宣布殿试结果的时候，王拱辰不但没有谢恩，反而说："陛下，小生不配当状元，请您把状元判给别人吧！"仁宗听了很纳闷，就询问原因。"陛下，我也是寒窗苦读多年，做梦都想做状元，可是这次考试的题目我恰好之前做过。如果我默不作声当上了状元，我就是不诚实。从小到大我都没有说过谎话，我不因为想当状元就败坏自己的名声。"宋仁宗听后非常感动，特别赏识他的诚实，认定他将来一定是国家的栋梁之才。于是宋仁宗就说："之前做过考题是因为你勤奋，况且从你的文章里可以看出，你表达的是自己的真实想法，理应当选为状元。再说，你敢于说真话，能够诚信做人，这是一个状元应该具有的品质，你的诚实比你的才华更可贵。"就这样，王拱辰成为历史上有名的状元，他在朝中做官五十五年，以自己诚信、正直的品格和惊人的才华，得到百姓和官员们的尊敬。

点评：诚信、正直的人说了真话有时看似是吃了亏，但社会永远会对诚实的人敞开成功的大门。

案例链接

"如果不点名，我良心不安"

简光洲是第一位在报道中对"三鹿"点名的记者，被许多中国网友视为中国新闻界的良心，认为他应该获得"普利策新闻奖"。他的一篇《甘肃14名婴儿同患肾病疑因喝三鹿奶粉所致》的点名报道引来前所未有的质量问责风暴。其实在简光洲之前，就已经有媒体陆续报道过毒奶粉，但都不敢指出品牌名称。

报道披露后，三鹿集团原董事长、总经理田文华被免职后又被刑拘。国家质检总局局长李长江引咎辞职。石家庄市委书记吴显国，市委副书记、市长冀纯堂，副市长张发旺，市畜牧水产局局长孙任虎，市食品药品监督管理局局长、党组书记张毅，市质量技术监督局局长、党组书记李志国等均被免除职务。一场问责风暴刮倒了多名官

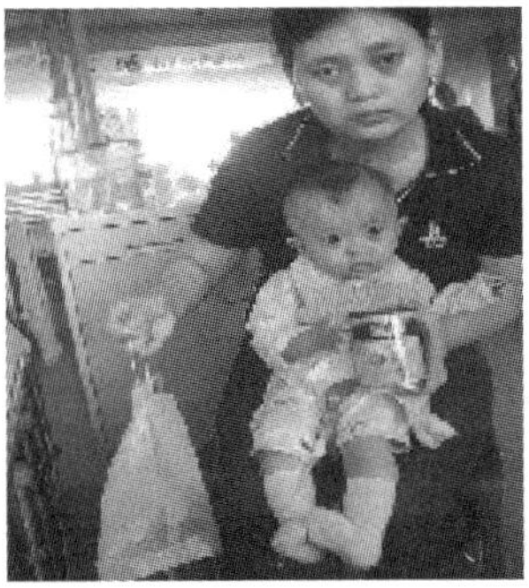

（左图来源：http://www.tudou.com/） （右图来源：http://news.qq.com/zt/）

员，简光洲坦陈，这场风暴的强度和力度都已远远超出他此前报道时所能想象的程度。

简光洲俨然成了网友心目中的英雄。各大论坛讨论问题奶粉的帖子比比皆是，网友对简光洲的评价出奇地一致。“感谢”“致敬”“正义”“良知”这些带着温暖的词语都被网友一股脑儿地送给了简光洲。

面对网络上如潮水般的赞誉，面对因自己的报道而掀起的问责风暴，简光洲表示：“对此，我没有丝毫的兴奋，而是有着诸多的悲伤，对一个有着悠久历史的知名企业社会责任感的丧失，对国内企业传媒关系上的‘弱智’，对媒体‘社会良心’的失落。”

简光洲认为自己只是一名普通记者，针对“三鹿”点名报道的举动，他曾向采访他的记者表示，自己只不过是说出一个事实，过多的赞誉反而不正常，“换作你也会同样做，点名报道确实有风险，但如果不点名，我会感到良心上的不安。”

——摘自新浪新闻

点评：媒体是社会的公器，作为一名新闻工作者，简光洲的真实报道不偏不倚、不遮掩不保留，真正体现了媒体的舆论监督作用。坚持了这种本分就是恪守职业操守，维护了社会的公平和正义。

2. 诚信与人际交往

人在社会中离不开交际，获得群体的认可、尊重是人的基本需求之一。在交往中，人需要的感情是真诚的而非虚假的，因此人也必须是诚信的。诚信产生于协调人际关系的需要，使人们相互信赖而能维持和扩大交际面。

诚信具有调节的功能，它通过评价等方式，来指导和纠正人们的行为，以协调人与人之间、个人同群体之间的关系。诚信能够广泛地影响人们的交往和行为，并对人们的关系起到最大限度的调节作用。同时诚信在群体中还有凝聚功能，把一定圈子里的人紧紧地联系在一起，让大家都共同遵守这样一种观念①。诚信是处理人与人之间关系的最起码的要求，社会的正常运转必须依靠人与人之间的信任和合作。

传统儒家思想认为诚信是沟通人际关系、促进人与人之间相互尊重、相互理解、相互信任的纽带。西方众多名家也曾论述过诚信在人际交往之间的作用。美国著名科学家、文学家、外交家本杰明·富兰克林认为，人与人之间和人生中最重要的幸福，莫过于真实、诚意和廉洁。英国哲学家弗兰西斯·培根认为，从来最有能力的人，都是有坦白直爽的行为、信实不欺的名誉的。英国小说家乔治·艾略特更具体强调朋友、夫妻、父子和同伴之间要以诚相待、肝胆相照。

在不同的社会文化中，诚信的意义有一定的差别，但是人与人之间的信任都是作为人际交往的原则而存在的。中国传统的信任观多用于个人修身处世，常常限于家人、亲人和熟人之间，在人际交往中的诚信主要是一种道德信任，人与人之间的信任是以彼此的内心道德为支撑的。西方的诚信是社会立法的基本原则之一，因为它是建立在商品交换基础上的契约诚信，在人与人之间的交往中，靠理性或法律维护自己的权利和义务。如柏拉图曾把诚信作为交往和买卖的原则："货物的交换在固定的地方进行，不能赊欠；交换时不能掺假，掺假是一种虚假和欺骗。"

在经济全球化的今天，人口具有流动性、变化性，地缘、血缘等关系均被打破重组，人际交往关系呈现出不断发展的广阔空间，从狭窄的家族、同乡等范围不断扩展到跨地域、跨行业甚至跨文化的交往中，因此普遍信任是现代社会发展所必然要求的（突破信任局限于特殊群体），这也是每一个社会成员人际交往的基础。美国社会学家曾经在计算机上对不同的生存之道进行模拟演算，A 代表"恒一的力量"，其生存之道为"真诚对待所有的人，不管别人怎么对我，只要他选择与我合作，我就与之合作"；B 代表"机会的力量"，其生存之道是"没有永远的朋友，只有永远的利益，不管别人怎么对我，只要有利益，就可以违约"；C 则代表中间派，在面临与 A 还是与 B 打交道时，在不影响其生存时，可能选择 A，也可能选择 B。社会学家将 A、B、C 按照一定的比例设置了数量。在模拟演算的初期，B 类单位迅速地获得大部分 C 类单位的"青睐"，由于 A 类单位愿意跟任何单位合作，B 类单位也获得 A 类单位的"友谊"。但随着时间的推移，选择 B 类单位的愈来愈少，A 类单位则保持着选择它们的 C 类单位和 B 类单位。在模拟演算的后期，选择 A 的 C 类单位愈来愈多，B 类单位则逐渐失去它们的魅力，直至完全被抛弃，而由于 A 类单位始终愿意合作，所以当 C 类单位抛弃 B 类单位的时候，A 类单位仍能接纳，不计前嫌。最终，A 类单位控制了整个

① 唐凯麟. 大学诚信读本. 长沙：湖南师范大学出版社，2007.

游戏。这个被称为“终极竞争法则”的模拟实验，形象地演绎了诚信在人际交往中的巨大魔力，再次证明了“巧诈不如拙诚”的立人之道。

现在社会各行各业分工越来越细，要完成一件综合性较强的事情，就必须实现人与人之间的合作，而诚信则是人际交流的法宝和人际合作的前提。当你被问及“和人打交道时，你是愿意和一个有信誉的人还是没信誉的人交往”时，你肯定回答是和一个有信誉的人交往。如果再继续问“你和社会中大多数人打交道时，会信任对方吗？”答案可能就不一致了。问题一表现出信誉在人与人交往中能起到关键的作用，和一个讲信誉的人打交道，彼此放心，双方有利。问题二反映出现在诚信显得很稀有的社会中，诚信的作用尤其重要，物以稀为贵！

生活在网络时代的我们，人与人之间的关系更多了一层虚拟性和不确定性，诚信更是受到了前所未有的挑战和冲击，如发布虚假消息、造谣诽谤、人肉搜索、网络骗婚等。职场中流行“职场潜伏”，每个人都带上一个面具生活，人与人之间猜疑、猜忌或阳奉阴违、虚情假意。当一个陌生人向你求助时，我们会直觉地怀疑他正在给你设置陷阱；当面临困境遇到热心人相助时，我们也有可能以为是某种新的骗术；挺身相助也可能反被诬为肇事者。朋友失信、夫妻失信、师生失信、同事之间失信、老板与员工之间失信，人与人之间最宝贵的东西已经慢慢地被蚕食掉。

电影《阿甘正传》中智商只有75的阿甘在影片中被塑造成美德的化身，诚实、守信、真诚、勇敢，对人只懂付出不求回报，也从不介意被别人拒绝，他只是豁达、坦荡地面对生活。他在影片中的经典台词“I am a man of my word”（我是信守我承诺的人）诠释了他为大家所喜爱的“傻子精神”。电视剧《士兵突击》中的许三多从一名农村来的普通士兵成长起来，凭借自己“不抛弃、不放弃”的“许三多精神”改变了自己的命运，他的憨直、真诚、对朋友一言九鼎的品质打动了他身边的朋友，而他与史班长、老团长、老A之间的真诚情谊更是打动了无数的观众。在人与人之间的交往中，金钱、权利只能得到别人的暂时屈从和众人的疏离，只有诚信才产生热情与忠诚。在与他人的交往中，我们先要以诚待人、相信他人，诚信是沟通人与人之间心灵距离的最佳路径。因为讲诚信，刘备充分信任、重用诸葛亮，最终成就了一番事业；同样因为讲诚信，诸葛亮知恩图报，辅助后主，力保蜀汉政权，鞠躬尽瘁，死而后已；因为讲诚信，关羽铭记“桃园结义”的誓言，“身在曹营心在汉”“千里走单骑”，历尽千辛万苦也要回到刘备身边。人们崇拜诸葛亮，敬仰关羽，就是崇拜、敬仰他们这种恪守诚信的可贵品质。

在人与人交往中，我们一定要坦诚相见、讲究诚信。诚信的基本内涵是诚实，“做老实人、说老实话、做老实事”是我们历来大力提倡的优良传统，但老实也就意味着容易吃亏。久而久之"老实人吃亏"也就变成了我们的经验之谈,老实人常常被我们嗤之以鼻,其实吃亏只是暂时的、眼前的、局部的,而受益才是长远的、全面的、根本的,因为诚信就是人与人之间的一种长期投资,有付出就一定有回报①。

案例链接

被人相信是一种幸福

一艘货轮在烟波浩渺的大西洋上行驶。一个在船尾搞勤杂的黑人小孩不慎掉进了波涛滚滚的大西洋。孩子大喊救命,无奈风大浪急,船上的人谁也没有听见,他眼睁睁地看着货轮拖着浪花越来越远。求生的本能使孩子在冰冷的水里拼命地游,他用全身的力气挥动着瘦小的双臂,努力使头伸出水面,睁大眼睛盯着轮船远去的方向。船越来越远,船身越来越小,到后来,什么都看不见了,只剩下一望无际的汪洋。孩子力气也快用完了,实在游不动了,他觉得自己要沉下去了。"放弃吧。"他对自己说。这时候,他想起了老船长那张慈祥的脸和友善的眼神。"不,船长知道我掉进海里后,一定会来救我的!"想到这里,孩子鼓足勇气用生命的最后力量又朝前游去…… 船长终于发现那黑人孩子失踪了,当他断定孩子是掉进海里后,下令返航,回去找。这时,有人规劝:"这么长时间了,就是没有被淹死,也让鲨鱼吃了……"船长犹豫了一下,还是决定回去找。又有人说:"为一个黑奴孩子,值得吗?"船长大喝一声:"住嘴!" 终于,在那孩子就要沉下去的最后一刻,船长赶到了,救起了孩子。当孩子苏醒过来,跪在甲板上感谢船长的救命之恩时,船长扶起孩子问:"孩子,你怎么能坚持这么长时间?" 孩子回答:"我知道您会来救我的,一定会的!""你怎么知道我一定会来救你的?""因为我知道您是那样的人!" 听到这里,白发苍苍的船长扑通一声跪在黑人孩子面前,泪流满面:"孩子,不是我救了你,而是你救了我啊! 我为我在那一刻的犹豫而耻辱……" 一个人能被他人相信也是一种幸福。他人在绝望时想起你,相信你会给予拯救更是一种幸福。

点评:被他人相信意味着你的为人得到了别人的认可,在人际交往中,相互的信任能让彼此获得最大的成就感。

① 景枫.社会诚信研究.北京:中国社会科学出版社,2005.

案例链接

15 年的坚持只为最初的一个约定

河北农大园艺系果树 93(01)班一群大学毕业生坚持 15 年默默无闻地资助病逝同学父母的感人事迹,在全社会引起强烈反响。“15 年前,我们做出这个不是约定的约定,可能是年轻人的一种义气豪情,是学校淳朴校风的自然传承。现在人到中年,更多的是一种责任和承担。”4 月 8 日下午,河北农业大学果树 93(01)班毕业生时翠平饱含真情,讲述了他们和老人之间的故事,淡然的话语中透露着坚定。“大学四年,最难过的事就是好同学李宝元离开了我们。”时翠平回忆说,宝元去世后,家里只剩下白发双亲。同学们给老人写信,告诉他们:“二老以后的生活费将由我们来承担,宝元没有完成的事情将由我们继续替他完成。”大家把节省下来的班费、生活费和部分捐款寄给了老人。同学们就像待自己的父母一样,经常给两位老人寄点钱、写封信、打个电话、有机会顺便看一趟,再平常不过了。15 年前,一位父亲先后失去了两个儿子,背上了 7 万多元的债;15 年前,儿子的一群同学决定承担起子女的责任。一个算不上约定的约定,让两位老人 15 年收到了 15 张汇款单和 56 封信;一个算不上约定的约定,演绎了一段延续了 15 年的真情。

——摘自中国文明网

点评:15 年只为一个永远的约定,15 年他们用实际行动书写人间大爱,“老吾老以及人之老,幼吾幼以及人之幼”,他们用最朴实的语言留给世人对真善美的向往,时间有限期,承诺无限期,真诚无限期。

3. 诚信与责任

诚信是古今中外成功人士做人做事的基本原则。香港著名实业家李嘉诚先生多年的成功经验告诉我们:“做事先做人,一个人无论成就多大的事业,人品永远是第一位的,而人品的第一要素就是诚信。”“人的一生最重要的是守信,我现在就算有多十倍的资金,也不足以应付那么多的生意,而且很多是别人找我的,这些都是为人守信的结果。”一个诚信的人,他的一生将因此拥有更多人脉,更多成功的机会,从而受益无穷。反之如果一个人糟蹋自己的信用,无异是在拿自己的人格做买卖,卖得越多留下的就越少。

只有讲诚信才会赢得尊重和爱戴,只有讲诚信才会把握住更多的机遇。诚信意味着责任,责任是诚信的最终归宿。诚于心,信于行,对人对事一片忠心,为了承诺竭尽全力,对国家、对父母、对手足、对朋友都必然有一份责任感、使命感,而这种责任又会促使自己赴汤蹈火、坚持到底，最终引导自己走向成功。

电影《当幸福来敲门》讲述了一个平凡人对幸福和成功的追求和在这个过程中折射出的当代人的心理困惑，那就是诚信、责任、担当的问题。男主角史密斯是一个非常有家庭责任感的男人，在妻子忍受不住贫困离去时，他独自一人承担起了父母应尽的责任。无论生活多么艰难他都没有放弃儿子。儿子给了他最大的信任，也给了他无尽的力量。“Do you trust me？”（你信任我吗？）在剧中重复过很多次。那一声声问，是不是在你耳边回荡？这个社会需要信任。在我们的生活中，家长对儿女抚养的责任、儿女对双亲孝顺的责任、商人对顾客的责任、民警保卫人民生命财产安全的责任，责任无所不在，诚信也就遍布了每个角落。倘若每个人都与诚信背道而驰，丢开理应承担的责任，人与人之间充满了虚伪、狡诈、欺骗，这将是多么不堪设想的后果。

荣誉规则是美国高校诚信建设的重要内容，有着悠久的发展历史。著名的西点军校的校训是“责任、荣誉、国家”，责任是西点军校对其学员的基本要求。它要求所有的学员从入校的那天起，都有义务、有责任履行自己的职责。在学校制定的《荣誉准则》中有一条基本内容——每个学员决不说谎、欺骗或者偷窃，也决不容忍有此类行为的人。学员的每句话都应当是确切无疑的，他们的口头或者书面陈述必须保持真实性。书面上的签名表明是真实的、准确的，否则也不会签名，这意味着每个人不仅对自己的行为负责，也要对别人的行为负责。荣誉规则是“美国高校学生对学校的一种承诺制度，也是一种独特的学生自我约束和自我管理制度”①，它的主要精神是学生的“诚信”与“原创”原则，强调学生个人或集体的诚信承诺、强调学生和教师之间的诚信讨论和对话。荣誉规则的实质是信任学生的道德意识和责任感，是对公正、诚实、正直和自我管理原则的尊奉，是校园文化的奠基石，塑造着学生的道德责任感。我们从美国高校的荣誉规则中可以看到诚信与责任的培养对于学生成长的重要性。

案例链接

在岔路口不占便宜的士兵

一个士兵，非常不善于长跑，所以在一次部队的越野赛中很快就远远落下，一个人孤零零地跑着。转过了几道弯，来到了一个岔路口，一条路，标明是军官跑的；另一条路，标明是士兵跑的。他停顿了一下，虽然对做军官连越野赛都有便宜可占感到不

① 张永红．美国高校的荣誉规则及启示．外国教育研究，2010(6)．

满，但是仍然朝着士兵的小径跑去。没想到过了半个小时后到达终点，名列第一。他感到不可思议，自己从来没有取得过名次，连前50名也没有得过。但是，主持越野赛的军官笑着恭喜他取得了比赛的胜利。过了几个钟头后，大批人马到了，他们跑得筋疲力尽，看见他赢得了胜利，也觉得奇怪。但是突然大家醒悟过来，在岔路口诚实守信，是多么重要。

点评：只有在人生的岔路口坚守诚信才能收获最后的成功，诚信让我们的人生高大起来，丰满起来。

二、诚信：现代社会的身份证明

名言警句：

长期守信得来的信用，很可能只因为一次失信就会失去。所以，爱惜信用的人一定要谨慎行事，千万不要走错一步。

——［日］松下幸之助

助学信用贷款将成为你们跨入社会的第一份信用记录，这张经济身份证将使你们终身受益。

——许智宏

（一）个人的第二张"身份证"

诚信是每个人的第二张"身份证"。我们在公安机关办理的身份证是第一张身份证，它仅能注明个人的姓名、性别、国籍、出生年月、住址等，而诚信这张"身份证"是无形的，它是个人诚实守信的见证，存在于每一个人的言谈行为之间，最能体现个人的身份价值和道德涵养。

在这个时代，人格信誉是最宝贵的无形资产，是每个人的立身之本。国外的个人信用几乎成为每个人安身立命的基本准则。在西方国家，作为一个公民可以跟总统开玩笑，但决不能跟自己的信用开玩笑。在以严谨而著称的德国，人们非常讲究信用，常常把它看得比生命都重要，要想知道一个人是不是诚信可以直接去银行查询。德国法律规定，只要是本国人就可以凭借自己的身份证和对方身份证的复印件，到任何一家银行去查看对方的信用记录。看看他是不是有不良信用记录，比如有没有按时缴款付费、拖欠财物或者欠下银行债务迟迟不还。德国人谈恋爱或者谈婚论嫁要先看"信用"记录，比如说你遇到一个人从外表上看很富有也很有涵养，但到银行去查看银行记录也许会很惊讶地发现他的信用记录非常糟糕。在英国餐饮业有一个不成文的规矩，用过的盘子一定要刷七次。有一次一个在校学生在酒店做临时雇员，开始很认真，每个盘子都刷七次，后来他感到厌烦，开始刷五次，又改为刷三次，始终没有人发现他的偷懒行为。终于有一天老板在检查工作时，发现了他的这种不讲诚信、不按规矩做事的行为，便将其解雇了。这名学生想去其他地方洗盘子，可是他不讲诚信的事在业内被传得人人尽知，以致没有一家酒店聘用他。当一个人不讲诚信时，他失去的不仅仅是朋友，还有事业，可见诚信对于人何等重要。

诚信是为人之本，是打造完美人格的必要前提，是塑造合格公民的基础。诚信既是一种个人修养，又是一种道德行为。只有诚信的人，才能善待父母、善待他人，才能择善而从。一个人，无论是经商也好，从政也罢，如果没有诚信，就不要指望他成为诚信的商人、诚信的官员。诚信本身就是一场搏斗，每天我们做的每一件事情都是和不诚信的行为做斗争。坐公交车时可能人太多了，司机或售票员没注意到我，我赶紧若无其事地把头扭向车外坐一回“霸王车”；菜市买菜时可能卖菜的大伯多找了钱给我，我装作没发现揣在口袋里；朋友请我帮忙捎带个东西，我可能觉得很麻烦，谎称现在正忙没空，等等。和不诚实做斗争是需要勇气的，一方面自己要与内心的“惰性”做一番斗争，战胜虚假的心理；另一方面我们要和不诚实的人、事斗争，战胜虚假的现实。也许不诚实在短期内会给你带来一定好处，但最终遭遇失败的仍是你。一次不诚实的行为将导致另一次不诚实的行为发生；一次撒谎后，必然为了圆谎，而使另一个谎言接踵而来，如此便形成了恶性循环。虚假和谎言让我们内心背负了沉重的十字架，我们不能坦荡地扮演我们希望的角色，失去人际关系，失去发展机会，失去自我。

案例链接

特别的银行账户

美国著名城市芝加哥曾经发生过一次罕见的大火。成千上万的商人在这次大火中失去了所有的财富，有的人一夜之间就变成了穷光蛋，有的人还背负巨额的债务。可是，他们中的很多人很快就创办了自己的公司。因为他们的诚实信用就是他们的银行账户。在多年的商业往来中，他们从不拖欠银行的贷款，有很好的声誉，所以，火灾发生后，许多银行都主动借钱给他们。他们凭着自己的勤奋和努力，又开辟了自己的新天地。

点评：诚实信用是你的银行账户，勤奋努力就是你创业的资本。

（二）建立良好的个人信用档案

1. 诚信与信用

随着社会信用制度的健全和完善，为每个人建立个人信用档案，把“诚信”这张

“软”身份证变成“实体”,可以管理、可以使用、可以终生陪伴每一个人。

“信用”的概念不完全等同于“诚信”。诚信侧重于道德概念,它用于人的行为是道德规范,见于人的修养是道德品质。信用侧重于经济概念,“信用”是从商品交换和流通的发展中产生的,突出体现了“诚信”概念中契约经济的部分意义。信用可以量化为信用度,信用度则可以体现相关者的诚信状态。守信和失信是信用度的两极,守信就是遵守诺言、实践成约,从而取得信任;失信就是违背诺言、背弃成约,从而失去信任。一般我们都这样讲“开展诚信教育”“加强信用建设”,这两者无疑都是要求人们诚实守信、遵守诺言、取信于人等。

信用是衡量一个人做人的资本,没有信用将寸步难行。一个人的信用史常始于他做的第一个承诺,借的第一笔钱。中国有句老话“有借有还,再借不难”,只有讲究诚信才能得到信用的回报。个人要得到发展离不开与他人的合作,而诚信和信用便是合作的前提和基础,良好的合作也是诚信与信用的另一种表现形式。另外,个人发展也需要金钱的支持。创业时,你必须到银行建立借款记录,然后到期还上,为自己建立个人“信用”打下良好的基础。只有准时或提前还款,良好的个人“信用”才能建立,你才能“再借不难”,才能立足于这个社会。在现代社会,一个人常常是通过使用信用卡,按时付账来建立信用史的。信用卡的使用已经非常普遍,尤其是在大城市基本上渗透到生活的各个角落。信用卡是信贷关系中最普遍、使用最频繁的工具,是建立个人信用记录的第一平台。如果你能形成良好的用卡习惯,那么对未来的房贷、车贷或者个人商业贷款将有很大的帮助;相反,如果你的信用记录较差,在很多方面会给你造成很大的麻烦。

2. 个人信用体系建设

个人信用制度就是个人的信用证明,是个人信用的“身份证”。在西方国家,每一个人都有一个属于自己的终身的社会安全号,通过这个无法伪造的号码,每个人都拥有一份由资信公司做出并保留的信用报告,任何银行、公司都可以付费查询这份报告,一旦个人有不良信用记录,报告将保留七年,这给以后贷款、租房、找工作等造成极大的困难。

欧美发达国家用了150年的时间建立了成熟的社会信用体系,信用成为一个人、一个企业的立身根本。这些国家的资信公司专门从事个人和企业的信用调查、资料整理、每一个公民都有一个社会安全号,相当于我国的居民身份证,主要资信公司输入该号码这个公民的所有纳税信息、诉讼信息等一目了然。在这样的信誉体系中,公民将信用视为自己的第二生命。

在中国,个人信用体系启动较晚。2000年6月28日,我国的第一份个人信用报告在上海资信有限公司个人信用联合征信系统诞生。上海资信公司通过与全市15家商业银行,300多家支行营业部的网络联通,建立了上海个人信用档案数据中心。从2003年10月起,北京21家中资银行、18家外资银行全面启动个人信用体系。可以看出,个人信用制度作为社会信用制度建设的基础,其重要性已经得到了广泛认可,公众对其也有了深刻的认识。个人的"信用档案"主要记载了银行信贷信息、电信缴费信息、参加社保信息等。"信用档案"对个人来讲好比第二张"身份证",它通过褒奖"守信"惩罚"失信",来激励和约束个人重视保持良好的信用记录,有利于提升全社会的"诚信"水平。有了这张"身份证",个人的信用度将一目了然。如果一个人从来不借钱,会被认为是信用空白的人,自然也没有能否按期还款的记录。如果要贷款的话只能享受最低额度。但如果多贷多还,注重积累更多的信用,其信用评价体系逐步增强,可获得更优惠的信用条件。对于诚实守信的人来说,"信用档案"能帮助他们积累更多的信誉财富,获得更多的发展机会;而失信者则会付出更多的代价。

案例链接

司各特诚信还债

美国著名小说家司各特虽然贫穷,但诚实守信,人们都很尊敬他。一位朋友见他生活困难,就帮他筹钱办了一家出版印刷公司。可是,由于他不善于经营,公司不久就倒闭破产了。司各特因此又背上了六万美元的债务包袱。朋友知道后,要筹钱帮助他还债。司各特不仅婉言拒绝了,而且还说:"凭我自己这双手,我能还清债务。我可以失去任何东西,但唯一不能失去的就是信用。"当时,很多家报纸都报道了他的企业倒闭的消息,有的文章还充满了同情和遗憾。他把这些文章统统扔到火炉里,自言自语地说:"司各特不需要怜悯和同情,他有宝贵的信用和战胜困难的勇气。"一次,一个债主读了司各特的小说后,专程跑来跟司各特说:"司各特先生,我知道您很讲信用,但您是一位很有才华的作家,应该把更多的时间花在写作上。因此,我决定免除你的债务。"司各特说:"我非常感谢你,但是我不能接受您的帮助,我不能做没有信用的人。"为了还清债务,司各特比以前更加勤奋。两年后他靠自己的努力还清了债务。

点评:一个人在社会上的信用史源于他的第一笔债务,勇于承担责任的人不惧怕突如其来的人生变故,诚实守信是他最强大的后盾。

案例链接

信用卡欠款影响信用 房贷多付4万元利息

“真是亏大了，仅仅是两年前一次信用卡1.5元的欠款记录，却让我现在办理房贷多支付4万多元的利息。”青岛市民小张遇到了一件颇为郁闷的事情，因为上大学期间使用信用卡无心造成一次欠款记录，虽然在得知后将欠款还上，但这一行为让他在两年后遭遇了“万倍”损失。“我最近要买房，到银行办理贷款时被告知个人征信系统上有不良信用记录，贷款利率不能按照七折优惠，只能按照八折优惠，拿不到最低折扣的利率，我因此要多支付银行利息超过4万元。”据了解，小张在青岛某大学读研究生期间办理了一张某银行信用卡。作为学生，他平常消费不多，一次用卡消费30元，因为疏忽他晚于还款日一天才将30元欠款还上。但是他并不知道，晚了一天信用卡账户已经出现了1.5元的滞纳金。事情过去了5个多月，他才收到一份发卡行寄来的催缴滞纳金账单，他急忙到银行交上所欠的滞纳金，并注销了信用卡。研究生毕业后，小张去了济南工作。之后为筹备结婚，他在济南东部城区看好一处新楼盘，并交上订金想购买一套86平方米的住房。根据签订的订购协议，需要在一周内办理购房合同，签订了订购协议后，他就开始到各家银行咨询房贷事宜。结果他到银行具体商谈贷款的时候，银行工作人员通过查询联网的中国人民银行征信系统发现，他两年前有一个不良信用记录，遂告诉他暂时不能给其办理房贷。如果想要办理房贷的话，需要小张拿到那张信用卡的发卡行提供的非恶意欠款证明和全部还款记录明细，即便有证明和明细，办理贷款时将不能享受最低折扣七折利率，只能以八折利率来办理，前后优惠对比，小张需要多支付超过4万元的利息。小张提醒市民，要重视对个人信用造成不良影响的行为。通过全国联网，留有不良记录的失信者名单，不仅会出现在本省份的银行系统内，还将为其他省份的金融机构资源共享。

点评：每个人都要重视自己的信用记录，切莫因小失大。

行动指南

◆与人相处一定要一诺千金，已承诺的事情一定要尽力办到，办不到的事情就不要轻易许诺。

◆不要总抱怨别人的不是，先要检查一下自己是否承担了应尽的责任。

第二节　诚信是治国之道

政治能否稳定是影响国家兴衰的重要因素，而政治的稳定又往往需要领导者阶层讲诚守信，形成上下左右相互忠诚信任的关系。孔子在《论语》“子贡问政”中讲过，在“足食”“足兵”“民信”三者之间必须选择其一的时候，“足食”和“足兵”都可以“去”，唯独“民信”必须保留，民无信不立，国无信不昌。孙中山先生曾对“政治”有过这样精辟的解释：“政就是众人之事，治就是管理，管理众人之事便是政治。”在不同的历史时期，政治的主题是不一样的。在革命与战争的年代，我们党的政治主题是如何夺取全国政权；在和平建设年代，我们党的政治主题是如何更好地建设和发展。不论在何种年代，“内外无私、上下相信”是国家长治久安、社会平稳运行、人民安居乐业的重要保证。中华民族素有诚实守信的美德，诚信美德对于治国安邦、稳定社会有着不可替代的作用。

一、诚信：中国革命胜利的法宝

名言警句：

夫信者，人之大宝也。国保于民，民保于信。非信无以使民，非民无以守国。是故古之王者不欺四海，霸者不欺四邻。善为国者，不欺其民；善为家者，不欺其亲。

——司马光

先王贵诚信，诚心者，天下之结也。其王信明圣，其臣乃正。何以知其王之信明信圣也？

——管仲

（一）“实事求是”是共产党人特有的革命诚信品质

诚信，由诚实和守信构成。诚实是人与人交往过程中一种真实不欺的行为准则，以尊重事实的态度来反映事物，向他人传递真实信息。守信，作为诚信主体的一方必须守约践行诺言。诚信，以真诚的心境去认识事物、以真实的语言去反映事物、以诚挚的态度去处理事情，这便是实事求是的态度。“实事”是指客观存在着的一切事物，“是”是客观事物的内部联系，“求”便是我们去研究。“实事求是”是马克思主义的精髓，也是我党根本的思想路线及方针；“实事求是”是我党的革命诚信品质，也是构成诚信政府的思想来源。

在长期的革命斗争中,中国共产党及其领导的人民军队始终将诚信作为其行动的基本原则之一。因为真正的革命就是将工农阶级作为根本的基础、为人民大众谋福利的,它与历代封建统治的政权更迭、与反动派的假革命之名的“伪革命”是有根本区别的。

毛泽东曾对旧中国国情有过精辟的分析论述,他批判历代的统治阶级在革命之初巧舌如簧,骗得人民群众的信任,以正义之师的名义出现在历史的舞台上,一旦政权在握,推翻旧王朝,便露出真面目,所行政令冠冕堂皇,而实际上百姓受尽剥削,大众利益渐遭蚕食。共产党的性质决定了我们的革命目的与以往统治阶级是不同的,是忠于人民、诚实守信的革命。“应当说,一切都是为了人民的利益。打仗,是为人民求解放;和平解放,团结改造,也是为了人民的利益。”①毛泽东领导广大共产党员在长期的革命实践中,提炼出“实事求是”作为我党的重要指导方针,这是毛泽东诚信思想的集中体现,也是共产党人特有的革命品质。只有实事求是才能完成确定的任务,共产党员应是实事求是的模范,应当言必行、行必果。

实事求是的本质便是当老实人、说老实话、做老实事。毛泽东多次强调共产党员、领导干部要讲真话、讲老实话,要求:“对同志、对战士、人民要讲老实话,是则是,非则非。”“讲真话,每个普通的人应该如此,每个共产党员更应该如此。”②在毛泽东看来,具有实事求是的态度和作风,按照实事求是的要求办事的人,是老实的人。而那种违反实事求是的要求,把个人利益凌驾于人民利益之上,自以为是,口是心非的,是不老实的人。只有讲诚信,领导干部做人才有“底气”,做事才会“硬气”,从政才有“正气”。要做到“实事求是”还需对人民大众以诚相待。中国共产党提出的“三大纪律八项注意”特别强调了人民军队必须作风清廉,诚心实意地与老百姓打交道,只有尊重工农,才能获得他们的尊重,真正成为人民的军队,革命的军队。

共产党员要做诚信的典范,共产党员讲诚信的基本要求是忠诚于中华民族和全国人民,民族利益和人民利益高于一切。领导干部尤其要讲诚信,只有讲诚信,言行一致、表里如一,才能把美名留在百姓心中,只有靠诚信树威信才能树立真正的威信,得到百姓的爱戴。毛泽东本人也始终把自己看作一名普通的中共党员,严格按党性要求,生活简朴,不为自己或者家属谋特殊利益。一名合格的共产党员是全心全意致力于实现广大人民的利益的。失信于党和人民,无论是谁、功有多高、官有多大,都将受到严厉的处罚。

---

① 胡章记,等.高校诚信教育的理论与实践.北京:国防大学出版社,2007.

② 毛泽东.毛泽东文集.第3卷.北京:人民出版社,1996.

（二）充分信任人民是革命成功的重要保证

诚信的一个重要概念是信任，人民群众是历史的创造者，只有充分相信群众、一切依靠群众，才能拥有取之不尽、用之不竭的力量源泉。

诚信对于一个国家来讲，意味着要忠实于人民。忠实于人民是一个国家的立国之本，因为人民群众是一个国家前途和命运的根本力量。中国共产党在建党之初是一个只有几十个党员的小党，在几十年内发展为今天拥有 8 000 多万党员的执政党，而且领导人民战胜了比自己强大得多的国内外敌人，建立了社会主义新中国，并初步取得了改革开放和社会主义现代化建设的胜利。这是因为中国共产党是一个对人民负责的党，一个把人民的事业、人民的利益放在第一位的党，一个为人民的事业尽心尽力，努力寻求人民利益的最大化的党、诚实守信的党①。

在中国革命道路的选择上，毛泽东开创了以农村包围城市，最后夺取城市这条具有中国革命特色的武装斗争道路，体现了他对中国农民群众的深刻了解，以及他相信人民群众能够自己解放自己的坚定原则。没有对中国广大农民群众革命性的深刻认识，中国共产党是不会走上这条道路的。在革命战争中，面对国民党反动派的堡垒政策和重重封锁，党的依靠何在？毛泽东说："真正的铜墙铁壁是什么？是群众，是千百万真心实意地拥护革命的群众。这是真正的铜墙铁壁，什么力量也打不破的，完全打不破的。"抗日战争和解放战争的胜利雄辩地证明：相信和依靠群众，中国共产党就能克服一切困难，战胜一切敌人②。在抗日战争中，中国共产党制定人民战争路线，全面动员人民、相信人民、依靠群众，开辟广大的敌后战场，成为坚持抗战的中坚力量。正是因为中国共产党全心全意为人民谋利益，坚决地相信人民群众，共产党员本身也严于律己、言行一致、表里如一，才能把美名留在群众心中，才能在广大群众中有强大的号召力。正是因为中国共产党依靠人民群众的力量，"从群众中来、到群众中去""为人民利益而死的，他的死是比泰山还重的"，我们的人民军队才能无敌于天下。信任是相互的，只有互信才有和谐，才有动力，才有共同面对困难、面对未来的勇气和信心。面对战争年代的艰难困苦，中国共产党依靠人民群众的信任与支持，赢得了全国人民的信任。这份珍贵的信任，今天依然是最宝贵的政治资源和精神财富。

（三）以信见义，团结一切可以团结的力量

在长期的革命事业中，中国共产党和各界人士友好往来，在对待民主党派和革命盟友时说到做到，一诺千金，在与国民党当局的斗争中也以信见义，显示出革命者应有的襟怀和风度。

---

① 胡章记，等. 高校诚信教育的理论与实践. 北京：国防大学出版社，2007.

② 胡章记，等. 高校诚信教育的理论与实践. 北京：国防大学出版社，2007.

抗日战争时期,为了团结一切可以团结的人士参与到抗日战争中来,中国共产党在抗日根据地建立了一种崭新的统一战线性质的政权——“三三制”政权,根据这一政策,抗日民族政权中的人员分配,共产党员大体占三分之一,左派进步分子大体占三分之一,中间分子和其他人士占三分之一。为了能使“三三制”原则在边区以下单位也能顺利执行,还采取了许多措施,如对落选的党外候补议员,由政府酌情聘请或由共产党员正式议员辞职,以使党外候补议员补上;对人数超过三分之一的共产党员政府委员,以党外人士补充等。这些办法的制定和实行有效地保障了“三三制”的贯彻落实,这也充分地体现了中国共产党以信见义的决心和诚意,获得了广大党外人士的支持和人民的拥护。

以信见义、开诚布公、团结一切可以团结的力量结成最广泛的爱国统一战线,这是共产党能够领导全国人民取得中华民族伟大革命事业成功的重要保证。在长期的革命斗争中,毛泽东等中共领导人和各界人士友好往来、开诚布公,毛泽东本人非常善于听取党内外朋友的意见,乐于团结一切爱国进步的仁人志士一道工作,甚至对于国民党中部分左派人士也是不计前嫌、化敌为友。正因为共产党领导人这份真诚和坦荡胸怀,使得中国共产党广纳贤才、聚揽英才,共同为了中华民族的伟大事业而奋斗。

二、诚信:社会主义建设的重要保证

名言警句:

我宁愿以诚挚获得一百名敌人的伏击,也不愿以伪善获得十个朋友的赞扬。

——[匈牙利]裴多菲

(一)诚信:发展社会主义市场经济的本质要求

诚信是市场经济的本质要求。市场经济从根本上讲是以信用为本的经济,要减少交易成本达到双赢的目的,交易双方必须诚实守信。在市场经济条件下,如果市场主体不能做到诚实守信,就根本无法同外界打交道。诚实守信的失落,必然会导致社会凝聚力涣散,市场效率降低。信用是市场经济的本质要求,它要求各自独立的市场主体之间在经济往来中讲求信用,杜绝欺诈行为。市场经济越发展,信用要求就越严格。诚信原则是市场经济法律制度的黄金法则,是所有市场主体在经营活动中必须遵守的行为规范。

企业是市场经济的主体,建立企业诚信既是完善市场经济的需要,又是建设社会诚信体系最重要的基础。对于一个企业来讲,信誉度越高,生产、管理成本就越低,这个企业不断扩展、创新的可能性就越大,因此企业要树立“诚信为本”的思想,树立企业品牌赢得更大的市场。随着我国社会主义市场经济体制的逐步完善,增强全民族、全社会的信用意识和诚信行为,已成为我国全面建设小康社会乃至实现我们中华民族伟大复兴的一项战略性任务。诚实守信,是人类共同遵守的活动准则,顺应这个准则,人类就健康发展、繁荣昌盛,违背这个准则就会衰退败落。诚信原则在社会主义市场经济迅猛发展的中国,在加入 WTO 后步入经济全球化轨道的中国,已不局限于传统意义上的个人道德修养范畴,更成为社会主义国家繁荣兴旺、长治久安的思想保障体系中的重要内容之一。

(二)诚信:维护社会健康发展的重要保障

一个社会的健康运行需要社会秩序来维持,而社会是由不同的群体、阶层和个人组成的,它们之间建立在利益制衡和诚信基础上的相互交往,构成了社会秩序的实质内容。

每个人在自己的生活中要不断地与各种组织或个人交往,各种交往关系构成了人的社会性本质。假如有一天身边的所有社会关系都陷入一种不确定和不可信的状态时,人会陷入焦虑和恐慌之中。假如一个社会各个群体、各个阶层的人都陷入这样一种诚信缺失所造成的恐慌之中,那么这个社会也失去了稳定健康发展的保障。在计划经济时期,整个社会结构所表现出来的还是一种计划性的单一性社会,社会秩序以国家信用和政府信用来支撑。改革开放以后,社会结构日益显示出了多样性特征,人们在各个领域都建立起了广泛的平等合作关系,这时社会秩序的建立和维护,就不能仅仅依靠国家或政府信用了,而是要求全社会的所有群体、阶层和个人,在“个信”层面上广泛建立起诚信关系,使诚信充分发挥它对社会秩序的整合功能,进而构成人与人之间正常交往、社会生活稳定、经济秩序得以保持和发展的重要力量。

在自然经济时代,诚信从最初家庭血缘纽带上建立起来,诚信是介于熟人范围内的概念。在商品经济时代,诚信是建立在商品交换上的一种契约关系。在交往全球化的时代,诚信是建立信息网络化新媒介平台上的认同和融合。经济全球化造成了交往的全球化,促进不同民族文化、人员之间的相互交流,增进了解,这对诚信提出了更高的要求。如果说 19 世纪是铁路时代,20 世纪是高速公路时代,那么 21 世纪便是网络时代。在互联网的今天,人在网上变成了一个虚拟的符号存在,没有真实的标志,那他还有义务讲诚信吗? 在熟人的交往中,人们知道他的姓名、性别、职业、住址、家庭成员等各种个人信息,所以“跑得了和尚跑不了庙”。人们在这种状态下的行为,一般比较顾及后果。在网上,人们往往是化名的,即使你用了真名也没人信是真的。在这种无标志状态下,人们很容易抛弃心理的、文化的、道德的甚至法律的约束,随心所欲,做不诚信甚至违法的事情,如散布谣言、诽谤他人、制造和传播网络病毒等。网络诚信成为诚信研究中越来越重要的课题，网络诚信问题成为社会稳定健康发展的关键因素之一。

（三）诚信：以人为本的本质要求

诚信建党、诚信治国是以人为本、全心全意为人民服务的本质要求。作为人民当家做主的社会主义国家，国家的一切权力属于人民，因此“全心全意为人民服务”是党和政府执政的本质要求，国家的各级政府官员和所有领导干部，必须全心全意为人民服务，真正成为人民的公仆。我们国家是中国共产党领导下的社会主义国家，是人民当家做主的国家，作为国家的执政党只有忠诚地代表人民群众的利益，相信群众、依靠群众，中国才能繁荣富强。

案例链接

践踏市民的信任自取灭亡

杭州市原副市长许迈永贪贿和徇私舞弊总金额达 2 亿多元，浙江省高级法院做出判决，认定许迈永犯受贿罪、贪污罪、滥用职权罪，判处死刑，剥夺政治权利终身，并处没收个人全部财产。许迈永利用职务之便，为有关单位和个人在取得土地使用权、享受税收优惠政策、受让项目股权、承建工程、结算工程款、解决亲属就业等事项上谋取利益，收受、索取他人财物共计折合人民币 1.45 亿余元。许迈永还利用担任国有公司杭州金港实业有限公司董事长的职务便利，侵吞国有资产共计人民币 5 300 万余元。此外，许迈永在任杭州市西湖区区长、区委书记期间，还徇私舞弊滥用职权，违规退还有关公司土地出让金 7 100 万余元，造成特别恶劣的社会影响。

——摘自“凤凰网”资讯频道

点评：既然国家政府及其官员的权力来源于全体人民，则应忠实地服务于全体人民，做到“权为民所用，情为民所系，利为民所谋”，那么保持诚信、取信于民就成了对政府及其官员的必然要求。但许迈永滥用人民赋予的权力，把公权力当成了个人的资源做“投资”，搞“交换”，牟取私利，肆意践踏人民所赋予的信任，最终逃不过法律的制裁。

行动指南

◆作为国家干部和人民的公仆，必须全心全意为人民服务，忠实地为百姓排忧解难。

◆企业作为市场的主体，诚信生产，诚信经营，建立诚信公正的市场竞争环境。

第三节　诚信是和谐之道

一、诚信与和谐的内在联系

名言警句：

诚实的人必须对自己守信，他的最后靠山就是真诚。

——［美］艾默生

千教万教教人求真，千学万学学做真人。

——陶行知

（一）何谓和谐

时下，人人皆谈和谐，事事皆倡和谐，和谐已然成为一种品牌、一个符号、一个标志，追根溯源，"和谐"是一个既古老而又熠熠生辉的命题。

和谐是美的最高境界，赫拉克利特的"美在和谐"影响了后世不少艺术家的作品创作，和谐体现在人身上就造就了人的美，体现在物上就造就了物的美。"各美其美，美人之美，美美与共，天下大同。"费孝通先生把这种"和谐美"言为"天下大同"，一个看似对美最简单的诉求却是对美最高境界的追求。和谐是重要的哲学范畴，是对立事物在一定条件下相辅相成、辩证统一的关系。毕达哥拉斯讲"整个天就是一个和谐"，孔子讲"君子和而不同，小人同而不和"。和谐是一种美好的状态和理想，人与自身、人与外在相处协调、相得益彰，人与人之间和谐，人与社会和谐，人与自然和谐，那便是我们所提倡的和谐社会。和谐社会是人类孜孜以求的一个理想社会，从《礼记》所描绘的美好世界到陶渊明《桃花源记》中的世外桃源，从柏拉图的"理想国"到欧文的"新和谐公社"，古今中外无数哲人先驱在为实现社会的和谐不懈地探索着。

《礼记·礼运》中对理想中的大同和谐社会是这样描述的："大道之行也，天下为公，选贤与能，讲信修睦。故人独亲其亲，不独子其子。使老有所终，壮有所用，幼有所长，矜寡孤独废疾者，皆有所养。男有分，女有归。货恶其弃于地也，不必藏于己。力恶其不出身也，不必为己。是故谋闭而不兴，盗窃乱贼而不作，故外户而不闭，是谓大同。”①

这其中所说的“讲信修睦”便是讲诚信、修和平之意，尽管这里的“诚信”道德观念还比较朦胧和模糊，但是我们可以看到“信”在我们的和谐大同社会中发挥的重要作用。在儒家思想体系中，“诚信”与“和谐”是两个相互联系的重要概念。如果说“诚信”更注重个体内心道德的修炼，那么“和谐”则更强调天人之间、人与人之间以及个体内心的和合统一，是儒家追求的理想社会状态。由于古代物质生产条件的限制，所以儒家的这种“和谐”更多的是一种“安贫乐道”的和谐。天人和谐便是要遵守自然规律、爱护自然，人际和谐便是万事以“和为贵”，人内心的和谐便是“君子坦荡荡、小人常戚戚”，而要处理好这三者的和谐关系便是要“反求诸己”，依靠个人的道德修养。正如前面章节所论述的，诚信是“道德修业之本”“立人之道”，所以“诚信”是和谐之道、和谐之根源、和谐之本。

广东省的德庆县是一个民风淳朴的历史文化名城，在市场经济高度发达的沿海地区，德庆县的金林水乡至今还保留着形成于清乾隆年间的“无人售货”的交易方式。据当地的村民介绍，每天早上六七点的时候，村民就会把蔬菜等物品集中到一个小集市，标好价钱，供有需要的人选用。有菜心、通菜等蔬菜，每种蔬菜捆好，一把菜一元钱，在旁边放着一个装钱的竹筒或者是塑料瓶。进入村中后随处可见到黄豆、药材、薰衣草等物品也是“自动投币”的方式，有 3 元、5 元不等。因为诚信，村民之间形成了一种默契，养成了一种习惯；因为诚信，村子里面一片安宁祥和。可见，诚信是和谐之道。

（二）诚信友爱：社会主义和谐社会重要内容

我们现在提倡的“和谐社会”建立在生产力高度发展、国家综合实力增强的基础上，是富足的、充满开放精神和创新活力的和谐。

诚信既是社会主义和谐建设的重要内容，也是建设和谐社会的重要基石，同时也是社会主义和谐社会的一个重要标志。和谐社会主要包括人与人之间的和谐、人与社会之间的和谐和人与自然之间的和谐，而这些所有和谐的前提都要以人的诚信为基础。

社会主义和谐社会是体现公平公正的社会、体现彼此友爱的社会。所谓诚信友爱，就是全社会互帮互助、诚实守信，全体人民平等友爱、融洽相处。没有规矩，不成方圆。诚信要求社会成员自觉遵守社会规则、规章制度和公共秩序，并按这些规范行事。如果一个社会有了合理的、统一的社会规则，而社会成员又能普遍认同和自觉遵守这些社会规则，这就有了诚信，也就有利于形成和谐的氛围。诚信友爱也是社会主

① 阮元. 十三经注疏. 北京：中华书局，1980 .

义和谐社会重要的道德规范。构建社会主义和谐社会,对人与人之间的关系提出了很高的要求,即追求人与人之间的和睦共处。这不仅要依靠法律来规范人们的行为,而且要通过道德建设来营造良好的人际环境。在道德规范体系中,诚信友爱可以最大限度地减少社会生活中的各种内耗和摩擦,减少社会生活的风险和代价,使社会的运行成本大大降低;有助于构筑良好的人际环境,消除矛盾激化的潜在因素;有利于增加社会的价值认同和凝聚力,进而激发社会的活力和创造力。如果说社会是一个组织严密、功能齐全的系统,那么,诚信友爱就是这个系统内部各个构件之间的纽带或润滑剂。

诚信友爱是构建社会主义和谐社会的客观要求。健全社会信用,培养公民的诚信友爱品德,是事关社会主义市场经济健康发展的重大问题。现代社会是竞争的社会,但竞争离不开合作。竞争是提高效率的手段,而不是目的。如果把竞争推向极端,唯利是图,不择手段,就会造成道德的沦丧。因此,应引导人们正确处理个人与社会、竞争与协作、先富与共富、经济效益与社会效益等关系。社会和谐要求社会成员以诚相待、相互包容、尊重个性。

构建社会主义和谐社会,既是时代赋予我们的一项伟大而光荣的使命,也是一项极其艰巨复杂的系统工程。而诚信问题是构建社会主义和谐社会所面临的一个十分紧迫的问题。诚信是构建社会主义和谐社会的重要基础,是社会主义和谐社会的内在本质要求,是构建社会主义和谐社会的精神动力。

案例链接

诚信:与对手竞争

《中国石化报》曾登载了这样一篇短文,大致的意思是作者为摸清竞争对手的详细信息奉命来到所在地的某系统外一座较大型加油站进行“微服调研”。去第一家的时候谎称自己是即将毕业的大学生,急需写一篇当地成品油市场的报告作为毕业论文。那里的工作人员也很客气地给了作者很多详细的信息。当作者沾沾自喜以为拿到“第一手资料”的时候,一位知情人士告诉他,他们站的实际销量与作者的“估摸数据”有很大出入。接着作者又去了另一家加油站,这次作者就直接给经理讲明了来意:“想了解一下你们站的实际销量和在本地市场究竟占多少份额。”本以为此话一出,那位站长会不加掩饰地横眉冷对。谁知,他竟非常热情、主动地和作者交谈。对于销量,他甚至大方地拿出他们的交接班表给作者看,并说:“其实信息就该共享,没必要处得跟仇人似的。欢迎经常到我们站,撇开成见,交流第一嘛。”

点评：两次同样的目的，因为作者前后的诚信变化换来了意想不到的结果，我们讲诚信不仅要言行合一，还要前后一致。现实生活中也有这种情况，有人打着“诚信”的旗号做事，一旦目的实现后，就渐渐朝相反的方向发展，这种“伪诚信”“假老实”实则真奸诈。

（三）诚信折射人与自然和谐相处

诚信也是个人和社会对自然责任的体现。人与自然的和谐是人类越来越关注的话题。在和谐社会中，人与自然的和谐必然要求对自然的诚信，即对自然规律的理性认识、充分尊重和正确运用，以及对生活在地球上物种的保护。因为我们人类的不诚信，过度地向大自然索取，造成了环境破坏和生态失衡，引发了自然界对我们人类的报复和惩罚。所以我们要大力提倡以诚信的态度对待自然，实现人与自然的和谐发展。

1944 年冬，纳粹德国败亡之前，国内燃料奇缺，面对酷寒难耐的天气，不得已政府只好同意居民上山砍伐。不过，先由林业人员在朽木弱枝上画上红色印记，以示可伐。后来，人们发现全德国没有一起误伐滥伐。抛开意识形态不论，德国人这种与自然“立法三章”而又苛于律己的行为值得所有人的尊敬。毋庸置疑，人类世界的存在离不开自然界，是自然赋予了人类生存和发展的物质基础，但是人类过度或不合理的开发却导致自然被破坏，反过来又威胁到人类自身的生存和发展。

为了使人类社会得以可持续的发展，我们必须保护环境，维持生态的平衡，谋求与自然和谐相处。要做到这一点，古往今来，各国历代政府大都通过立法的形式，将其上升到国家意志的层面。这样，人类遵从自然法则，与自然的和谐相处就转化为作为个体的人需要守法，即使在执法的力量不能到达的时刻或地方，也要慎独律己，毕竟自然的法则是铁定的，它不会因为执法的缺位而随之消失。人类要与自然达到和谐相处，人类社会要实现可持续发展，主要有两条途径：一是遵守各种法律法规，使我们的生产活动都在“国家标准”或“国际标准”所允许的范围之内；二是主动顺应自然规律，要高瞻远瞩而不是为了眼前的利益而提前“透支”自然的生产力。人类无时无刻不在享受自然，我们必须善待自然、尊重自然、自觉维护自然的平衡与和谐。面对日益加重的生态破坏的现实，我们必须倡导科学精神，正确地认识自然客观规律，合理开发资源并进行有效的保护，实现人与自然的和谐相处。

案例链接

破坏环境触目惊心

据媒体报道，甘肃省榆中县是高原夏菜主产区，然而，当地农民因“高原夏菜”迅速致富的同时，为追求菜品“卖相”好看而切掉的大量废弃菜叶和菜帮，却给这个蔬菜大县带来了极为困扰的“尾菜”处理难题。距离榆中县城20公里的定远镇蒋家营村，其高原夏菜产量占全县一半。在该村以西1.9公里处，有一条“臭”名远扬的胡家沟，沟内倒进的烂菜叶已经堆成了一座垃圾山，堆积的尾菜暴露在露天里，通过腐败和化学反应产生的废水使周围的农田减产甚至绝收。这里是榆中县最大的一个“尾菜”垃圾场，每天拉到这里的“尾菜”有300多车，而据当地人称不少运送尾菜的货车故意把货厢的挡板放下来，致使一路运，一路掉尾菜，很多道路两边都堆着厚厚的尾菜，因此产生不少的环境问题。如果说，农业生产、工业生产还离普通的大学生比较远的话，那么下面的事例则跟我们息息相关。近年来，随着物质生活水平的不断提高，越来越多的人在假期选择外出旅游。与优美雅致的景区形成鲜明对照的是一些游客的不文明甚至破坏环境的行为。2005年“十一”黄金周期间，乌鲁木齐市南山旅游景区出现80多名韩国游客集体捡垃圾的场面，其中包括30多名儿童。这番“老外”捡垃圾的举动自然引起热议，有人直呼难堪。韩国游客柳仁圭说：“野外应该是一片净土，但令人惊讶的是，这么漂亮的地方却有很多垃圾。”这些远道而来的客人自发地组织起来清理垃圾，短短20分钟，方圆近1公里的垃圾被清理得干干净净。在驱车将5个装满垃圾的纸箱送至垃圾站后，韩国游客才安心继续游玩。

点评：一个民族的文明在一个小小的举动上被体现，作为诚信的最小个体，我们不能过分强求别人遵守道德，但至少我们能要求自己。

二、以诚信引领我们走向和谐社会

名言警句：

吾日三省吾身：为人谋而不忠乎？与朋友交而不信乎？

——孔子

人而信，则至诚无妄，见之于伦，朋友也。

——颜元

(一)个人诚信建设

人无诚信不立,诚信是每个人安身立命的基础。作为社会的最小个体,我们不能强求别人遵守承诺,但我们要能做到真诚守信,信任他人。诚信也是和谐人际关系的润滑剂,是个人构筑人脉的基石。在一个社会中,人不能诚信待人或被人诚信对待,就会造成诚信缺失,人与人之间的正常关系就会扭曲成猜疑、猜忌或阳奉阴违、虚情假意。诚实是做人的根本,人与人之间交往贵在真诚,彼此才能融洽和谐。朋友之间有了它友谊才会万古长青,夫妻之间有了它才能相濡以沫,师生之间有了它才能教学相长,商客之间有了它才能发展壮大。只有不断加强个人诚信建设,每个人都有较强的诚信自觉性,人与人之间才会真诚相待、和睦相处。

1. 家无诚信不宁

在一个家庭里面,夫妻关系是最基本的关系,夫妻之间只有做到相互信任、互相尊重、互敬互爱才能实现感情的零距离;夫妻关系只有以诚相见,才能做到有事共同商量,有困难共同克服,做到互慰互勉、和睦相处。

在封建社会中,夫妻之间的结合多为“父母之命、媒妁之言”,也许并不像我们现在的人,常常把浪漫的爱情挂在嘴边,他们之间更多的是一份彼此关怀的责任感,“十年修得同船渡,百年修得共枕眠”“长相知,不相疑;不相疑,才能长相知”“夫妻相和好,琴瑟与笙簧”。我国古代有“举案齐眉”的典故,也有卓文君和司马相如相敬如宾的爱情故事。相传卓文君因司马相如的一曲“凤求凰”而倾心于他,并与他一同私奔,两人开了一个酒家,一人沽酒一人叫卖,夫唱妇随相敬如宾。后来司马相如在长安以一篇《上林赋》得宠,封郎官,一时春风得意,意欲纳一女为妾,卓文君无法忍受,写下了流传于世的《白头吟》。司马相如读完诗后,内心受到强烈震撼,十分愧疚,从此,断了再娶其他女子之念想,与卓文君一起比翼双飞,厮守一生。忠贞于爱情就是夫妻间要彼此讲诚信,记住当年的花前月下、海誓山盟,两个人一辈子不离不弃、相濡以沫、白头到老。

家是人生旅途的港湾,通过婚姻建立的家庭如要长久、和谐、稳定,需要夫妻双方以诚相待、精心呵护。假设夫妻双方缺乏信任、彼此设防、相互猜忌,就会导致感情危机,甚至家庭破裂、婚姻失败。现在社会的飞速发展给我们传统的婚姻家庭模式带来了巨大的冲击和考验。各种关于婚姻家庭的流行语层出不穷,如闪婚、闪离、网婚、裸婚、经济适用男、简单方便女。城市的离婚率也逐年居高不下,各种表现婚姻家庭生活的“围城”格局的文艺影视作品也越来越多,冯小刚的电影《手机》、陈道明主演的《中国式离婚》,还有曾一度热播的《蜗居》,等等。一篇题为“婚姻观的统计分析与变迁研究”的文章中作者公布了一个调查报告,报告中有一项内容是关于当前人们对影响婚姻美满因素的评价,在所列举的15项内容中,90%以上的人认为最重要的有三项：忠诚、互信、相互理解，相互忍让，相互欣赏、尊重。其中，忠诚是摆在第一位的，有97.4%的人持此观点①。在现实生活中，有太多的误会、诱惑和陷阱，有的人一看到配偶与别的异性接触，就疑神疑鬼，把正常的男女交往误认为不正常。还有的已婚男女，在与异性的交往中有失检点，甚至超出正常的界限，这势必给夫妻关系蒙上一层阴影，严重时会导致家庭破裂、离婚率上升、各种家庭暴力案件发生。夫妻之间的忠诚并不只是一个人的事情，也不仅是夫妻之间的事情，而是一个社会问题。

加强婚姻道德诚信，培养家庭责任感，应该是社会大力提倡的道德原则，因为家庭的和睦是社会和谐的基础。

案例链接

“四方钱”考验夫妻诚信

时下银行新兴推出了“四方钱”账户（个人隐私存款账户），市场目标主要是已婚中青年人，与“私房钱”谐音，取寓意“志在四方和四方来财”，这引发了大家对夫妻双方各自存“私房钱”是否会造成夫妻之间不诚信、影响家庭的和谐团结的讨论。相关银行人士表明“四方钱”是基于夫妻双方相互信任、忠实、尊重，并愿意给各自留一定的自由空间为前提。但是在各个家庭的实际情况中，私房钱的存在会对夫妻关系带来隐患。从理财的角度来看，它除了有可能减少家庭财产的数量外，还会降低理财透明度，进而导致家庭理财方式的变化，使夫妻关系受到严重的伤害。本来在婚姻中，夫妻之间最重要的就是相互理解和信任，而存私房钱，不论出于什么原因，都有隐瞒之嫌。由隐瞒而产生不信任，会导致夫妻双方之间的误解。所以大家对“四方钱”这种新瓶装旧酒的方式并不太接受。

点评：夫妻关系中的诚信体现在感情上的对等专一和家庭事务上的责任与信任。

2. 诚信与大学生和谐人际关系

现在大学生很苦恼的一个问题便是处理不好周围的人际关系。绝大多数孩子都是生长在“4－2－1”这样的家庭模式中，自己成为家里的天之骄子，独享了家里人无微不至的关爱，这样的成长环境也慢慢助长了孩子以自我为中心，不懂得体谅他人、与他人分享等坏习惯，而这些毛病在进入大学、完全独立生活开始后就越来越凸显出来。

现在大学生人际交往中主要存在的问题有：和同学之间有了矛盾总把责任推到

① 卢淑华. 婚姻观的统计分析与变迁研究. 社会学研究，1997(2).

对方身上，对人不真诚，总是关心自己的利益，和同学经常会为了鸡毛蒜皮的小事闹不愉快，有了问题不是勇敢面对解决而总是选择逃避，等等。有一项调查数据显示，从对别人要求角度来看，学生对朋友的诚信品质要求比较“宽以待人”，58.1%的学生允许朋友在特殊情况时有失信行为；从对自己的角度来讲，42.7%的学生表示在涉及自己或他人隐私的问题上做到诚信最困难；在“对他人的态度上”，有近一半的采访者缺乏对他人足够的信任感和安全感；在“对待同学关系上”，更是有47.3%的同学明确表示不愿轻易向同学吐露自己的内心想法，等等①。可以看得出，大多数学生都会以“诚信”为基本准则来要求自己和身边的朋友，可一旦有利益冲突的时候，“诚信”就容易变得苍白无力。大学生在人际交往方面缺乏真诚和信任，功利思想比较严重。大学生为处理不好人际关系而显得迷茫甚至焦虑，影响到正常的学习生活。建立和谐的人际关系对于大学生来讲非常重要，可以有效地促进大学生身心健康发展，一个健康积极的人际关系圈子可以丰富大学生的校园生活，并可以互相促进向好的方面发展，而诚信便是大学生建立和谐人际关系的基石。

大学生活如书，书中的内容要大学生用诚信去书写。现在的大学生喜欢把“理解万岁”挂在嘴边，但这种“理解”往往是单向的，即要求别人理解自己的时候比自己主动去理解别人的时候多，因为他们忽略了一个很重要的问题，理解需要相互的真诚作为后盾。如果一个人总是对别人说谎或者自己从未兑现过自己的承诺，久而久之，周围的朋友都会慢慢疏远，又谈何相互的理解呢？没有真诚的感情支撑起友情的天空，我们的大学生活又怎么会多姿多彩呢？诚实做人、真诚待人、不欺骗、不隐瞒是我们大学生应具备的基本素质之一，只要多一份真诚、多一点信任，就能用诚信融化人际交往中的坚冰。诚信就像一面镜子，折射出一个人的品性，当你透支了它，上了诚信的黑名单，那么你的人生道路就会越来越窄，甚至寸步难行。诚信待人是大学生处理好人际关系的重要法宝，正如《礼记》所云：“诚者，物之始终，不诚无物。是故君子诚之为贵。”待人真诚、信守诺言是一种崇高的道德境界。诚信待人，就是要做到至真至诚、笃实守信，付出真诚、收获信任。与朋友交往，诚信是桥梁，待人要真心、诚心，做事要讲信用，只有这样你才会得到周围人的尊重，才会建立和谐的人际关系。

（二）企业诚信建设

1. 诚信：企业安身立命的根基

诚信是企业安身立命的根基，“诚招天下客，誉从信中来”，信誉是一个企业的精神财富和价值资源，甚至能够成为一种特殊的资本。

享誉四海的晋商精神的精髓便是诚信，民间有话常说：“凡是有麻雀的地方，就

---

① 陈云涛. 大学生诚信文化理论及实践. 杭州：浙江科学技术出版社，2008.

有山西商人。”晋商的足迹遍布大江南北，他们经营的范围非常广泛，上至绸缎、下至葱蒜。在清朝初年晋商便创建了中国最早的银行——钱庄。电视剧《乔家大院》再现了以乔致庸为代表的晋商的风采。导演胡玫在接受记者采访的时候，谈到拍摄的初衷便是弘扬儒商精神，一种商业文化、一种现在社会上比较缺失的价值观念：诚信。胡玫导演第一次来到山西祁县拍戏的时候，乔家大院建筑上刻的两个大字深深地震撼了她的心：诚信。的确，作为晋商代表的乔致庸，他的成功首归于对诚信的坚持，把儒家思想和晋商多年的商业实践结合。他以德用人，在徒弟们路过的小桥上，放一两银子，结果有的拾钱自己留下，有的过而不拾，他以此看出后者适合做伙计；还有的捡完以后交还给失主，他认为这是好的人才，可以做掌柜。诚信是商家最宝贵的无形资产，对于商人来讲，诚信更多意味着“义”与“利”之间孰先孰后、孰轻孰重的选择，乔致庸一生以诚信贯之，他的成功向世人展现了中国儒商的精神。

在当今中外众多成功的企业中，将诚信作为企业文化核心价值观的为数众多。海尔集团的诚信口碑是有目共睹，海尔集团首席执行官张瑞敏说：“一个企业要永续经营，首先要得到社会的承认、用户的承认。企业对用户真诚到永远，才有用户、社会对企业的回报，才能保证企业向前发展。”海尔集团把“真诚到永远”作为其企业的广告语，并致力于打造诚信产品、诚信企业，获得了广大消费者的青睐。李嘉诚曾经说过，信誉是企业生存和发展的法宝，是不能用金钱估量的。因为李嘉诚一生最重诚信，才能得到顾客支持、员工支持、和自己有生意往来的商家支持、广大群众支持，他才能成为商界一代奇才，取得人生最辉煌的成就。在一次接受采访中，李嘉诚谈到，对于事业的“信”与对他人的“诚”是分不开的，诚信结合即为“义”，“文明必须以知耻来建立，我们社会需要更多的是这两个字——公义”。在谈到有关问题时，为了增加效果，他一边说话一边有力地写下“公义”这两个字。

有过网购经历的人都知道，如果在淘宝上碰上一个新的卖家，对他或她最重要的信息参考就是查看其信用记录。按照淘宝的评价系统，淘宝会员在淘宝网每使用支付宝成功交易一次，就可以对交易对象作一次信用评价。评价分为“好评”“中评”“差评”三类，每种评价对应一个信用积分，具体为：“好评”加一分，“中评”不加分，“差评”扣一分。然后根据评价分的多少，分为 20 个级别。在这一评价系统的作用下，卖家只有“好评”愈多才能取得一个较高的信用等级，同时也只有获得较高级别的信用等级，才能吸引更多的买家，并从他们手中获得“好评”的评价分。

“诚信”这一源远流长的伦理学名词在市场经济发达的今天演化成为一种可以具体量化的交易评价的准绳。信用卡、信用记录、信用评级、信贷等无不与“信”相关，“信”在当代经济生活中扮演着重要的角色。这说明，诚实、信用不仅没有被时代所抛弃，反而更深刻地渗入到当代经济、社会生活中去，参与着商品经济、市场经济的具体活动。这是因为我们的社会主义市场经济不仅是一种法制经济，同时也是一种道德经济、信用经济。因“信用”，交易才能达成；因“信用”，才能实现等价交换；因“信用”，各种经济关系才能得以确立；因“信用”，各种合同、契约关系也才得以成立。应当看到，诚信是经济生活的内在要求，不同的经济关系也对诚信提出不同的要求。这也是诚信在历史变迁的过程中不断发展变化的原因。在古代，由于商品经济的不发达，经济规模和人际交往都受到限制，诚信更多地体现在人格人品上。在当代，由于经济的大发展，各种经济要素以物化的方式参与各种经济活动，“诚信”得以实现或部分实现量化，正如淘宝的信用评价体系或各种主权基金的信用评级体系等一样，使其与利益成一种正比关系。从某种角度来说，在当代社会，诚信的价值更加得到了释放。

2. 诚信：企业履行社会责任的基础

诚信是任何一个企业所担负的社会责任。企业的诚信和人们的生活甚至生命财产安全息息相关。无论是生产企业、销售公司还是服务行业，如不诚信，受伤害的往往是普通老百姓。企业社会责任（CSR）是现在越来越热门的一个术语，是指企业在创造利润的同时，还要承担对员工、消费者和环境的责任。尤其是随着全球环境的恶化，企业社会责任与自然环境的协调发展已经刻不容缓。“大头娃娃”“三鹿奶粉事件”“地沟油事件”等在社会上引起的强烈反应，无论是政府还是企业都加强了对企业社会责任的研究及呼吁。

诚信作为企业文化的核心内容，是企业履行社会责任的基础。温州商人从“烧掉劣质温州皮鞋”开始，海尔集团从砸不合格冰箱开始，这些商家或企业便以强烈的社会责任感建立品牌并参与竞争。企业的社会责任主要在“诚信”二字，这里的“诚信”至少体现在四个方面：一是对政府的诚信，二是对客户的诚信，三是对社会的诚信，四是对员工的诚信。企业履行社会责任便是诚信的体现，如果说一个企业是颇具企业社会责任的企业，那么它也一定是一个诚信的企业。全国人大代表、全国十大农民企业家鲁冠球，从变卖祖产得 4 000 元办农机厂起家，发展到如今成为拥有 110 亿元资产的万向集团董事局主席。他办企业目的就是：“我们只有富起来，并且为这个社会干出点东西，才能被社会承认。”对于人才榜问卷中“您的座右铭是什么？”鲁冠球回答：“对人要诚实。”2008 年 9 月，石家庄市“三鹿奶粉事件”公开后，他给集团下属各企业发短信：“奶制品事件再次教育了我们，任何私利都不能凌驾于公众利益之上。企业营利要以德为本，损人利己即自取灭亡。从古至今，谁都不能脱离社会责任谈发展，社会责任是企业存在的前提。”

案例链接

100 年的保质期　永久的承诺

外白渡桥是上海外滩的标志性建筑之一，是一座全钢结构的桥梁，在普通人眼中，它始终硬朗，每天都有近 3 万辆次的车从它身上驶过。但就在 2007 年年底，上海市政工程管理局收到了一封寄自英国一家设计公司的来信，信中说，外白渡桥的“桥梁设计使用年限为 100 年，现在已到期，请对该桥注意维修”，并“建议检修水下的木桩基础混凝土桥台和混凝土空心薄板桥墩”。当时，上海正准备对外滩进行综合改造，收到这封来信后，有关部门立即决定对外白渡桥进行拆移维修。其实，寄这封信的英国设计公司正是当年这座桥梁的设计方。设计者的郑重提醒，为市政设计施工的决策提供了有力的参考。很多人知道此事后进行了评论。有的说：“每天那么多车辆通过，我们甚至都不知道它已经有了 100 年。”有的说：“一般人谁会记得 100 年前的事情？再说我们买东西不是过了‘三包’期就没人负责了吗？”是的，这家公司本可以游离于此事之外，但是愿为设计、产品一直负责对他们来说，不是一个技术或法律问题，而是一个诚信问题，一个社会责任的问题，而这对企业来讲是不成文的大规矩。

点评：产品、商品有保质期、有使用年限，商家的承诺、企业的诚信是对消费者、对社会高度负责的表现。

（三）政府诚信建设

个人与他人之间的交往主动权在于个人自己，我以诚待人，人将以诚待我。一个国家或者政府的诚信状况，主动权在上层的管理者，因此上层管理者必须言出必行、有法必依、执法必严，使制度有信、法规有信①。

政府诚信是社会诚信的核心与关键，它引导、影响着公众的诚信精神，推动、决定着社会的诚信程度。一个社会的诚信体系就像一个金字塔，下面是普通的民众，上面是政府，如果金字塔的塔尖歪了，作为塔基底下的每一个人也就没了对准的方向；而如果作为塔基的每一个个体失去了诚信，则会导致基础的动摇甚至是坍塌，那么整个金字塔也就不会存在。

政府诚信建设是构建和谐社会的重要组成部分。在“诚信危机”困扰整个社会的今天，我们的政府部门也不能“幸免”。某些政府机构部门存在严重的“失信于民”

---

① 韩玉伟，金国峰. 诚信论. 沈阳：沈阳出版社，2005.

的现象，如政务不公开不透明、政策朝令夕改、公务员贪污腐败屡禁不止等，这些现象不仅严重损害了政府在人们心中的公信力，而且给整个社会的诚信状况造成了严重的影响。政府的权力“取之于民、用之于民”，我们的政府要尽可能地为百姓谋求最大的利益，忠实地服务于全体人民，要做到“权为民所用，情为民所系，利为民所谋”，那么保持诚信、取信于民就成了对政府及其官员的必然要求。如果某些官员滥用权利中饱私囊，把公权力当成了个人的资源做“投资”，搞“交换”，牟取私利，肆意践踏人民所赋予的信任，必然会招致人们的唾弃，最终自取灭亡。

近年来，公众对于信息公开的需求日益强烈，政务公开、透明已经成为政府无法回避的命题。政府在制定政策及各种决策的过程中应尽可能地开诚布公，充分接受人民的监督批评，充分反映人民的诉求和利益，这有利于提升公众对政府的信任感，提升政府诚信的水平。那么，针对政务不透明、承诺不兑现、执法不公正、作风不扎实、服务不到位等问题，政府如何规范行政行为，建设诚信政府呢？

第一，坚持依法行政。严格按照党和国家的政策和法律规范行政职能和行政行为，善于运用法律手段解决经济社会发展中的问题，防止和纠正有法不依、执法不严、违法不纠以及以言代法、以权压法、徇私枉法等现象。

第二，推行政务公开。以权力运作为主线，对政府决策、行政管理、公共事务等适宜公开的内容全部公开，同时公开承诺办事程序、办事标准、办理时限和质量要求，严格追究违诺责任，努力做到有诺必践，取信于民。

第三，加快职能转变。通过简化审批职能、弱化事务职能、强化服务职能，抓紧解决“越位”“缺位”“错位”和“不到位”的问题，变无限责任政府为有限责任政府，变无所不为政府为有所不为政府，变为所欲为政府为为所必为政府，真正把工作的着力点放在建设公益事业、提供公众服务、建立公共保障上。

第四，构建诚信运行的监督平台。监督、监管部门是构建诚信机制的识别系统。所以，要充分发挥新闻媒体、商检、质检、中介、劳动保障、检测、调查、审计等专门机构和行业的监督、监管职能，完善认证和监察制度，以舆论监督、公示检查结果、发布调查报告、惩罚违规违法行为等手段构建一个全方位的监督平台。政府对此应该投入资金进行扶持或资助，以保证监督平台的正常运转。如果没有这一监督平台，仅靠老百姓自我鉴别从日常生活到各种经济、民事合同中是否有虚假欺诈行为几乎是不可能的。

行动指南

◆多一些宽容，少一些计较；多一些真诚，少一些虚伪；多一些责任，少一些逃避。

◆诚信，从身边做起，从一点一滴的小事做起。

◆只有说实话、做实事,诚实待人不隐瞒、不欺骗,才能长期地取得他人的信任。

◆开诚布公也是家庭成员处理好关系的重要条件之一。

思考与练习

阅读书目

①于绍乐. 诚信:能给你带来什么. 北京:中国商业出版社,2010.

②高玉琪. 卡耐基成功励志全书. 北京:中国档案出版社,2001.

思考题

①根据这一章所学知识,请谈谈对“老实人是否吃亏”这个问题的理解。

②请结合你对“诚信”的理解,谈谈我们要做到真正的诚信,是自律更重要还是他律更重要?

案例讨论

图书漂流——漂流书香和诚信

1. 什么是“图书漂流”?

图书漂流,让诚信深入到城市的每一个角落。时下在中国兴起了图书漂流活动。图书漂流起源于20世纪六七十年代的欧洲,读书人将自己读完的书,随意放在公共场所,捡获这本书的人可取走阅读,读完后再将其放回公共场所,再将其“漂”出手,让下一位爱书人阅读,继续一段漂流书香。没有借书证,不需要付押金,也没有借阅期限。

2. 相关“图书漂流”活动背景新闻资料

①上海普陀区曾推出“图书漂流”活动,第一批“放漂”的图书有两万余册。但据普陀区图书馆对漂流图书的追踪调查,自首批图书“放漂”后循环率仅为30%;此外一些回漂的书上还留下了读者不文明的印痕,有的书内被笔画过,有的还缺了页。书的回漂率不到四成,或许是暂时搁浅,或者是永远销声匿迹。

②2010年10月,由《东江时报》和今日惠州网联合主办了“传递文明 共享书香”——《东江时报》首届图书漂流活动,但“回漂”的效果也不尽如人意,截至12月

底仅有70余本图书“漂回”，还有1 900余本图书在“流浪”。图书漂流的游戏规则是“爱就释手”，读者一旦违背诚信“爱不释手”，图书就会“触礁沉没”。

③吉林省长春市图书馆近日开展了一次大型图书漂流活动，首次放漂5 000册图书馆藏书，并在市内设立22个图书漂流站，向社会广泛征集图书。与此同时，北京、太原、杭州、广东等地都陆续开展了图书漂流活动。一时间，图书漂流的“航道”遍布国内各个角落，一本本书在爱书人的手中传递。

3. 活动宗旨

测试校园诚信指数，营造诚信和谐的校园文化氛围。

4. “校园图书漂流”活动实施步骤

①面向全校学生募捐图书并在图书上做好专用的漂流标记。

②在校园设立固定图书漂流点和漂流专管员。

③每周向学生漂流固定数量的数目，学生到固定漂流点自行取书阅读后，将书漂到下一位同学，最后一位同学将书还到漂流点。

④漂流管理员对漂流书籍进行跟踪，并对“回漂”的效果进行统计。

⑤完成一篇校园图书漂流诚信报告。

热点讨论

讲诚信是否真的会吃亏？

日前，由上海市政协社会和法制委员会组成的课题组，对上海社会诚信问题展开调查。调研结果显示：90.2%的受访者认为诚实守信在不同程度上会吃亏。诚信作为社会行为中最重要的准则，在具体的经济和社会交往中并未得到肯定，反而成为“吃亏”的代名词。我们从小到大都在接受诚实守信的教育，但当我们一走出校园的象牙塔进入社会的时候，各种现实的利益和世俗大众的想法会冲击我们原本的价值观和世界观。我们会看到很多因为偷奸耍滑而步步高升的例子，我们会看到很多假文凭、假学历、假证书在坑害我们的生活。我们会发出很多疑问，在部分人不讲诚信的情况下我讲诚信有用吗？讲诚信真的会吃亏吗？

思考：

请根据第一节的内容并结合身边的例子谈谈你对“讲诚信要吃亏”的理解。

第三章 当代中国社会诚信建设

导 论

诚信是中华民族的传统美德，是社会主义道德体系的基石。我国素来重视诚信建设，《公民道德建设实施纲要》更是将明礼诚信作为公民基本道德规范之一。随着我国市场经济改革日益深化，诚信失范问题也渐渐凸显。加强我国诚信建设，建立社会诚信体系，规范市场经济秩序，已经成为我国当前面临的重要问题。近年来，随着社会主义精神文明建设的顺利发展，我国的诚信建设取得了重大进展，“讲诚信、重承诺”正在成为公民之生活习惯，诚信之风逐渐形成。大学生应该把握当今时代之脉搏，传承中华传统文化之精髓，深刻认识当代中国的诚信现状，积极投身我国诚信建设。

第一节 艰难坎坷的诚信建设历程

导 论

新中国成立以来，我国政府就努力向全国人民和世界宣示：新中国是一个除旧创新、诚信守实的国家。面对百废待兴的国情，我国政府走过了艰难坎坷的诚信建设之路。自 1949 年新中国成立到 1978 年改革开放，经过近三十年的努力，我国基本建成了一个诚信的政府和诚信的社会。

一、改革开放前，我国社会诚信建设回顾

> 名言警句：
>
> 做老实人，说老实话，干老实事，就是实事求是。
>
> ——邓小平

新中国成立之初到改革开放之前，我国政府面临政治、军事、经济、民生等在内的诸多难题。这一时期的诚信建设重点是：政治诚信、经济诚信的重建，社会公民诚信教育的初步开展。

（一）政治诚信的重建

诚信是政治本身应当具有的一种美德，是考量政治合法性的标准之一。政治合法性有很多衡量标准，一种政治权力能否得到民众的认同和支持，主要从政绩上来衡量，即政治权力能否给民众带来实惠。但如果单单这样衡量，就无法判断通过玩弄权术、不讲信用等手段带来利益的政治权力的合法性。

政治不只是施展权术和追求利益，而且还要有美德。诚实守信是一种很珍贵的政治美德，是政治权力获得民众服从和忠诚的前提。诚信缺失必然损害政治的合法性，损害政治的权威。政治诚信是一种治国策略、方式。对国内社会而言，它要求国家制定国家的政治制度、施政方针都必须基于以人为本、取信于民的时代精神，必须代表人民群众的根本利益。政治诚信是一个政党、一个国家的执政根基，是社会政治稳定、发展的根本保障。

新中国成立之初，中国经过近半个世纪的战乱，社会政治环境极不稳定。政府一方面镇压反革命活动，稳定社会秩序，另一方面急需建立新的政治制度，重建政治诚信。在这样的形势下我国的政治诚信建设于艰难中起步。

1. 树立政府诚信形象，构建政府信用体系

政府信用是社会组织和公众基于政府履行职责情况而对其信誉的一种主观评价或价值判断。由于政府在社会关系中的强势地位，社会组织和公众对政府信用的认可度是衡量和谐社会成败的关键，因此，加强政府信用建设是构建稳定社会的首要条件，是政府加强自身政治诚信建设的一个重要内容。

从新中国成立之日起，作为一个面对中国民众的新生政权，一方面需要医治战争的创伤，另一方面也需要树立良好的政府诚信形象，构建政府信用体系。这样一个新生的国家政府，需要向民众做出这样的承诺：她是一个与旧政府不同的政府，是一个诚信的政府。新政府会在政治制度上保障所有公民平等的生存权利。

1949 年 10 月 1 日，中央政府向全国人民发布《中华人民共和国中央人民政府成

立公告》,国家向人民郑重承诺:新政府是人民的政府,代表人民意志,保护人民利益。新中国将制定法律,组建人民参政、议政的政治体系,稳定社会环境,推进国家建设,为人民服务。

政治诚信中的政治组织诚信要求政府组织、执政党派的施政行为必须符合人民利益。政治组织诚信是整个国家政治诚信的起点与保障。从1950年开始,中国政府开始整风整党,确保政治组织诚信。1950年5月1日,中共中央发出《关于在全党全军开展整风运动的指示》,开始整风整党,清除投机分子。中共中央要求在党内开展批评与自我批评,严肃处理贪污腐败分子,克服党内首先是领导干部中的居功自傲情绪、命令作风以及少数人贪污腐化、政治上堕落颓废、违法乱纪等错误①。1951年,开展整党实验和城市整党,对于政治投机分子进行严肃打击,撤换了一些居功自傲、毫不称职的干部,并将一批廉洁、忠实、有能力的干部派到基层去工作,加强了政府的政治清廉度。毛泽东对新中国成立后党内可能出现的腐败蜕化现象早有警觉。在中共七届二中全会上,毛泽东就提出了要警惕资产阶级"糖衣炮弹"的袭击和"两个务必"的重要思考。在讲话中,毛泽东提前做了预见:"因为胜利,党内的骄傲情绪,以功臣自居的情绪,停顿起来不求进步的情绪,贪图享乐不愿再过艰苦生活的情绪,可能生长……可能有这样一些共产党人,他们是不曾被拿枪的敌人征服过的,他们在这些敌人面前不愧英雄的称号;但是经不起人们用糖衣裹着的炮弹的攻击,他们在糖弹面前要打败仗……"

案例链接

新中国历史上反腐第一大案——镇压刘青山、张子善

刘青山,1914年生,河北安国人,雇工出身。1931年6月加入中国共产党,曾任中共天津地委书记,被捕前任中共石家庄市委副书记。张子善,1914年生,河北深县人,学生出身。1933年10月加入中国共产党,曾任中共天津地委副书记、天津专区专员,被捕前任中共天津地委书记。他们过去在党的培养教育下,为党、为人民做过很多有益的工作,无论是在抗日战争还是在解放战争中,都曾进行过英勇的斗争,建立过功绩。但在和平环境中,经不起资产阶级的腐朽思想和生活方式的侵蚀,贪污挪用公款、日常生活铺张浪费,任意挥霍,逐渐腐化堕落,成为人民的罪人。

1951年11月,中共河北省第三次代表会议揭露了刘、张的罪行。同年12月4日,中共河北省委作出决议,经中央华北局批准,将刘青山、张子善开除出党。1952

---

① 中共中央党史研究室. 中国共产党历史大事记(1919.5-2005.12). 北京:中共中央党史出版社,2006.

年2月10日，河北省人民政府举行公审大会，随后河北省人民法院报请最高人民法院批准，判处刘青山、张子善死刑。

点评：民心所向，众望所归。正是中国共产党这种不徇私情、严惩腐败的决心和行动，赢得了国人的衷心拥戴和世人的无限钦佩，打消了人们对中国共产党的疑虑，极大地提高了中国共产党的威望，增强了中国共产党执政的政治合法性。

同时，查处这一腐败大案，严惩刘青山、张子善，在中国共产党内也起到了警戒作用，极大地震慑了那些将要或正在走向腐化堕落的人，教育和挽救了一大批党的干部，促进了党风和社会风气的全面好转。

新中国构建政府信用体系的一系列举措，贯彻了党全心全意为人民服务的宗旨，代表了中国最广大人民的根本利益，表明了政府将树立政治诚信与人民的根本利益相结合。政府努力建立一种为人民服务的政治诚信，并尝试给予民众这样一种政治理念。这种代表人民意志的政治理念，同时也表达着政府维护和增进公民权益、推进政治文明建设、促进社会全面发展的决心。

2. 制定法律法规，构建制度诚信

政治诚信重在制度诚信。制度诚信中，“诚”是指制度要代表人民的利益，要表达人民群众的公共意志。“信”是指制度公示并生效以后要严格执行，不能让制度形同虚设。新中国成立之初，政府致力于建立一套政治诚信的制度和机制，以约束政治活动主体包括政治组织机构、公务员以及公民不诚信的行为，治理政治领域中诚信缺失的现象，唤起政治主体对制度的敬畏和忠诚。鉴于此，新中国在此后的数年内，陆续制定和颁布了一系列法律法规。

3. 构建独立自主的诚信外交

1949年10月1日，中华人民共和国宣告成立。从此，中国历史进入新纪元，中国外交也掀开了新篇章。就在这一天，毛泽东在天安门城楼上庄严宣告：“本政府为代表中华人民共和国全国人民的唯一合法政府。凡愿遵守平等、互利及互相尊重领土主权等项原则的任何外国政府，本政府均愿与之建立外交关系。”随后，周恩来即将此公告正式函告世界各国政府。

我国是人民民主专政的社会主义国家，既消除了我国屈从于外国侵略、被奴役的社会根源，也消除了对外侵略的社会根源，这就决定了我国奉行独立自主的和平外交政策。我国在维护本国利益的同时，自觉维护他国的合理利益和人类的共同利益。我国外交政策的基本目标：维护我国的独立和主权，促进世界的和平与发展。新中国向世界宣告，我国奉行独立自主且诚信待人的外交信条：

第一，不依附于任何大国，不同任何大国或国家集团结盟，不搞军事集团，不联合一个国家去反对另一个国家；

第二，处理国际问题，根据其自身的是非曲直决定自己的态度和政策；

第三，尊重各国人民选择符合本国国情的社会制度、发展道路和生活方式。

4. 实施诚信的民族政策，构建民族团结

1949 年到 1957 年，以毛泽东为核心的党的第一代中央领导集体高度重视国内民族问题的解决，坚持把马克思主义民族理论同中国的具体国情相结合，制定了一系列适合中国实际的解决民族问题的方针、政策和措施。

1949 年 9 月，中国人民政治协商会议第一届全体会议通过了《中国人民政治协商会议共同纲领》（以下简称《共同纲领》）。《共同纲领》具有临时宪法的作用。它根据全国各族人民的共同意志，明确提出按照中国国情建立统一的多民族的共和国，在少数民族聚居区实行区域自治。《共同纲领》还全面阐明了我们党解决中国民族问题的纲领性原则，即："中华人民共和国境内各民族一律平等，实行团结互助，反对帝国主义和各民族内部的人民公敌，使中华人民共和国成为各民族友爱合作的大家庭。反对大民族主义和狭隘民族主义，禁止民族间的歧视、压迫和分裂民族团结的行为。""各少数民族均有发展其语言文字、保持或改革其风俗习惯及宗教信仰的自由。人民政府应帮助各少数民族的人民大众发展其政治、经济、文化、教育的建设事业。"

1951 年 5 月 16 日，政务院颁发了《中央人民政府政务院关于处理带有歧视或侮辱少数民族性质的称谓、地名、碑碣、匾联的指示》，要求对历史上遗留下来的带有歧视和侮辱少数民族含义的地名等一切有形的痕迹，必须坚决禁用或更改。第二，疏通民族关系。派出中央访问团到民族地区进行访问，同时组织边疆少数民族各阶层人士到内地参观。第三，开展民族识别工作，确定民族成分。第四，实行民族区域自治。第五，保障散杂居少数民族的平等权利。1952 年 2 月 22 日，政务院第 125 次政务会议通过了《关于地方民族民主联合政府实施办法的决定》和《政务院关于保障一切散居少数民族成分享有民族平等权利的决定》，其适用范围广泛，涵盖了一切没有实行民族区域自治的少数民族。这些政策的实施，加上和平解放新疆、西藏，对于维护我国的民族统一和国家的完整产生了重要作用。

这些真诚以对、诚信待人的方针、政策和措施的贯彻实施，使新中国的民族工作取得了显著的成绩，民族地区逐步进行了民主改革和社会主义改造，社会面貌发生了巨大变化。

（二）经济诚信的重建

经济诚信是经济领域中作为经济活动基本原则和经济主体行为准则的诚信范畴，它既是一种经济道德规范，又是一种制度伦理要求，也是一种在诚信原则指导下形成的经济交往方式和交往关系，具有主观性、内生性、基准性、效用性、渐成性等特点，贯穿着自由自主、公平正义、平等互利、理性主义等基本价值精神。

新中国成立之初，由于特定的历史和现状，我们没有其他选择，只能向苏联，唯一的社会主义发展成熟的大国学习和借鉴社会主义建设的经验和模式，建立起我国的社会主义经济体系。①

我国在建立社会主义体系的过程中,一方面还面临着旧中国经济遗留下的问题,另一方面学习借鉴苏联的社会主义发展还需要一个探索的过程,改革开放之前,我国的经济体制为社会主义的计划经济,在计划经济实践发展的过程中,受到历史和现实等多重因素的影响,我国的经济生活中出现了一些不诚信的行为和现象,经济诚信制度重建势在必行。为此,我国从制度机制入手,不断出台相关规定,提高整个社会的经济诚信水平。

1. 打击投机取巧,平抑物价

1949 年 11 月 1 日和 5 日,中央政府鉴于全国物价在 4 月、7 月的两次大幅度上涨情况,召开了研究稳定物价的经济会议,严厉打击了投机资本的投机取巧行为,有效地平抑了物价,保障了人民群众的正常生活。

2. "打土豪,分田地",兑现承诺;反贪污,反投机行为,促社会诚信

在这一时期,国家先后讨论并通过了《中华人民共和国土地改革法》《关于实行精兵简政、增产节约、反对贪污、反对浪费和反对官僚主义的决定》;废除了地主阶级封建剥削的土地所有制,实行农民的土地所有制,兑现了"打土豪,分田地"的承诺。国家通过"三反""五反"运动严厉清洗了贪污、浪费、官僚主义、行贿、偷税漏税、盗骗国家财产等旧社会遗留的污毒,对社会中的投机行为进行了严厉打击,进一步促进了社会诚信。

3. 保障市场诚信风气,开展"新三反"

1953 年 1 月,党和国家为了进一步建立经济诚信,发布了《关于反对官僚主义、反对命令主义和反对违法乱纪的指示》,明确指出当前国家经济建设中存在三个主要问题,通过开展"新三反"发扬正气,压倒邪气,保障了社会经济的顺利恢复。

4. 纠"五多",打击报表作假

1953 年,农村工作中出现了"五多"问题,即任务多、会议集训多、公文报表册多、组织多、积极分子兼职多。"五多"的"公文报表册多"中,许多报表经常作假,欺骗上级政府,严重扰乱了政府正常经济工作。中共中央于 1953 年 3 月发出了《关于解决解放区工作中"五多"问题的指示》,要求各级政府规范政府工作原则,诚信应对政治、经济工作,杜绝报表作假等"五多"现象。②

5. 进行三大改造,取缔市场投机

在这一时期中,我国的小农经济发展极不稳定,市场资源配置也极不合理。国家经历多年战乱后,社会物资极度匮乏,少数物质资源集中在小部分人手中。土地改革

① 中共中央党史研究室. 中国共产党历史大事记(1919.5 – 2005.12). 北京:中共中央党史出版社,2006.

② 中共中央文献研究室. 十一届三中全会以来重要文献选读(上册). 北京:人民出版社,1987.

后,农村的两极分化趋势逐渐显现。商业投机和高利贷日益活跃。新中国经济建设中不诚信的现象越发凸显。鉴于此形势,1953 年 10 月中央政府通过发布《关于在全国实行计划收购油料的决定》等过渡性政策,取缔市场投机,并逐步开展三大改造,打击投机取巧、唯利是图。

6. 整“五风”,不因贪虚名而招实祸

在这一时期,国家通过整“五风”,提倡不要图虚名而招实祸。政府应该划清各所有制的界限,不应主张在现阶段废除商品生产,不应“立即进入共产主义社会”。1961 年 1 月中共中央发出了《中央工作会议关于农村整风整社和若干政策问题的讨论纪要》,要求所有的农村人民公社进行整风整社,彻底纠正不切实际的“共产风”,要求经济发展不贪虚名,实事求是。

7. 彻查平调账,坚决退赔

《中央工作会议关于农村整风整社和若干政策问题的讨论纪要》要求所有的农村人民公社进行整风整社,彻底纠正不切实际的“共产风”,彻底清查平调账,破产也要退赔、兑现,恢复广大农民对党的政策的信任。

(三)公民诚信教育的开展

1. 社会主义精神文明的初步探索

这一时期的公民诚信主要建立在“做人、做事应当诚实”的基础上,虽然党和政府多次阐述和强调了诚信,但是这样的诚信仍然因没有理论和制度的保障而不可靠。从这个时期开始,诚信问题开始引起党和政府在理性上的认识。

1951 年 9 月,周恩来作了《关于知识分子的改造问题》的报告。随后,从教育界、文艺界到整个知识界逐步开展了思想改造的学习活动。1951 年 10 月开展群众性扫盲,提高其文化程度和思想道德觉悟。1952 年开展学习《毛泽东文选》活动,加强世界观修养,提高理论水平。这些思想改造活动的开展,为人与社会的诚信打下了文化与思想道德的基础。

这一时期,国家政府根据“德才兼备”的原则,大胆大量地提拔了一批文化程度高、年龄较轻的青年干部。再一次展示了我国政府重视思想道德修养的人事工作原则;宣传唯物主义思想,批判唯心主义思想,党中央指出,要正确开展在学术问题上的反对资产阶级唯心主义的斗争,学术批判应该是实事求是的。通过开展大规模的扫盲活动,进一步推进提高广大民众文化程度和思想道德觉悟的工作。

2. 不讲假话,不加粉饰

1958 年 11 月,毛泽东在武昌会议上作重要讲话,要求党、政府、人民群众“干劲一定要有,假话一定不说”。这是毛泽东第一次较为明确地、系统地阐述了自己对于社会诚信建设的态度与建议。他提出了社会各阶级成员不作假、不信假、不逼假、要防假等要求,明确指出了不诚信对国家、政府、社会的危害性。1959 年 4 月 29 日,毛泽东写了《党内通信》，再一次专门阐述了个人诚信、社会诚信、国家诚信的重要性，并分析了说假话的利弊及其产生的原因。他指出：第一，说假话不可能实现，没有益处；第二，讲假话于人民事业、于自己，有害无益；第三，就原因来看，有许多假话是上面压出来的；第四，号召要讲实话，不讲假话。①

3. 勇于认错、实事求是

1958 年 11 月，党和政府对于大跃进时期的错误已经有了深刻认识。党内大兴调查之风，提出克服盲目性、找规律、办实事。1961 年 1 月，毛泽东说："提出今年搞个实事求是年，当然不是讲我们过去根本一点也不实事求是。我们党是有实事求是传统的，就是把马列主义的普遍真理同中国的实际相结合……现在我们看出了一个方向，就是同志们要把实事求是的精神恢复起来了。"随后，毛泽东指出，"一切从实际出发，不调查就没有发言权"必须成为党和政府的工作原则。

新中国成立以后，在继承新民主主义革命以来道德建设成就的基础上，我国的社会主义道德建设走上了较快的发展轨道。从新中国成立到"文化大革命"以前的近 20 年的时间里，特别是在 1959 年以前的 10 年期间，是我国道德建设的一段光辉的时期。

二、艰难坎坷的诚信建设历程

新中国建立以后，由于受到现实和历史因素的影响，我国的诚信发展进入了建设的坎坷阶段，诚信建设出现了一些冒进和失误。

> **名言警句：**
>
> 如果要别人诚信，首先自己要诚信。
>
> ——［英］莎士比亚

（一）计划经济中的冒进发展

这时期的诚信是社会以一定程度的失信换来的。经济发展在计划经济大框架的指导下，曾走进了不求实际、激情冒进的怪圈。其中最典型的例子就是 1958 年至 1960 年间，全国范围内开展的极"左"路线运动的"大跃进"。

"大跃进"运动，在生产发展上追求高速度，以实现工农业生产高指标为目标。要求工农业主要产品的产量成倍、几倍，甚至几十倍地增长。例如，提出钢产量 1958 年要比 1957 年增 2 倍，由 335 万吨达到 1 070 万吨，1959 年要比 1958 年再增 2 倍，由 1 070 万吨达到 3 000 万吨。粮食产量 1958 年要比 1957 年增产 80%，由 3 900 亿斤

① 中共中央文献研究室. 毛泽东文集. 北京：人民出版社，1999.

达到7 000亿斤左右,1959年要比1958年增产50%,由7 000亿斤左右达到10 500亿斤。“大跃进”运动在建设上追求大规模,提出了名目繁多的全党全民“大办”“特办”的口号,例如,全党全民大炼钢铁、大办铁路、大办万头猪场、大办万鸡山。在这样的目标和口号下,基本建设投资急剧膨胀,三年间,基建投资总额高达1 006亿元,比“一五”计划时期基本建设总投资几乎高出一倍。积累率突然猛增,三年间平均每年积累率高达39.1%。由于硬要完成那些不切实际的高指标,必然导致瞎指挥盛行,浮夸风泛滥,广大群众生活遇到了严重的困难。1958年11月至1959年7月间,毛泽东和中共中央曾努力纠正已经觉察到的错误,采取了一系列措施压低1959年的工农业生产指标。八届八中全会错误地批判所谓彭德怀右倾反党集团,及随后全党展开“反右倾”斗争,使纠正错误的努力中断,而党内“左”倾错误更加发展。1960年提出要长期保持大跃进,继续要求工农业生产达到不切实际的高指标,对1959年上半年压缩指标进行不公正的指责,一味强调反对右倾,要把干劲鼓足。在各地粮食告急的情况下,还不断追加基建投资、追加基建项目,钢年产量指标一吨也不能少。高指标、瞎指挥、浮夸风又再度全面地泛滥起来。从1958年“大跃进”开始的三年“左”倾冒进导致了国民经济比例的大失调,并造成严重的经济困难。①

1958年,全民大炼钢铁,浪费了大量的能源,砍伐了树木,所炼出来的钢铁都是豆腐渣形状的废物,根本没有用处。就是这样的废铁有300多万吨,都统计到全年的钢产量中去了。在农业方面,粮食产量比1957年只提高3.4 %,比前五年的平均产量增幅的3.8 % 还略少了一些。农业放高产“卫星”,号称亩产万斤粮,甚至12万斤粮食……用大搞群众运动的办法去抓经济建设是不可取的。在发展经济的过程中,要从实际出发,做到实事求是。在我国早期的经济建设中,不切实际的冒进发展,脱离了实事求是的精神,说大话搞弄虚作假,浮夸风四起,各地报喜不报忧的事情甚嚣尘上。②

(二)政治生活中的反复运动

我国的政治运动,自新中国成立以来,主要是以反腐败和反官僚主义为中心内容的。当时,新中国刚刚成立,经济恢复和发展处于起步阶段,一些反动势力为了阻止社会和国家的稳定,用糖衣炮弹拉拢一些党内缺乏意志的同志。同时,我国的经济社会发展主要借鉴苏联,无更多发展经验。因此,我们的社会主义制度建立之后,在各个方面虽取得了光辉成就,但也曾遭到巨大的挫折和令人痛心的损失。

对新中国成立后我们党在工作中的失误,党中央曾深刻总结并进行了认真反思。在党的十一届六中全会中形成的《关于建国以来党的若干历史问题的决议》中指出:

---

① 中共中央党史研究室.中国共产党历史大事记(1919.5－1005.12).北京:中共党史出版社,2006.

② 中共中央党史研究室.中国共产党历史大事记(1919.5－1005.12).北京:中共党史出版社,2006.

“忽视错误、掩盖错误是不允许的，这本身就是错误，而且将招致更多更大的错误。”

（三）社会诚信建设的特点

这一时期，新中国经过长期的国民经济恢复，国内政治较为稳定，社会秩序日趋安定。社会主义全面建设时期的新中国情况较1957年以前已经有了很大变化。首先，社会主义三大改造已基本完成，社会主义制度已基本建立；其次，经过“三反”和镇压反革命等政治举措，社会秩序已基本稳定，政治平稳、经济健康发展。

这一时期，我国的诚信建设具有以下的特点。

第一，诚信建设已有了一定的基础。但是，由于国家仍处于社会大重建的过程中，在政治运动为主的背景下，诚信建设工作仍然只是渗透在各项事业建设之中，并无专门的理论研究。

第二，从国家建设的时间段上看，只有到了社会主义全面建设时期，社会基本稳定的情况下，社会诚信建设才从真正意义上得到了国家领导人的重视。

第三，这一时期的公民诚信，仍然停留在“做好人，做实事”的层面上，诚信建设既缺乏理论支持更缺乏广泛倡导。

第四，在这段时期中，社会诚信已受到国家重视，诚信建设已经提上了国家工作的议程。国家全面建设社会主义的进程已经启动，党和政府开始把更多的精力放在了社会诚信建设问题研究上。

正如我们所看到的，新中国的诚信建设虽几经风雨，但却顽强地进行着。“文化大革命”结束后，国家和政府开始全力治理之前的失信情况，从思想上、组织上、制度上进行了细致的、具体的清理和整顿。经过一段时期的诚信治理，特别是通过开展实践是检验真理的唯一标准大讨论，我国的诚信状况迅速恢复。

1949—1978年近30年的时间，正是我国诚信重建和基本建成时期，人民群众在这一时期内，思想和受教育水平得到明显提高。它为改革开放以后我国的诚信建设，积累了丰富的经验与教训。

三、新中国诚信建设的主要作用

> 名言警句：
>
> 人而无信，不知其可也。
>
> ——孔子

（一）提高了全社会的道德水平

如果一个人没有诚信，没有道德上的“慎独”自律，就可能去钻外在的、法律的空子，甚至为了一己私利而置社会、国家利益于不顾。只有人人讲诚信，给他人以信任，公共生活领域中的和谐人际关系才能形成;以诚为本的经营宗旨和爱岗敬业、办事公道、服务群众、奉献社会的职业道德规范才能形成;家庭中相互信任、互敬互爱、长幼有序、融洽和谐的关系才能建立,从而建立一个稳定社会的微观基础。以诚信建设为重点的道德建设,最终是要塑造具有诚信道德的公民人格。孔子说:"人而无信,不知其可也。"诚信是个人的立身之本,是做人的首要德行。公民有了诚信这种高尚的道德人格,社会也就有了正常的生产生活秩序,有了和谐的人际关系。

(二)为社会主义道德建设增添了新的内容与活力

诚信教育人们要对社会道德规范保持敬重的心态,要求人们将诚信、道德人格和做人的尊严联系在一起,形成健康的道德信仰,从而解决"我应该怎么做"的问题。从这个层面上讲,政治、经济、社会公民诚信建设的众多有效举措,极大地提高了全社会的道德水平。这一时期,特别是在1959年以前的10年中,讲诚信,做贡献,成为时代的音符。

最能代表这段时期精神面貌的是"三大精神",这就是人们常说的"雷锋精神""铁人精神"和"焦裕禄精神"。这些精神,是新中国社会主义道德精神的重要体现,是推动社会前进的重要力量。这些精神,以雷霆万钧之势,改变着旧社会的不良风气,它犹如清新的空气,滋润着人们的灵魂。这些精神,是革命时期的道德精神的继承和发扬,是建设时期我们克服一切艰难困苦的精神动力。就其实质来说,这些精神,也正是新中国诚信建设的重要成果。在中国传统文化中,"诚"便是这样的精神力量。孟子说:"诚者,天之道也;思诚者,人之道也。至诚而不动者,未之有也,不诚未有能动者也。"①孟子所说的"诚"是真实无欺的意思。天是真实无欺的,人也应该追求真实无欺。达到至诚就能使人感动,达不到至诚就不能使人感动。荀子也重视"诚",认为"诚"是所有德行的基础。他说:"君子养心莫善于诚,至诚则无它事矣。②"把"诚"当作最重要的道德观念的是《中庸》。《中庸》说:"诚者,天之道也;诚之者,人之道也。诚者,不勉而中,不思而得,从容中道,圣人也。诚之者,择善而固执之者也。"③可见,至诚是一种尽性知天并达到天人合一的崇高境界。这是中国特色的道德信仰,它不依靠宗教,不通过神学,而从人性与天性、人道与天道的合一,从相信人性善并通过尽性知天的途径,达到天人合一的理想的人生境界。

---

① 朱熹.四书章句集注.北京:中华书局.1983.

② 王先谦.荀子集解.北京:中华书局.1986.

③ 朱熹.四书章句集注.北京:中华书局.1983.

案例链接

雷锋精神的内涵

雷锋精神内涵之一：奉献精神

雷锋精神的核心是为人民服务。“雷锋”二字，已成为人们心目中热心公益、乐于助人、扶贫济困、见义勇为、善待他人、奉献社会的代名词。

雷锋精神内涵之二：“钉子”精神

雷锋对待工作总是干一行、爱一行、钻一行，立足本职，尽职尽责，努力以钉子的“挤”劲和“钻”劲，使自己成为工作的内行。

雷锋精神内涵之三：“螺丝钉”精神

雷锋谦虚待人，甘于平凡，从点滴做起，从小事做起，服从革命的需要和组织的安排，党叫干啥就干啥。他把自己的生命融入党和人民事业的整体之中，立志在平凡中干出不平凡的业绩，乐于做一颗永不生锈的“螺丝钉”。

雷锋精神内涵之四：艰苦奋斗精神

雷锋出身贫苦，在旧社会，哥哥、弟弟都因负伤、饥饿而死，他自己也曾濒临死亡的边缘。他深知生活的艰辛，因而，他工作和生活的一言一行都体现出中华民族勤俭节约、艰苦奋斗的传统美德。

点评：雷锋这位普通士兵，用他高尚的情操实践着崇高的道德。

案例链接

铁人精神

“铁人”是20世纪五六十年代社会送给石油工人王进喜的雅号，而铁人精神是王进喜崇高思想、优秀品德的高度概括，也集中体现出我国石油工人的精神风貌。铁人精神内涵丰富，主要包括：“为国分忧、为民族争气”的爱国主义精神，“宁可少活20年，拼命也要拿下大油田”的忘我拼搏精神，“有条件要上，没有条件创造条件也要上”的艰苦奋斗精神，“干工作要经得起子孙万代检查”及“为革命练一身硬功夫、真本事”的科学求实精神，“甘愿为党和人民当一辈子老黄牛”埋头苦干的奉献精神等。

点评：铁人精神无论在过去、现在和将来都有着不朽的价值和永恒的生命力。

案例链接

焦裕禄精神

焦裕禄(1922—1964),革命烈士,干部楷模。1946年加入中国共产党,1962年被调到河南省兰考县担任县委书记。当时该县遭受严重的内涝、风沙、盐碱三害,他坚持实事求是、群众路线的领导工作方法,同全县干部和群众一起,与深重的自然灾害进行顽强斗争,努力改变兰考面貌。他身患肝癌,依旧忍着剧痛,坚持工作,被誉为"党的好干部""人民的好公仆"。他用自己的实际行动,铸就了亲民爱民、艰苦奋斗、科学求实、迎难而上、无私奉献的焦裕禄精神。

点评:优秀的诚信劳动楷模为当时我国的社会主义建设增添了强大的精神动力,鼓舞和引领了社会诚信发展的良好风尚。

正是在这些精神的影响下,我国社会出现了一种正直、廉洁、健康、向上的社会风气。这种正直、廉洁、健康、向上的社会风气,在人和人之间形成了一种团结友爱的新型的人际关系,对我国的物质文明建设和精神文明建设都产生了极大的推动作用。正如邓小平所说的:"我们建国以后的十多年中,由于党和政府的正确领导,社会风气是健康的。在党的教育下成长起来的青少年,绝大多数抱有崇高理想,热爱社会主义祖国,积极响应党和政府的号召,捍卫人民的利益,维护社会秩序,处处表现良好的献身精神和守纪律精神。青少年的这种风气和整个社会的风气互相影响,互相促进,受到全国人民和各国人民的赞许。"

(三)增强了社会的凝聚力和亲和力

新中国成立之初,百废待兴,社会面临着凝聚力不强、亲和力缺乏的问题。在实际生活中,一些人急功近利,弄虚作假,言而无信,尔虞我诈;一些地方也存在道德冷漠症,人与人之间的交往出现隔阂与不信任;民众对于新生政权也存在不了解、不信任的现象。

社会凝聚力和亲和力是一个国家综合国力的重要内容,是经济社会协调发展的重要体现,是克服困难、战胜风险,加快发展不可缺少的重要保证。

鉴于此情况,政府通过颁布并施行一系列的法律法规或道德规范要求,认准诚信是建立和谐社会和人际关系的重要道德准则,加大诚信建设,特别是政治诚信建设和社会公民诚信建设,在较短时间里增强了社会凝聚力和亲和力。

在这一过程中,党和政府通过施政纲领和法律规章向民众传达着这样的信息:

第一,诚实守信是中华民族的传统美德,在社会主义条件下应当进一步发扬光大。在社会主义条件下,广大人民群众的根本利益是一致的,人与人之间应当是互帮互助、诚实守信、平等友爱、融洽相处的新型关系。人们之间以诚相待,才能处理好各种人民内部矛盾,使人们各尽其能、各得其所。因此,以诚信为重点,正确处理义与利的关系、竞争与协作的关系,培育社会主义新型人际关系,是构建和谐社会的一个重要任务。

第二,政府的亲和力来自诚信。无论是对外交往,还是对内施政,都要言必行,行必果。新中国是人民的政权,是一个诚信的政府。新中国成立之后,党和政府用实际行动证明了政府会在政治制度上保障所有公民平等的生存权利。

(四)对当时的社会稳定和谐提供了稳定的坚实基础

新中国诚信建设的另一个重要作用便是促进了社会的稳定和和谐。新中国成立后,大陆残留着大批恶霸、特务和其他反革命分子,反革命活动十分猖獗,政治、经济情况很不稳定。反革命的敌对活动严重侵害了党、国家的利益,威胁着人民的生命财产安全,社会呈现出不和谐现象。

新中国成立之初的政治、经济、社会诚信建设,在政治上坚持依法治国,开展"三反""五反"为主要内容的社会稳定工作,打压反革命势力,保障社会稳定。在经济上,颁发法律法规,整治金融秩序,稳定市场物价。在社会公民道德建设方面,倡导爱国、敬业、诚信、友善等道德规范,开展社会公德、职业道德、家庭美德教育,加强青少年思想道德建设,在全社会形成讲实话、办实事的风尚,形成男女平等、尊老爱幼、和谐平等的人际关系。

其次,加强法制建设,为诚信道德建设提供强有力的法律保障,陆续颁布《中华人民共和国宪法》《中华人民共和国婚姻法》等具有新社会、新时代道德意义的法律法规。诚信社会必须是一个法治社会。加强公民的诚信道德建设,需要法律与道德相互配合,优势互补,使诚信真正成为公民的道德自律。如果缺乏对失信者惩罚的法治体系,或是有法不依,违法不究,执法不严,诚实守信者的利益得不到法律的保护,失信违法的行为可以不受法律的惩处,诚实守信的道德风气是不可能真正形成的。

(五)推动了当时经济的恢复和发展

新中国成立不久,一些不法商人在国民党反动派的指使下,恶意囤积商品,哄抬物价,以造成社会不稳定形势。1949 年底到 1950 年初,上海等大城市出现了严重的物资短缺,社会经济出现不稳定情况。

1950 年,党中央派陈云同志到上海,主持华东地区的经济工作,并调集大量生活物资投放到上海等地,稳定了物价,保证了上海市民的正常生活,并在此后陆续出台了《关于在全国实行计划收购油料的决定》等一系列法律法规,尝试以"制度性"和"规范性"来规范经济活动,从根本上维护市场秩序。

随后,政府逐渐将诚信道德建设与社会经济管理结合起来,加强经济管理薄弱环节的建设,初步形成诚信教育与经济管理相互补充、相互促进机制,推动中国经济重新迅速发展。以诚信维系经济发展的尝试也为当今市场经济的发展奠定了良好的基础。

四、改革开放以来,我国社会诚信建设恢复重建的历程

诚信是维护市场秩序的基本道德规范。以社会分工为基础的交换关系,要求双方以信用作为守约条件。日益扩展的市场关系逐步构建起彼此相连、互为制约的信用关系链条,维系着市场关系和市场秩序。所以,市场经济也是信用经济、诚信经济。目前,由于社会主义市场经济体制的不完善,失信问题较为严重,加大了企业交易成本,也影响了企业在经贸往来中的信誉。失信行为还从经济生活蔓延到文化及人际关系领域,并滋生了权钱交易等腐败现象。所以,诚信和失信的道德冲突,是发展社会主义市场经济过程中道德建设的一对矛盾,这一矛盾解决得如何,直接关系到市场秩序的状况。

改革开放以来,在我国经济建设的基本国策和经济全球化的双重推动下,我国的经济发展和社会生活正在快速融入国际社会。社会主义市场经济的深入发展,引发了我国社会生活的巨大变革。市场经济活动包括商品的生产、经营和交换,体现出了前所未有的活力和多样性。人们的思想和生活习惯在文化全球化的影响下,不再单一,体现出了丰富的内涵。

我国政府面对时代的新要求,新情况,准确而全面地诠释了发展应该是和谐、全面、健康的发展。因此,作为经济、社会、精神健康和谐发展的基础和保障,诚信建设工作便成为当代中国道德文化建设的重点。各级地方政府也认识到只有加强社会诚信建设,才能够使市场经济得到快速和顺利的发展,认识到国际竞争的基础或前提就是信用或诚信,只有加强社会诚信建设才能让中国从容面对激烈的国际竞争。

(一)政治诚信建设方面

政治诚信是一种重要的政治道德,它是指政治理念和政治制度所具有的诚信品格和政治活动主体在其活动中对诚实信用原则的遵循,主要包括政治理念诚信、政治制度诚信和政治活动主体诚信。政治诚信是建构和谐社会的道德基础,它有利于政治体制的良性运行,政治共同体凝聚力的增强,政治文明建设和社会的健康发展。

改革开放以来,党和政府在充分总结历史经验教训的前提下,通过党风廉洁建设、政府工作作风建设和完善法律体系制度等举措,大力进行政治诚信建设,已形成了较为完备的国家政治诚信体系。

1. 规范党内政治生活,提倡说老实话、做老实事、当老实人

1980 年 2 月,中国共产党第十一届中央委员会第五次全体会议通过了《关于党内政治生活的若干准则》(以下简称《准则》)。《准则》明确要求全体党员“忠于党和人民的事业,说老实话、做老实事、当老实人,光明磊落,表里如一,是共产党员应有的

品质。”①《准则》还要求全体党员同志，坚决反对向党要荣誉的官僚政客作风，只报喜不报忧的作风。要求全党不可弄虚作假。《准则》明确指出，凡是弄虚作假给党和人民造成重大损失的、凡是说假话骗取了荣誉地位的、凡是用假话来掩饰严重过失或达到其他个人目的的、凡是纵容或诱使下级说假话的，都必须绳之以党纪。《准则》最后号召各级党的领导机关和领导干部都要做实事求是的模范。

《准则》对弄虚作假等不诚信的行为是一次有力的扼制。《准则》提倡党员干部讲政治诚信，使我国的政治诚信度得到了极大提升，成为中国社会政治诚信重建的奠基石。

2. 反对贪污受贿、反对以权谋私、反对官僚主义，坚持任人唯贤原则

1986 年 1 月中共中央发出《关于严格按党的原则选拔任用干部的通知》，该通知指出，我党领导干部用人，必须坚持德才兼备、任人唯贤的原则。对于一切参加贪污盗窃、敲诈勒索、投机贿赂等罪恶活动的党员必须严惩。

1992 年，党的十四大报告指出：衡量干部的德和才，主要看在执行党的基本路线中的表现。对坚决执行党的基本路线，有高度革命事业心和为人民服务的强烈责任感，在改革开放和现代化建设中政绩突出，群众信任的干部，要委以重任。党内生活中发扬讲真话，不讲假话，言行一致的优良作风。

1997 年，党的十五大报告指出：党风、政风、社会风气和社会治安的状况人民群众还不满意，贪污腐化、奢侈浪费、以权谋私等现象仍在蔓延滋长，官僚主义、形式主义、弄虚作假的问题较为严重。要把群众公认的坚决执行党的路线、实绩突出、清正廉洁的干部及时选拔到领导岗位上来。那些背离党的路线的人，那些弄虚作假、跑官要官的人，决不能进入领导班子。

2003 年 7 月，胡锦涛在“三个代表”重要思想理论研讨会上讲话时指出：“有些地方和部门存在严重的形式主义、官僚主义作风和弄虚作假、铺张浪费行为以及各种消极腐败现象”，“在学习贯彻‘三个代表’重要思想的过程中，要紧密联系自己的思想实际，提高思想政治水平，加强道德品质修养”。②

3. 党内整治失信的系统化、法规化

2003 年 12 月，中共中央发出《关于印发〈中国共产党纪律处分条例〉的通知》。该条例将党的组织和党员、党和国家工作人员的失信行为惩处具体化、条文化，是党内整治失信的第一个系统化、法律法规化的文件，共有 23 项条款明确了失信行为及其惩处的具体规定。下面列举 13 个方面的失信治理。

方面一：严惩串供，伪造、销毁、隐匿证据等失信行为。

---

① 中共中央文献研究室. 十一届三中全会以来重要文献选读（上）. 北京：人民出版社，1987.

② 中共中央文献研究室. 胡锦涛十六大以来重要讲话汇编. 北京：人民出版社，2013.

方面二:严惩证件造假失信行为,不让失信者得利。

方面三:严惩造谣、传谣、诬陷他人等失信行为。

方面四:严惩假冒伪劣商品和虚假广告等失信行为,责任连带。

方面五:严惩骗取、套用公私财物和国家资金等失信行为。

方面六:严惩贿选等失信行为。

方面七:严惩信息造假等失信行为。

方面八:严惩印章造假等失信行为。

方面九:严惩荣誉造假等失信行为。

方面十:严惩隐匿他人信件等失信行为。

方面十一:严惩录用、考试过程中的失信行为。

方面十二:严惩瞒报、谎报、缓报、漏报等失信行为。

方面十三:严惩重要材料泄密等失信行为。

我党通过坚决有效的党风廉洁建设,推动了国家、社会的政治诚信发展,提高了我国政府政治诚信度,为整个社会道德诚信建设树立了榜样。

(二)公民诚信道德建设方面

全国人大代表武秀君替亡夫还债的诚信事迹曾感动中国。在全国两会期间的人大会上她说:"一个社会要健康运转,社会成员彼此之间不能没有诚信。人人讲诚信,这是社会文明程度的重要标志。"

我国政府早在改革开放初期就认识到,公民诚信建设是我国经济建设和适应全球经济一体化的迫切需要。加大、加快信用体系建设力度,在全国形成一个诚信为本、守信光荣、失信可耻的社会氛围,是我国公民诚信建设的主要目标。

1. 社会主义精神文明建设的全面开展

1986 年 9 月 28 日,十二届六中全会通过了《中共中央关于社会主义精神文明建设指导方针的决议》。该决议指出,以马克思主义为指导思想的社会主义精神文明是社会主义的重要特征。在社会主义时期,物质文明为精神文明的发展提供物质条件和实践经验,精神文明为物质文明的发展提供精神动力和智力支持,为它的正确发展方向提供有力的思想保证。社会主义精神文明建设的根本任务,是适应社会主义现代化建设的需要,培养有理想、有道德、有文化、有纪律的社会主义公民,提高整个中华民族的思想道德素质和科学文化素质。通过《中共中央关于社会主义精神文明建设指导方针的决议》,我国政府明确了发扬诚实守信的精神是社会主义精神文明建设的重要内涵之一。

1996 年 10 月,中国共产党第十四届中央委员会第六次全体会议通过了《中共中央关于加强社会主义精神文明建设若干重要问题的决议》。该决议指出,当前社会中,一些领域道德失范,假冒伪劣、欺诈活动正在成为社会公害。这是我国第一次在纲领性文件中把“假冒伪劣、欺诈活动”与“社会公害”联系起来，将公民诚信建设提到了更加突出的位置。决议还指出，要从大局着眼，认真解决当前精神文明建设中干部和群众普遍关心的五个问题。在这五个问题中，其中之一是要坚决纠正损害群众利益的行业不正之风，反对假冒伪劣、欺诈行为，大力提倡诚实守信的职业道德，努力培育明礼诚信的社会之风。①

在古代，人们讲诚信主要强调个人的道德修养，正如孔子所言，“人而无信，不知其可也”，“诚”和“信”是不自欺、不外欺，内心世界与外部行为相统一的道德境界和追求。随着时代的发展，诚信的内涵也在发生着变化。特别是在建设社会主义市场经济的今天，诚信的内涵已越出了纯粹的“私德”范畴而进入到“公德”领域。今天我们理解的诚信，不仅仅是指个人的良好品质，更是建立在现代公民意识之上的一种“公德”。公民意识是权利责任意识、法制意识和道德意识等多个层面的统一，而诚信也应是公民意识的核心内涵之一，现代公民意识进入个人诚信，使个人诚信建立在国家与公民、个人与社会、公民与公民之间权利和义务相对平衡的基础之上，不仅可以改变以往诚信教育和实践只偏重私德的问题，实现“私德”与“公德”结合，同时也是时代发展和建设现代公民社会的要求，在社会经济交往中体现出的诚信，是以责任能力为基础的，是现代公民意识在社会经济交往关系中的必然要求和体现。一方面需要加强诚信道德教育，设计有效的诚信道德教育方式，宣传诚信、守信观念，培养社会诚信意识，通过建立普及诚信理念的教育机制，增强社会成员的信用意识。通过多种形式加强诚信教育，提高社会成员的诚信意识和诚信水平，强化诚信为本的价值观念。使个人成长与社会的兴衰有机结合起来。通过强化信用道德文化的宣传教育，结合公民道德规范的推广普及，重视信用道德文化建设，使全社会的人们都认识到诚信的重要性，强化诚信光荣，不诚信可耻的观念，形成诚信者受尊重，不诚信者遭鄙视的社会氛围。另一方面动员社会群体、社会成员共同参与诚信道德建设，使其在参与中提高自我教育、自我规范、自我约束的程度。我们应构筑起政府、企业、个人三大信用主体，搞好信用规范、信用文化、信用监督三大建设，努力建设包括政府信用、企业信用、个人信用组成的德法并举的诚信道德屏障，使诚实守信成为全社会的价值取向。在全社会宣传以诚信为内容的价值理念，即把诚信的思想体现在社会生活中，在全社会形成提倡诚信、推广诚信、实践诚信的价值体系。

近年来，随着社会主义精神文明建设的顺利发展，我国的诚信建设取得了重大进展。在构建社会主义和谐社会的思想指导下，通过多年对诚信的倡导与崇尚，“讲诚信、重承诺”正在成为公民的生活习惯，诚信之风正在吹拂中华大地。

---

① 中共中央党史研究室. 中国共产党历史大事记(1919.5－2005.12). 北京：中共党史出版社，2006.

案例链接

“信义兄弟”当选2011年感动中国人物

孙水林、孙东林兄弟是湖北省武汉市黄陂区泡桐镇人，从事建筑工程。2010年2月9日(农历腊月廿六)，在京、津做建筑工程的孙水林，驾车带着妻子、三个儿女和26万元现金从天津出发，准备赶回老家过年，同时给先期回武汉的农民工发放工钱。次日凌晨，孙水林一行行至南兰高速开封县陇海铁路桥路段时，由于路面结冰，发生重大车祸，一家五口不幸遇难。

孙东林为了完成哥哥的遗愿，顾不上安慰年迈的父母，在2月12日(腊月廿九)将工钱送到60多名农民工手中。由于哥哥的账单多已找不到，孙东林让农民工们凭着良心报领工钱，还贴上了自己的6.6万元和母亲的1万元。“新年不欠旧年账，今生不欠来生债。”孙水林、孙东林兄弟20年信守承诺，被人们誉为“信义兄弟”。

2010年2月24日，湖北省总工会授予孙水林兄弟俩湖北省五一劳动奖章；3月26日，全国总工会授予兄弟俩全国五一劳动奖章。

颁奖晚会上，“感动中国”推选委员会委员、住房和城乡建设部政策研究中心主任陈淮说：“这是一面镜子，这面镜子值得我们每个人照，值得我们这个社会照，值得我们把自己的心掏出来照。”

点评：“信义兄弟”用他们朴实的行动，倡导着道义的良知。

诚信原本是基本的道义良知，“当然，在现代社会，我们离不开制度化的构建以维系诚信的底线，只是这种诚信体现的是一种基本的现代规则，所依靠的是外在的约束力量。推崇如此制度化的诚信机制，却并不代表作为基本道义良知的诚信不再被珍视。一个是他律，一个是自律，如果这个社会只有他律，人们虽然也能做到互不侵犯，但人与人之间在精神上难有交集，人与人之间在心灵上仍将处于游离状态”①。

在传统中国，史家每逢下笔于基础道德不被坚守的时代，总会哀叹礼崩乐坏；西方国家也有新教伦理与资本主义精神的探讨。这些都表明，任何社会都离不开基础性的道德，即便人性的弱点能够依靠外在的社会规则予以约束，这种基础性的道德仍然不可离、不可弃，它让人心可以被凝聚而不再游离，让人人目光相向时不再默然、冷淡。人人遵守社会规则，不代表人人会因此彼此尊重、友善、真诚。

我们为“信义兄弟”所感动，因为他们的言行值得珍视，值得人人关注与探讨。哪怕是作为一种个体行为，也总可以通过报道与言说来增进其社会效应，进而填补我

① 曲芳兰.信任危机：一种无所不在的社会病.市场与价格.1994.

们社会情感的空白之处。当然,“信义兄弟”绝非完美得几近符号化的人,他们太平凡,他们恪守承诺也不是靠着超乎人性的激情。但正因如此,这份坚守了20年的承诺,又是珍贵的,它值得被拿到公众的视野中,让人们感动的同时,也促进人们思考:这种基本的道义良知如何能被人遵守,体现于个体中的道义良知如何能具备公共意义,能成为这个社会的基础道德。

不可否认,尽管“信义兄弟”的事迹广为传播,并不断为人言说,但并不表明作为普遍现象的欠薪能得到根除,更不表明各行业、各领域的人的言行都能因此而学会固守底线。“信义兄弟”之于“人心不古”的现状而言,是为人们带来了精神上的再次触动。触动还不足以成为一种根治的良药,但这种触动却是人们久经压抑的情感开始释放的表征,这至少是一个尝试着重拾基础道德的开始吧。

“新年不欠旧年账,今生不欠来生债”,这本该是一种普普通通的做人信条,但如今,这句话让人肃然起敬,让人异常感动。作为普通人的“信义兄弟”,迎合了这个时代的稀缺精神,也当为这个时代所尊敬。

2. 个人信用信息制度的建立与应用

从西方社会诚信建设的历史过程来看,个人信用信息数据库是整个社会公民诚信的建设基础。客观地讲,我国的个人信用信息数据库建设工作较西方社会而言是相对滞后的。

目前,我国的个人与企业征信系统已基本覆盖了企业和个人在金融系统的信贷信息以及环保等方面遵纪守法的信息,已成为金融机构审办信贷业务不可缺少的环节。

(三)经济诚信建设方面

随着社会主义市场经济的不断发展,我国在政治、经济、文化及社会生活方式等方面都发生了深刻而持久的变化。然而在这一变化过程中,由于我国目前经济诚信建设还不令人满意,政府法制、诚信制度不够完善,导致了企业信用状况不佳,假冒伪劣、坑蒙拐骗等诚信失范之事频频发生。这不仅严重阻碍了我国社会经济的长远发展,而且与WTO所倡导的以信用为基石的现代市场经济相去甚远。著名经济学家萨缪尔森讲:“市场是没有心脏和大脑的,因而不能指望市场自身能够自觉地意识到它自己所带来的严重社会不平等,更不能指望市场来纠正这种不平等。”①近年来,为了顺利地与国际接轨,融入世界经济一体化进程,党和政府进一步加强我国的经济诚信建设,在企业诚信建设、市场诚信体系建设、经济诚信法律体系建设等方面都取得了可喜成就。

---

① 李令明. 非市场失灵理论与中国市场经济实践. 上海. 立信会计出版社,1996.

1. 企业诚信建设的积极进展

(1)企业诚信建设外部环境明显改善,信用奖惩机制逐步建立

企业诚信建设是企业的问题,也是社会的问题。社会环境既能够推动企业诚信建设,也可以制约企业诚信建设。近几年来,随着我国经济的发展,各部门、各地方积极建立社会信用体系,企业诚信建设环境得到了较大改善,失信行为得到有效扼制。各地区、各部门正在逐步建立本地区、本系统的信用信息数据库。上海、北京、天津、浙江等省市建立了多个政府部门的信用信息共享机制。国家质检总局在山东等地开始建立质量信用档案试点工作。这些都表明我国以信用信息为市场监管体系的模式正在形成。

(2)企业不断重视诚信建设,创新诚信管理模式

企业诚信管理已经突破了单纯的道德规范的范畴,不断转变为企业新的管理职能,成为企业发展战略的重要内容。许多企业开始制定诚信建设目标,建立诚信管理体系。中国企业联合会 2006 年的调查显示,83% 的企业已经或正在制定企业员工的诚信行为准则;64% 的企业有明确的诚信建设目标。信用评级、信用评估、道德准则制定、社会责任报告等都不同程度被纳入企业诚信管理目标。

(3)企业信用风险防范制度逐步健全

中国企业联合会 2006 年的调查显示,75% 的企业对商业伙伴进行信用管理,主要方式有信用评级、建立档案、评估和计算机数据库等。企业获得商业伙伴的信息渠道为:通过银行或金融机构的占 75%,通过行业协会的占 69%,通过行业内企业交流获取信息的占 66%。企业重视对商业伙伴信用进行监控和管理,说明企业信用管理的普及程度有了较大提高,企业通过多种途径了解和获取相关信用信息,信用管理的基础工作得到加强。

(4)企业重视职业道德管理,积极履行社会责任

企业制定了职业道德规范类管理文件,涉及股东、员工、消费者、商业伙伴、行业、社会、政府等利益相关方。职业道德管理主要通过教育、培训、激励和约束等方式得以落实,一些企业还引入道德监察官制度,建立了利益冲突解决和道德问题处理机制。而且大多数企业认为履行社会责任是经济发展和社会进步的必然要求,它们愿意通过履行社会责任树立良好的企业形象。

2. 市场诚信体系的建设

诚信是信用的基础。市场经济中的诚信度高低并非完全取决于个人的道德水平,而更多取决于诚信制度是否完善。就我国当前情况而论,在加强诚信建设,建立健全社会信用体系方面,完善法律约束机制首先是要完善信息披露制度,增加信用市场的透明度,尽量减少信息的不对称。其次,要建立健全企业与个人的信用评级制度,规范市场信息传递机制。解决信息不对称的问题,有赖于建立健全信用主体的信

用评级制度，特别是要建立企业与个人的信用评级制度，同时以立法的形式尽快建立所有企业和个人的信用档案。此外，信息的披露中，政府信息的公开是其中最重要的方面。市民的直接注视、聆听与参与，将使他们获得知情的权利；实行政务公开，提高决策透明度，让人民群众直接了解政府的各项决策，可以消除在政策上的不平等，也可以让我们的市民正确地行使主人翁的权利。

近年来，各地区各有关部门按照中央治理商业贿赂领导小组《关于在治理商业贿赂专项工作中推进市场诚信体系建设的意见》，结合各自工作实际，从建立市场诚信记录信息库、构建市场信用信息公开共享平台、培育信用服务市场、健全失信惩戒和守信褒扬机制、营造市场诚信道德文化环境等方面，积极推进本地区、本系统市场诚信体系建设，进一步提高经营者的诚信意识，促进企业诚信经营。

案例链接

一段时期以来，各地纷纷建立符合国家政策法规的信用记录网络监管系统。以广东省为例，“广东省守合同重信用企业网上公示系统”正式启用，打造专门针对企业合同信用信息的征集和公示平台；“广东省建筑市场诚信信息平台”已录入上万家建筑企业信息，与“全国建筑市场诚信信息平台”相连接实现数据同步；“广州企业法人基础信息共享系统”平台数据库涵盖了工商、质检、国税、地税4个部门，涉及所有企业基础数据和主要信用信息，已有50个部门接入共享交换平台。广东省在深入开展治理商业贿赂专项工作中，始终高度重视推进市场诚信体系建设，围绕全省经济社会发展大局，坚持政府推动和市场化运作相结合，宣传教育与法治建设相结合，总体设计和分步推进相结合，不断加强政府、企业和个人信用建设，培育公平竞争的市场环境和公正透明的政务环境。不久前，广东省治理商业贿赂领导小组专门召开全省市场诚信体系建设工作会议，提出在信用信息公开共享建设、信用市场培育、长效机制建设、诚信环境建设和改革创新五个方面采取措施，努力构建具有广东特色的市场诚信体系。为解决全省性社会组织、省属国企、医疗机构的信息共享问题，广东省信息中心建立了省级数据中心系统互联网服务网站，为各单位提供统一的信息报送平台，目前已有31个省级单位实现信息共享和定时更新，共享信息达128类逾亿条。广东省企业信用信息网系统依托省电子政务数据中心，实现了从数据采集、数据整理、信息发布到信息反馈全过程的自动化处理，并提供统计分析与信息比对功能，为企业管理相关业务提供支持。

点评：随着市场经济的深入发展，这种征信平台会更加完备，会让违法违规者付出更加高昂的代价。

案例链接

在宁夏回族自治区公共、经济、影视、少儿等电视频道，电视观众都能看到“抵制商业贿赂，共铸信用宁夏”系列公益广告。这是宁夏为深入推进市场诚信体系建设，营造诚实守信、风清气正良好氛围的一项具体举措。结合近年来自治区发生的商业贿赂大案要案，宁夏还开展了“重拳治贿·立信于诚”警示宣传教育活动，确定了23个专题，在《宁夏日报》、宁夏电视台、宁夏廉政网等媒体开设专题栏目和节目，深入开展警示宣传教育，努力在全区创建公平竞争、守法经营的发展环境。紧密结合推行廉政风险防范管理和工程建设领域突出问题专项治理工作，宁夏在深入开展治理商业贿赂专项工作中采取有力措施，积极推进市场诚信体系建设。2010年8月31日，宁夏回族自治区政府专门召开了推进市场诚信体系建设工作会议，对做好当前和今后一个时期治理商业贿赂工作特别是推进市场诚信体系建设提出明确要求。为全面掌握全区推进市场诚信体系建设的基本情况，自治区治理商业贿赂领导小组办公室就向自治区各行业主管(监管)部门、司法机关、行政执法部门及公共服务机构、行业组织印发了《关于认真做好推进市场诚信体系建设问卷调查的通知》，通过问卷调查的方式进一步了解全区市场诚信体系建设情况。

点评：市场经济本身就是诚信经济。政府监督，会使这种诚信更有保证。

3. 经济诚信法律保障体系的完善

在诚实信用的生成方面与产权密切相关的还有另外一种制度保障，这就是法律。法律是诚信的支点，在建立健全社会诚信的过程中，法律的作用不是万能的，但法律不作用其中更是万万不能的。

近年来我国的法律中经常提到“诚信信用”这一道德规范原则。对于具有强制力的法律规范而言，特别是在追求自由、公平的民事法律关系中，“诚信信用”原则起着补充作用。一个社会既需要诚信原则，又需要法律，作为一种道德规范，诚信调整的是法律调整不到，或者不能调整的地方。对于我国的经济诚信建设而言，法律保障体系的完善却又起到了监督和惩处的作用。

第二节　当前我国社会诚信建设面临的挑战

导　论

在中国传统文化当中，受到历史和现实因素的作用，一直以来有一个非常重要的特征，即封建专制，可以一言概之是“专制主义”。为什么会出现专制主义？因有“三纲六纪”：君为臣纲、父为子纲、夫为妻纲，是地维之所赖以主，天柱之所赖以尊。故传曰：君，天也；父，天也；夫，天也。《礼记》曰：君，至尊也；父，至尊也；夫，至尊也。君不仁，臣不可不忠；父不慈，子不可不孝；夫不贤，妻不可不顺。“专制主义”特别是绝对专制主义的特点是：政治斗争不要规则，不择手段，暗箱操作，实行非程序政治、谎言政治和暴力政治。在这样的社会环境中的诚信，是绝对服从与盲从，没有人敢怀疑各种权力，没有人能抵抗暴政，也就不存在当权者、长者对臣民、对晚辈的诚信。

1978 年党的十一届三中全会，吹响了中国改革的号角，中国社会从此进入了全面改革的社会转型发展期。这个社会转型时期的主要特征是：从传统社会转向现代社会，从封闭社会转向开放社会，从计划经济转向市场经济。这场改革，深刻地冲击着所有原有的价值观念、道德体系等意识形态。在这个发展变化的过程中，中国社会的伦理道德经历了打破、恢复、融合、探索、重建的过程。

今天，中国社会在各个方面取得了辉煌的成就，也不可避免地需要解决许多长期积累、再也无法回避的社会矛盾和社会问题，如法治社会尚未完全形成，贪污腐败问题存在于某些领域，社会诚信度还较低等。

一、中国社会转型期诚信缺失的主要表现

名言警句：

言不信者，行不果。

——墨子

（一）当代中国诚信缺失现象透视

20 世纪八十年代以来，我国部分人群、领域的诚信缺失主要以经济领域为中心，向政治、教育领域扩散、蔓延，并渗透到人们的日常生活的各个方面。总体而言，当时我国的诚信问题程度还处于初期阶段。

21世纪,中国正以深化改革、坚持开放书写着辉煌的发展篇章。短短的10余年间,中国以前所未有的巨大变革震撼着世界。市场经济改革的日益深化,丰富了我们的物质生活。国人在尽情享受着经济高速发展带来的喜悦的同时,利益与道德的纠缠却无时不在困扰着人们。经济利益与道德礼仪孰重孰轻的问题,信仰危机和少数领导干部的贪腐行为引起社会的广泛关注和忧虑。

1. 经济领域的诚信缺失具体表现

检视现实社会生活,不诚信的现象在社会生活各领域的高发与泛化,强烈地预示着我们已濒临诚信严重缺失的社会信用危机中。

经济生活中不诚信现象最为突出,无论在产品信用、商业信用,还是金融信用上,皆有种种恶劣的表现。

如在产品信用方面:一方面是这些年虚假的广告宣传、产品的说明介绍、质量保证的承诺让人眼花缭乱,屡屡上当。另一方面假冒伪劣产品充斥市场,各种制假售假手法花样百出。比如高致癌的毒大米(陈化粮、民工粮)以及用这类大米加工制作的膨化食品,毛发水勾兑出的毒酱油,残留农药超标的蔬菜水果,剧毒高残留农药的“无公害”蔬菜,用“瘦肉精”饲养出的瘦肉型猪肉,硫磺熏、药水泡的“卫生筷”,不合格的一次性医疗器具,工业用酒精勾兑出的白酒,在下水道淘出的“潲水油”,三聚氰胺毒奶粉等。这些假冒伪劣商品侵犯的不仅仅是消费者的正当权益,甚至直接威胁到了消费者的生命安全。

在商业信用方面,这些年各种商品流通、经济交易行为发生过程中,坑蒙拐骗行为成了一些人发财致富的“法宝”,我国票据市场的失信和欺诈已经使票据成为资金风险的承载体和聚焦点,而利用合同进行诈骗已经成为市场经济的一大毒瘤,还有各种企业之间的三角债、经营者之间的拖欠赖账、偷税漏税、走私骗汇等。

在金融信用方面,企业信用记录,银行信用考评、信用记录,担保信用评估系统,政府失信惩罚规范等,虽然已经逐步建立,但还有很多不规范、不公正、不透明的地方,以致出现许多涉及企业、银行、政府之间的纠纷与官司;而在证券市场上,各种形式的造假也是层出不穷,编造报表、虚增利润、隐瞒重大事项、伪造银行对账单等各种形式的财务造假已经到了触目惊心的地步。

除此之外,一些服务性中介机构如会计审计、法律服务、评估监理、技术咨询、房地产中介等领域除了服务质量低下以外,还常常违反独立、公正、诚实的基本职业道德,这些现象已造成经济领域的混乱,严重扰乱市场经济发展的正常秩序。

2. 政治领域的诚信缺失具体表现

在政治生活领域的诚信缺失,既表现在领导决策及其执行过程中,也体现在党政机关及其公务人员思想、作风上。

具体体现在社会政策的制定、执行和政府行为上，一些党政机关还存在随意性，缺乏程序规范和严格的法治意识，以致发生诸多失信于民的现象。政治生活领域信用缺失另一个更为明显的表现是工作中要花架子、搞形式主义、浮夸虚报搞欺骗和弄虚作假。诸如“政绩工程”“升迁工程”和类似“数字出官”和“官出数字”屡见不鲜。值得指出的是，政治生活领域的这种不诚信现象常常与官僚主义、腐败现象如影随形。

(1)行政决策缺乏民主性和科学性，主观随意性大

决策能否做到公开、公正、透明，政府能否建立健全决策运行机制，既反映政府的决策能力和水平，又是衡量政府信用程度高低的尺度之一。按照行政决策理论，行政决策体制结构应是“公众参与、专家论证、政府决策”三角色相结合，但目前我国行政决策往往面临“民主性赤字”“科学性亏空”，主观随意性大。这一方面是由于在很多地区特别是贫困落后地区，社会公众的民主意识淡薄，百姓参政议政的机制或名存实亡或根本就不存在。另一方面，是由于一些行政机关或违背决策程序，没有通过有效的途径，广泛听取公众和专家的意见，或是决策研讨、论证、咨询实行选择性论证，用程序设计把不同意见排斥在外，对一些重大决策缺乏详尽的调查和周密的论证，这些年关于价格的听证会就是典型例子。当然，也不乏一些预谋私利的政府官员故意搞“黑箱操作”。由于决策民主性和科学性的缺乏，不仅造成社会公众对政策的不解或误解，增加了政策执行的成本和难度，还给国家造成巨大损失。据世界银行估计，“七五”到“九五”期间，我国投资决策失误率在30%左右，资金浪费及经济损失达4 000亿~5 000亿元，这是一个多么惊人的数字！按照全社会投资成功率70%计，每年因决策失误而造成的损失在1 200亿元。国家审计署2005年的报告称，在10家央企原领导人任期经济审计中，共查出涉嫌经济犯罪金额16亿元，而由于决策失误、管理不善等造成的损失却高达145亿元。因此，原国家审计署审计长李金华感慨道：“有些决策失误比贪污腐败更可怕。”“有的领导干部贪污几百万，最后被判了刑，大家拍手称快，但有的领导干部大笔一挥，造成决策或管理失误，可能一下就损失十几个亿。”①

(2)政策缺乏稳定性和连续性，政府承诺履约率低

在市场经济条件下，政策乃至法规、制度的重要功能之一是对市场主体的行为加以规范，使其产生明确的预期效益。因此，它可以说是指导人们经济活动的“指挥棒”，故而，每一项政策出台后都必须保持相对的稳定性和连续性。但当前我国一些政府部门的政策却存在短期性、随意性和私利性，政府对自己的行为出尔反尔，政策

① 李金华.有些决策失误比贪污腐败更可怕.中国青年报.2005-12-28.

朝令夕改，特别是随着政府部门主要负责人工作的变动而不断变换或中断，时常出现“新官不理旧官事”“一届政府一套政策”的现象，让人无所适从。这往往造成市场主体对交易结果或未来收益难以形成稳定的预期，而倾向于采用各种手段甚至非法手段追求短期效益，不仅导致市场秩序混乱，给地方经济发展和人民群众的利益带来巨大损失，也严重损坏了政府的形象和威信，令人民群众对政府的政策难以信任。同时，政府承诺后履约率也较低，政策环境相对滞后。主要表现为：政策落实不到位。许多单位部门利益严重，对本单位有利的政策就执行，不利的就变形，随意曲解政策，使政策优势大打折扣。有的更是搬“条条”上的具体规定多，执行党委、政府的政策少，出现了政策截流、政策梗阻现象。据某市有关方面的调查显示，有49%的私营业主对各种优惠政策的落实情况表示不满意。

(3)某些行政机关和工作人员执行政策失范，失信于民

行政机关和工作人员患得患失，缺乏进取，执行政策简单生硬，死抱着政策条文不放，服务不主动、热情，不能为基层和投资者排忧解难；有的部门工作中急功近利，将“刚性规定”变成“柔性操作”的问题，办事程序与审批手续裁而不减；有些干部作风飘浮，工作中敷衍塞责、欺上瞒下、从中作梗。

执法行为也亟待规范。一些行政执法部门及其工作人员的违法行政、越权执法、滥用权力、野蛮执法等问题仍然存在，“三乱一多”现象时有发生。有的执法不严，将执法过程“关系化”，以关系亲疏作为执法宽严的标尺；有的执法随意，以权代法、以情代法、以利代法；有的以罚代管，重收费、轻管理，重处罚、轻教育；有的方法简单，作风粗暴，举止不文明。一些部门和单位有令不行，有禁不止，利用职权乱检查、乱收费、乱罚款、乱摊派，甚至吃、拿、卡、要、报的现象仍屡禁不止。一些部门以协会会员费、管理费、办刊物杂志赞助费等名目向企业收费，有的中介机构收费弹性大，有的搭车、重复收费。一些执法部门随意到企业进行各种检查，企业对管理部门名目繁多、华而不实的检查十分反感。

案例链接

河南永城公路乱开巨额罚款 车主不堪重负自杀

2013年11月14日，河南永城一辆大货车，被当地运政、路政部门相继罚款，并且车主必须出示月票(每月给路政3 000元)和年票(每年给运政3 000元)才放行。当事女车主再三求情无果，当场服剧毒农药自杀，而执法部门只留下一句话：你死，你死跟我们没关系！女车主喝下了农药后车主家人赶紧寻求救援，路政执法人员却说，

你喝药跟我没关系，有事你找领导去，然后掉头就跑了。央视财经《经济半小时》记者揭开河南永城公路乱罚款黑幕，随后当地政府和运政部门介入事件调查，严肃处理了当事人，并向当事女车主当面道歉。①

点评：这个案例表明我国的法治建设还是取得了一定的成就，我国的社会诚信也在朝着良性的方向前进。

十八届三中全会已明确提出：整合执法主体，相对集中执法权，推进综合执法，着力解决权责交叉、多头执法问题，建立权责统一、权威高效的行政执法体制。

一方面，由于缺乏刚性制度规定，行政权力的界限比较模糊，一些政府机关内部职能不清，“作为”与“不作为”的界限不清晰；另一方面，受利益驱使，某些政府部门对有“油水”的事情，“不该作为”的强去作为，滥用权力，任意行政，造成错位和越位；而对于那些“无利可图”的事情，应该“作为”却不去作为，相互“推诿”“扯皮”“踢皮球”，导致“缺位”。这些非理性行政行为的大量存在，使得权力的运行处于相对无序状态，降低了行政效益，影响了行政行为效果，损害了政府权威。

案例链接

河北青年回乡办护照遭遇办证难

据新华社电 河北省公安厅2012年10月12日晚间通报称，针对媒体报道的该省武邑县公安局出入境工作人员态度粗暴、刁难办证群众问题，根据干部管理权限，衡水市武邑县纪委、监察局已经对涉事民警和主管领导分别予以党纪、政纪处分。

中央电视台2013年10月11日《焦点访谈》报道，户口在河北武邑的小周，目前在北京工作。去年底公司要派他出国，需要办因私护照，由于在北京缴纳社保不足一年，按规定他必须回户口所在地办理。至今，大半年过去了，小周返乡5次，可护照一直没有办下来，每次都被告知需要补充不同的材料，且办事人员态度蛮横。报道细数了小周补办的证明：1. 无犯罪证明；2. 公司在职证明；3. 公司营业执照；4. 公司外派人员资格证明；5. 本地身份证。而实际上，像小周这样的普通公民办理因私护照，其实只需要提供身份证和户口本及复印件，然后就是照了照片填了表就行了。上述那些办事人员让他补办的证明，除本地身份证外，其他的依法都不需要。②

点评：诚信建设首先需要政府工作人员身体力行，率先垂范。

---

① http://news.sina.com.cn/c/2013-11-30/220528856686.

② http://www.51979.com/news/china/201310/12103388512.shtml.

(4)行政命令背离国家的法律、政策,政绩造假不断

有的地区或部门,权力在握,却无视法纪法规,要么强制摊派集资,增加群众的额外负担;要么随意设卡收费,搜刮民财。有的地区或部门,为了谋取自身小集团利益,或搞政策敷衍,阳奉阴违;或搞政策利用,钻空攫利;或搞政策附加,土政策“捆绑”公共政策;甚至搞愚民政策,封闭中央或上级的声音。有的官员和部门为了政绩光鲜,片面追求经济的高指标、高速度,把主要精力用于劳民伤财的“面子工程”“形象工程”“扶贫工程”,搞政绩造假,欺上瞒下,于是出现了“官出数字,数字出官”的逻辑,严重影响政府的公信力。

(5)地方保护主义盛行

一些地方政府从本地区的局部利益出发,为了当地的经济发展和财税收入,无视市场规则,实行地方保护主义。有的为了保护本地区企业的市场垄断地位而层层设卡或禁止外地产品进入本地市场;有的则明知是制假贩假企业却任其发展,甚至为其充当保护伞。湖南凤凰古城强制搭车、捆绑式收取门票就是很恶劣的案例。

案例链接

凤凰古城打包收费

新华网长沙2014年3月31日电(记者 明星)“免费凤凰游”将成为历史,因为进入凤凰古城游览从4月10日起要收费了。今后游客需要购买148元的门票,方能进入凤凰古城核心景区。同时,凭票参观的景区也由古城景区一地,扩展到古城周边的南华山神凤景区。新的门票方案一出,惹来一片争议声。

新的门票方案公布后,很多只想在凤凰古城漫步的游客在网络上发帖表示“由于费用增加,将重新考虑自己的行程安排”。为了减少调整带来的影响,凤凰县政府也推出了优惠措施应对:门票有效期为3天,长住游客只需在售票处确认后,门票有效期就可根据需求延长。对于重复来凤凰旅游的游客,一年以内无须重复购票,且购票达到三次者终身免票。

景区管理者认为,同样是148元的门票,调整后,游览的内容更为丰富,不仅有古城景区,还新增添了南华山神凤景区,属于“提质不提价”,游客没有反对的道理。凤凰县副县长蔡龙表示:“凤凰古城旅游的内容,应该包括凤凰的自然山水、历史文化、民俗风情等多方面体验,仅仅一个古城的山水观光,不能代表凤凰旅游的全部。”

但上述措施仍引来各界质疑:以前在古城漫步不要钱,现在为什么“进城”就要收费了呢?一些评论指出,从以前的“景点收费”到现在的“只要进入古城区就要收

费”,消费者的选择权已经被完全剥夺,这无异于一种强制消费和变相涨价。蔡龙对此回应说,现在游客进入凤凰古城风景名胜区,花了 1 个 4A 级风景名胜区的票价,看了 2 个 4A 级景区,事实上给了游客更好的体验。

“通过整合景区资源、购买通票将游客留在凤凰,虽然表面上促进了消费,但实际上会对客流量造成损失。”在凤凰经商的黄先生道出了商家们的普遍看法,他认为,148 元购买的景区通票,普通游客要花三天左右的时间才能参观完,而很大一部分来凤凰旅游者并非都具备充足的游玩时间,并且也不一定都对所有的景点感兴趣。商家们担忧“捆绑销售”的做法,将引起游客的反感,从而导致大量客源流失,影响自身利益。①

点评:违背市场价值规律,试图用垄断去寻租,注定要受到市场的惩罚。

(6)司法不公依然存在

司法公正是司法工作的永恒主题,也是对法治国家最起码的要求,更是社会公正和文明社会的最后一道保障。它的基本内涵是,司法活动要做到公开、合法、公正。但从我国目前的司法实践来看,确实存在着司法不公正现象。司法不公既有实体上的不公,也有程序上的不公,具体体现在四个阶段三个方面,即立案、侦查、起诉、审判四个阶段和司法腐败、司法专横、司法软弱三个方面。其中,有法不依、法外融情、徇私枉法、权钱交易,办理“人情案、关系案、金钱案”最为严重,它造成一定程度的冤案、假案、错案,严重影响司法机关在公众心目中的形象,甚至影响法律的权威性。其中震惊全国的杭州张辉、张高平叔侄强奸杀人冤案就是一个典型。

(7)腐败现象屡禁不止

腐败是政府失信的集中表现,可以说,是政府失信中最损害政府公信力和形象的行为,也最被人民群众所诟病和深恶痛绝。近年来腐败现象屡禁不止,特别是出现了高官腐败和集团腐败趋势。邓小平曾指出:“要整好我们的党,实现我们的战略目标,不惩治腐败,特别是党内的高层的腐败现象,确实有失败的危险。”②为此,近几年我党出重拳严惩腐败。据不完全统计,中国共产党保持惩治腐败的强劲势头,坚决查处了薄熙来、陈良宇、刘志军、杜世成、郑筱萸、陈绍基、王华元、黄松有、王益、康日新、黄瑶、许宗衡等一批省部级以上高官。在新一轮既打苍蝇又打老虎的反腐运动中,周永康、徐才厚等原中央政治局常委、委员成为被打的大老虎。这些贪腐高官被查处,表明我国的反腐维护诚信建设取得了阶段性成就,体现了党和政府反腐的决心与信心。

---

① http://finance.southcn.com/f/2013-04/23/content_67601720.htm.

② 中共中央文献编辑委员会.邓小平文选.北京:人民出版社,1993.

除此以外，政府诚信缺失现象还表现在：工作中的官僚主义作风；对特大责任事故的隐瞒不报；搭企业改制之便流失大量国有资产；违法拆迁、乱占耕地、擅自改变土地用途，侵犯人民群众合法权益等。

由此可知，政府诚信缺失现象还比较严重，这些失信现象的存在不仅直接影响了市场经济的健康发展，而且败坏了社会风气，导致社会诚信环境恶化；不仅损害了政府形象，导致公众对政府产生信任危机，而且直接影响我国的国际形象，恶化投资环境。

3. 社会生活领域的诚信缺失具体表现

由于信仰的缺失、价值观的扭曲和惩戒机制的不完善，不诚信现象在社会生活的各个领域都有相应的表现，且愈来愈严重。特别是在职业生活领域，敬业精神与诚实劳动在相当部分人中失去以往的崇高价值，浙江吴英非法集资诈骗案即是典型一例。在个人生活领域，许多人在市场经济的大潮中迷失了自己，急功近利、言而无信等，这些不诚信社会现象的空前泛滥，使得社会信用正面临严峻的危机考验。

近年来，我国出现的严重的诚实信用缺失现象主要表现如下。

(1)个人信用缺失

个人信用是日常人们交往的重要基础，信用以诚实为基础。没有信用，人们的联系无法想象，社会也难以正常发展。近年来，在个人信用方面出现了许多失常，有的人为了自己的利益，不惜违背信义，出尔反尔，甚至制造假学历、假证件蒙骗组织、蒙骗社会，造成极端恶劣影响。市场中出现缺斤少两、以劣充好、以假充真、买卖不规范现象。可见个人信用失常的危害。

(2)组织信用缺失

由于市场经济的出现，人们不免出现利益追求的盲目性，造成个人失信，乃至影响组织的健康发展。组织是个人和社会发展的纽带，是个人和国家发展中的重要桥梁。组织的失信尤其是政府的某些失信对社会发展更是不利。有的地方政府为了地方经济利益，搞地方保护主义，排斥外来经济。甚至有些地方政府官员违反国家政策，乱收费，乱罚款，富了自己，穷了百姓。有的利用职务之便，敛财，搞腐败，买官卖官等，严重影响了政府的形象，使人民群众对政府、对组织失信。民间流传着这样的话："混政府的钱、买政府的官，混更多的钱、买更大的官。"

政府信用缺失也影响了企业的正常发展。有些企业生产假冒伪劣产品，搞商业欺诈，偷税漏税，伪造票据，虚假宣传等。国家质检总局为进一步引导企业树立守信便利、失信惩戒的理念，加强对失信企业的监督管理，会分批公布伪造、变造、买卖检验检疫证书(包括原产地证书)的企业，并将这些企业列入严重失信企业名单，对其违法行为按照规定进行处罚并严加监管。

案例链接

中磊会计师事务所财务造假被罚　40余家上市公司受牵连

编者按:随着证监会对A股上市公司万福生科公司财务造假案的披露,颇有名气的中磊会计师事务所被撤销其证券服务业务许可,使得一批以中磊为审计机构的上市公司也受牵连。近日,包括河北宣工等上市公司已经宣布解聘中磊。统计显示,目前包括还在排队的拟上市公司在内,预计有40余家公司将更换审计机构。

据WIND数据统计显示,截至2012年12月31日仍有44家上市公司的审计机构为中磊会计师事务所

日前,证监会对万福生科造假案的行政处罚尘埃落定,此次处罚对中介机构尤其是项目负责人的处罚力度前所未有。除万福生科以及相关中介机构被罚外,监管机构还拟对为万福生科做审计的中磊会计师事务所进行处罚。

在对中磊会计师事务所提出的惩罚措施中,包括没收业务收入138万元并处以2倍的罚款、撤销其证券服务业务许可证,对签字会计师王越、黄国华给予警告,并分别处10万元、13万元罚款,均采取终身证券市场禁入措施;对签字会计师邹宏文给予警告,并处2万元罚款。①

点评:在市场经济的激烈竞争中弄虚作假,注定是搬起石头砸自己脚的愚蠢行为。

二、中国社会转型期诚信缺失的种种危害

随着我国社会经济的快速发展和社会主义市场经济体制的建立,利益主体多元化、社会组织形式多样化、社会生活方式多样化、就业岗位与就业形式多样化日趋明显,这些正在潜移默化地改变着人们的思想观念、思维方式、行为方式、价值取向。然而商品经济的负面影响,使一些人一切以“利”为目的:理想理想,有“利”就想;前途前途,有“钱”就图。为谋取一己私利而放弃诚实的做人根本,唯利是图,见利忘义。在当今的社会环境中,各个领域大量充斥着背信弃义的现实案例。经济领域的假冒伪劣;文化市场中的盗版侵权、伪科学、伪技术乘机泛滥;人际交往中的相互不信任;更可怕的是在社会政治领域中,以权谋私、钱权交易、以权代法、贪赃枉法、索贿受贿等。人们对社会中普遍存在的不诚信现象习以为常,造成人际关系的危机、冷漠,以

① http://finance.ifeng.com/a/20131129/11189190_0.shtml.

至于我们都感到“活得累”。社会诚信意识的弱化和丧失，给社会发展带来了极为严重的恶果。具体表现如下。

（一）经济领域中的不诚信严重危害着社会主义市场经济的健康发展

首先是商业信用危机。在经济领域中，尤为使人痛恨的是制假贩假，我们几乎每个人都受到假冒伪劣产品的危害。再有就是随意解除合同、不履行合同的现象很严重。如今在一些地方，经济领域的犯罪活动逐步升级，从最初的造假，发展到前些年的走私，再发展到近几年的骗税，出现所谓的“骗税经济”。一位曾经声名显赫的“亿万富商”就这么赤裸裸地说过：“务农的不如做工的，做工的不如经商的，经商的不如借钱的，借钱的不如不还的。”

缺乏信用对整个经济的发展造成了严重的损害。专家估计，我国市场交易中由于缺乏信用体系，增加了无效成本在国内生产总值的比重，影响国家经济的发展。新加坡有 350 万人口，每年去新加坡旅游的外国人达 600 万。外国人在新加坡旅游的消费 70% 用于购物。新加坡的物价比香港一般贵 5% ~10%，为什么人们爱在新加坡买东西？重要的原因在于那里不准卖假货，没有伪劣商品。每一件金首饰都出具品质保证书。重要的大件商品，有的商店甚至保证，如发现属于伪劣，从世界上任何地方来退货，商场都可以负担来回机票。人们在新加坡买东西放心，即使物价贵一点也能卖得比别处多。新加坡的事例说明，在市场经济中，道德和诚信是真正值钱的。在我国经济生活中，困扰我们的还有“三角债”，有的根本就不是无钱还债，而是谁遵行“还债之天经地义”的信条谁就吃亏。“毁约如废纸”，一本正经签订的合同、备忘录、协议书，什么时候觉得吃亏了，就什么时候把它撕个稀巴烂，好像从未有过这回事。

案例链接

合同履约每年不足 30%

辽宁省工商局合同处处长张钧告诉记者，该省每年合同签约量平均在 3 000 万份左右，但实际履约却不足 30%，这个数字让人惊讶，而由于毁约造成的损失更是十分惊人。有数字统计，我国因合同失信平均每年损失达 5 000 亿元人民币。履约率低、拖欠货款现象严重、合同欺诈成风，这一系列因合同失信造成的严重后果，对于发展中的企业可谓致命打击，即使对已具规模的大企业的发展也形成障碍。①

① http://news.sina.com.cn/c/2005-12-13/05187691197s.shtml.

点评：可见诚信建设意义多么重要。

其次是金融信用危机。现在大量资金不能与产业迅速有效结合，根本原因在于没有金融信用，使金融企业放贷投资如临大敌，寸步难行，使担保者提心吊胆，如履薄冰。对企业没有信用记录，对银行没有信用考评，对担保者没有信用评估系统，对政府没有失信惩罚措施，使得银企合作大都停留在空谈和良好的愿望上。

再次是产品信用危机。虚假的广告宣传、宣传人员的信口雌黄、产品的说明介绍、质量保证的承诺都让人眼花缭乱，屡屡上当。假货、劣货、水货很多，不法厂家、商家自以为是的小聪明、小伎俩，总是拿消费者、合作方当阿斗，自己是孔明，能骗则骗，能哄则哄，能宰则宰。中国企业联合会的最新资料显示，我国每年因逃废债务造成的直接损失约 1 800 亿元，产品质量低劣和假冒产品所造成的各种损失达 2 000 亿元。由于诚信缺失所造成的经济损失十分惊人。

（二）政治生活中的不诚信严重影响了政府在公众中的形象

我国政府在国际事务中一向说话算数，在国内各种重大问题上也是言必信，行必果。然而近年来，一些政府部门、领导干部在行使权力的过程中，却在有意无意地损害着政府的信用，侵蚀着政府的权威。主要表现为：政策反复、浮夸造假、官员违法、政令不行、政府不作为、与民争利等。从一定意义上说，当前社会生活中不讲信用行为的泛滥，与一些地方和部门的诚信失范、无所作为乃至推波助澜不无关系。

政府信誉贯穿于政府与公众的整个互动关系中。政府的每一项政策，官员的一言一行，都在展示着政府形象，关系着政府信用。在市场经济浪潮冲击下，一些干部不讲诚信，讲排场，对工作马马虎虎，敷衍塞责，对普通百姓的疾苦安危和呼声漠然处之，不闻不问，而热衷于自己“先富起来”，沉浸于迎来送往、握手言欢的哈哈声中；喜欢搞“文体搭台，经贸唱戏”的花架子，追求轰轰烈烈、忙忙碌碌的表面文章。孜孜以求于“电视上有影，报纸上有名，电台上有声”，捞取政治资本，扩大个人影响。对人民群众的冷暖麻木不仁。

一些领导干部甚至急功近利，认为老百姓的生老病死、失业贫困等问题属鸡毛蒜皮，下的力气再大也难彰显政绩，无关领导干部的“形象”和“升迁”。如安徽省副省长王怀忠为使自己飞黄腾达，大搞形象工程和政绩工程，使地方财政背上 20 多亿元的债务包袱。党员干部队伍中存在的腐败现象是时下公众反映最为强烈的问题，严重破坏了党和政府的形象，严重影响了党和人民的血肉联系。最可怕的是不诚信在某种程度上已成为一种生存环境，一些人不守诚信而不受任何惩罚，反而得到好处。当谎言和虚伪在一些时候总是比真实诚信更适合某种环境并具有更大的生存优势时，老实人就必然吃亏，这样就必然导致更多的人在更大的范围内选择不诚信。信用仿佛一条细丝线，一旦断了，想要再接起来，难上加难。

（三）个人交往中的不诚信损害了人际关系的和谐

孔子说："民无信无以立。"韩非子说："巧诈不如拙诚。"管子说："诚信者，天下之洁（关键）也。"可见诚和信是中国传统的道德规范，其实也是整个人类共同遵守的行为准则。然而，许多人在市场经济的大潮中迷失了自己，急功近利，言而无信，客观上导致了人与人之间相互不信任，相互欺骗，扭曲了人与人之间的真诚关系，使人们陷入怀疑一切的境地。

素有社会精英荟萃之地的大学校园，同样可以看到那一处处虚伪失信的"风景线"，从高校的领导和一些学术权威到普通教师、青年学生，都有这种作假之风的始作俑者和积极参与者。近年来，虽然科研经费增加迅速，我国大学的科研表现却并不令人满意。科研论文数量仅次于美国，但重复研究和学术掺假侵蚀着大学的肌体。2010 年 1 月 9 日，国际著名医学期刊英国《柳叶刀》杂志发表《造假：中国需采取行动》的社论，第一句话就直指最近曝光的中国学术论文造假事件。原本应该视学术创造为生命的学者，原本最讲究体面和尊严的学者，为什么会置这一切于不顾而去参与学术造假？如果不把学术造假的诱因挖出来，进而采取措施将其根除，那么，由"中国制造"向"中国创造"的转变之路将异常艰难。近年来，随着新闻媒体的不断披露，大学学术腐败引发社会对大学学术秩序的广泛关注。然而，要从根本上消除大学学术腐败，仅有关注是不够的。目前，我们迫切需要对学术腐败进行整体的现象梳理，分析其制度诱因，分门别类地采取措施。

学术造假指剽窃、抄袭、占有他人研究成果，或者伪造、修改研究数据的行为。近年来，就有西安交大六教授举报该校一名长江学者造假、江西井冈山大学教师钟华和刘涛国际学术期刊造假、武汉理工大学副校长博士论文抄袭等诸多事件被披露。还有无偿占有研究生的劳动，如中南大学信息物理工程学院教授陈真诚涉嫌怂恿研究生抄袭他人论文的事件披露后，人们看到了某些导师和研究生之间关系的"冰山一角"。有些导师指派研究生到自己的公司里工作，以"研究"为名，无偿占用学生劳动，挤占了他们的学习和研究时间。以前只在研究生中传播的"故事"，开始在社会中扩散。科研经费使用不当也较为突出。为了提高科学技术水平，我国政府多年实施"科教兴国"战略，大学科研的整体水平和科研条件都发生了质的变化，但暴露的问题也很多。项目负责人违规使用经费、横向课题收支缺乏规范，败坏学校声誉，借协作科研之名，将科研经费违规划拨关联机构和自己的公司……这些问题的广泛存在，不仅给大学的社会形象带来严重影响，而且一直困扰着中国大学科研的效率和水平。教育部、财政部联合发布的《关于进一步加强高校科研经费管理的若干意见》文件中所列举的问题都是近年来被社会广泛批评的学术腐败现象。

案例链接

张曙光参评院士涉嫌学术造假

2013 年 9 月 10 日，原铁道部副总工程师、运输局局长张曙光法庭上一席供述，引发舆论哗然。他称当年收受企业 2 300 万元，是因参评院士“需要花钱”。中科院次日发声明称，张曾两次参评落选，未曾收到过与张“花钱参评”相关的投诉。根据《新京报》记者调查，张曙光曾为“组织科研成果”花费不少。他参与院士评选的个人著作，涉嫌由专家团队在集中时间段内集体完成。另据了解，张曙光被铁道部推荐为院士候选人时，时任部长刘志军“集全系统之力”力挺。虽然张两次参评落选，不过曝出的院士制度问题也再次被关注。①

点评：把造假者、违法乱纪者绳之以法，才能保证诚信建设的顺利进行。

考试作弊、抄袭论文、枪手替考、拖欠学费、欠贷不还、随意违约等严重缺乏诚信的现象大量存在。有一个日本教师到中国来，发现怎么有这么多学生作弊，引发了《南方周末》等报纸的讨论。作弊也是践踏、玩弄游戏规则，是一种考场上的腐败。我们仿佛已经看到了这些作弊学生的未来，因为触犯游戏规则而遭到惩处的必然是少数，许多作弊高手到了社会上也还会作弊，不过这回可能是行贿，也可能是受贿，也可能是贪赃枉法，当然也还会有落网的，有漏网的。发生在大学生身上助学贷款有贷不还的问题，造成银行发贷款顾虑重重，如履薄冰。除此，“偷盗、赌博、酗酒闹事、犯罪、破坏公物”等，都是大学生不讲诚信的基本表现。

从基金黑幕到考试作弊；从当年南京冠生园陈年馅月饼事件到金华敌敌畏火腿；从假烟假酒假名牌到毒米毒面毒瓜子；从普通人恶意透支到官员言行不一、道德败坏；从股市造假见怪不怪，到会计事务所等中介机构“猫鼠同道”；从企业“三角债”雪球般越滚越大到地方政府对投资者“关门打狗”、出尔反尔；从为人师表的大学教授剽窃他人论文到足球“黑哨”吹痛亿万球迷的心；从假新闻到假爱情……假到人的精神领域。普遍的失信现象像瘟疫一样侵蚀着人与人之间的信任以及人们对社会的信心。古代的时候，一个村落是一个城堡。现代的时候，一个人就是一座城堡。丧失诚信使我们社会正在付出巨大的成本。因此，在全社会范围内，落实《公民道德建设实施纲要》，从道德上、制度上确保诚信升值，消除欺诈、失信。诚信对于每个人来讲是衡量其品德的重要标尺；对企业来讲关系到它的兴衰成败；对国家来讲是一个民族综

① http://www.bjnews.com.cn/news/2013/09/13/283329.html.

合素质的体现,更是现代文明的标志和基石。一个有道德的人是受人们尊敬的,一个国民道德品格高尚的国家是强大的,有竞争力的。

马丁·路德认为,一个国家的繁荣,不取决于它国库之殷实,不取决于它城堡之坚固,也不取决于它的公共设施之华丽;而在于它的公民的文明素养,即在于人们所受到的教育,人们的远见卓识和品格的高下。这才是真正的利害所在,真正的力量所在。世界银行前任行长克劳森认为,经济发展的背后是人们的行为准则,即道德判断,它最终决定了经济发展所能达到的水平。正如中科院院士杨叔子所讲:"一个国家,一个民族,如果没有现代科学,没有先进技术,一打就垮;而如果没有优秀的历史传统,没有民族人文精神,不打自垮。"在一个没有信用的社会里,人与人之间相互防范,相互猜忌。你打交道的每一个对手都是你的假想敌。真诚的赞美被怀疑成"蒙汗药";无私的帮助被怀疑为陷阱;诚挚的忠告被怀疑为挑拨离间;有意无意的一瞥,会被疑心为谋害的暗号;你衷心相信的,没准恰恰是你的敌人!这将是一个怎样的世界呢?道德滑坡成为社会健康发展的败血症。

(四)社会生活中的不诚信动摇了国家的根基

诚信是文明社会的根基。党的十八大对诚信建设提出了具体要求,指出要深入开展道德领域突出问题的教育和治理,加强政务诚信、商务诚信、社会诚信和司法公信建设。诚信是和谐社会的要求。在市场经济的利益驱动下,社会上出现了失信毁约、制假贩假、坑蒙拐骗、欺上瞒下等诚信缺失现象,少数国人甚至把一些丑陋行为带到境外,致使我国几千年礼仪之邦的文明美誉遭到质疑和嘲讽。"国之威,民之信",化解诚信危机,重塑诚信风尚,已经成为13亿中国人共同的责任和愿望。

三、中国社会转型期诚信缺失的主要原因

当今社会诚信缺失现象形成的原因是多方面的。有历史的根源,也有现实的根源;有体制方面的,也有非体制方面的。

市场经济是根据市场的需求来优化资源配置,由市场来调节人们需求,其实它是一种道德经济,凭人们的道德良心买卖和交往。但由于经济体制转轨过程中,配套措施不健全,缺乏法律制度的约束,出现了一些无信用、无道德的现象,表现为损人利己,损公肥私,阻碍了社会经济的发展。

社会转型期诚信缺失的原因,从历史上追溯,最主要是受到"文化大革命"的负面影响。"文化大革命"不仅导致经济到了崩溃的边缘,而且搞乱了人们的思想,这是产生信任危机的一个重要原因。其次,市场经济本身是一把双刃剑,市场经济中的逐利本能是一个重要原因。为什么市场经济成熟的国家也仍然存在失信的问题,原

因在于市场的本质是资源的有效配置以实现最大收益，最大收益的获得不可避免面临着诚信与失信的挑战。再次，诚信与市场经济密不可分，完善的社会诚信制度是完善市场功能、促进市场体制健康发展的有效保证，尤其对于促进其可持续发展有着重要的作用。而社会转型期正是由于市场经济制度的不完善导致诚信问题日益突出。

社会转型期存在诚信失信问题的原因，主要有以下方面。

（一）缺乏对违规人的硬性法律约束

在我们的制度环境中，违约、不讲信用行为的收益常常大于守约、讲信用行为的收益。维权的成本很高而违法的成本很低。任何人的经济行为都是在一定的约束条件下的理性行为。这种理性行为可能有三种情况，一是既有利于个人也有利于社会；二是有利于个人，但不利于别人或社会；三是既不利于个人也不利于社会。人们会做出怎样的选择很大程度上取决于制度环境。良好的制度环境能塑造人的高素质，让人们知道该怎么做或不该怎么做。否则，谁还会去守信用呢？

（二）政府行为不规范造成信用危机

某些政府官员利用转轨过程中有关制度建设的不到位搞以权谋私的腐败行为和弄虚作假等，直接损害了政府的形象，使过去清廉政府下人民群众对党和政府的信任遭到破坏，比如买官卖官、公款吃喝、包养情妇、行贿受贿等，败坏了党和政府在人民群众心中的威望。有些地方政府搞地方保护主义，对假冒伪劣商品的生产和销售纵容和庇护；不履行政府签订的合同，重收费轻服务等行为直接伤害了人民的利益和感情。

（三）理想和信念动摇

它既存在于一部分普通百姓（和青少年）之中，也存在于一部分领导干部之中。对共产党人来说，对高级领导干部来说，理想信念的动摇是最危险的动摇。正是理想和信念出了问题，才会导致诚信缺失和腐败分子的滋生。列宁说："对于社会主义思想体系的任何轻视和任何脱离，都意味着资产阶级思想体系的加强。"有些贪官认为，共产主义在中国是"不可能实现"的，又何必为它鞠躬尽瘁、死而后已呢？于是入党时的誓言统统都忘记了，想到的是一个赤裸裸的"我"字，坚信"政治是虚的，理想是远的，权利是硬的，票子是实的；要去掉虚的，扔掉远的，抓住硬的，捞到实的"。于是腐败分子就开展了一阵疯狂的"捞钱运动"，捞钱后再转移到国外。总之，理想和信念动摇、变异，造成社会诚信危机和官德失范。理想是精神的支柱，信仰是行为的源头，当一个领导干部在这两方面发生危机时，就会步入歧途，就会同"三个代表"重要思想背道而驰。"严重的问题是教育干部"，毛泽东的这句话永远不过时，而教育的重点就是社会主义和共产主义的政治信仰问题。人不该为活着而活着，应该为信仰和理想而活。当务之急是建立一种稳定而持久的信仰。

（四）官德失范

尽管崇尚诚信是中华民族的美德之一，但由于社会发展的历史原因，这种美德并没有成为一种普遍的国民意识。一方面，长期的封建统治，形成了以本位利益为社会标准的社会意识。在这种意识支配下，凡是符合本位利益的都是对的，为了一些利益可以不择手段，平等互利的原则始终没有成为国民的主流意识。另一方面，千百年来长期的人治社会，官本位、长官意志、家长作风盛行，加之长期的农业经济，自由散漫的小农意识渗透于政治经济文化的各个领域，没有形成按规则办事的执政意识。重说教，轻惩罚。诚信始终只是一种崇高的理想，并没有成为现实的国民素质。

不能否认的是，作为身负一方民望的官员，他们还有“开民智、启民德”的责任，职位越高，百姓期望越大，其垂范之责也必然相应提高。治国必先治吏，自古及今，官员们的言行都对社会公众产生不可估量的导向作用，官风正则民风正，官德毁则民德降，“上梁不正下梁歪”，长官之德也必然影响“下官”德行。中国人有“以吏为师”的传统，很难想象当下一些“精英阶层”以权谋私、诚信缺失的道德“示范”作用，这种“双重人格”会给人们的品德发展带来深刻的影响。以至于“讲话的领导是真的，领导的讲话是假的；领导有一颗跳动的心是真的，说领导有一颗红心百分之百是假的”。从这个角度上讲，端正民风有赖于体现社会公平与正义的“官风”支撑。基于社会上官德失范现象严重，习近平总书记要求各级领导干部要始终保持谦虚谨慎、不骄不躁的优良作风，保持奋发有为的精神状态，保持清正廉洁的良好形象，时刻注意自重、自省、自警、自励，严格自律，率先垂范，真正做到为民、务实、清廉，保证把人民赋予的权力用来为人民谋利益。以习近平新时代中国特色社会主义思想为指导，立党为公，执政为民，提高各级官员拒腐防变能力，同时又必须加强对人民群众的社会主义道德教育，不断提高全体人民的思想道德素质。既要提高官德又要提高民德。其中官德的提高尤为重要，官为民之表率，官风决定民风，领导干部是从群众中产生的，他们的道德行为理应成为群众诚信的楷模。可以说修好官德是消除内忧的关键。官德的失范会削弱执政党在群众中的威信；会制约经济发展，会造成思想混乱，使社会失去精神动力；会引起整个道德的滑坡，使道德沦丧；会破坏法律的公正，使社会处于无序状态；会对社会心理稳定形成巨大的冲击波。腐败实质上是人的道德的堕落，是腐败主体没有恪守自己的职业道德。党风不正是导致社会风气不正，诚信缺失的重要原因，官德是赢得民心的重要砝码。

（五）法制不健全、打击不力

我国现有的法律法规，无论是对个体私营企业的制假售假，还是对国有企业的恶意欠债逃债，又或者是对上市公司欺骗公众投资者、“巧取豪夺”等行为的打击制裁不到位，力度相当有限，客观上纵容了不讲诚信的企业。例如，对制假售假，《中华人民共和国产品质量法》规定：生产、销售不符合保障人体健康和人身、财产安全的国家标准、行业标准的产品，责令停止生产、销售，没收违法生产、销售的产品，并处以违法生产、销售产品（包括已经售出和未售出的产品，下同）货值金额等值以上三倍以下罚款；有违法所得的，并处没收违法所得；情节严重的，吊销营业执照；构成犯罪的，依法追究刑事责任。

在产品中掺杂、掺假，以假充真，以次充好，或者以不合格产品冒充合格产品的，责令停止生产、销售，没收违法生产、销售的产品，并处以违法生产、销售产品货值金额百分之五十以上三倍以下的罚款；有违法所得的，并处没收违法所得；情节严重的，吊销营业执照；构成犯罪的，依法追究刑事责任。

从这些规定可知：对于大多数假冒伪劣产品的生产商来说，处罚主要以罚款为主。在稽查力度有限和规定不够详细的现实约束下，假冒伪劣产品的生产销售者只要 10 次中有 5 次，甚至只要有 3 次能够逃脱处罚，就有利可图。所以，从查处的制假售假案件来看，屡犯、惯犯多，在一定的程度上也表明目前的惩处力度并不足以使制假售假者感到害怕。

另外，在我国目前的法律制度中，与信用有关的法规主要有《中华人民共和国民法通则》《中华人民共和国合同法》《中华人民共和国担保法》《中华人民共和国票据法》《中华人民共和国刑法》等，但是还没有一部完整的、系统的规范信用活动的专门法律，也缺乏相应的法规、制度。长期以来有法不依、执法不严、违法不究的现象较为严重，因而对社会经济生活中的企业信用行为缺乏“硬约束”，致使目前社会上许多企业钻法律的空子，借改制之机恶意逃废债务等。

中国传统的诚信教育一贯重形式、重说教，轻惩罚、轻落实，失信约束惩罚机制弱化。许多“焦点访谈”“大案要案”听起来触目惊心，处理结果往往令人大失所望。上海社保基金案中陈良宇受贿金额超过了千万元，而且由此造成的巨额损失，至今也无法追回，却仅仅被判处有期徒刑 18 年，甚至惩罚力度还不如盗窃犯罪重（许霆案与其基本同期）。这种不正常的惩罚，对贪腐分子根本没有威慑作用。当失信的收益高于相同的资源和时间从事其他活动所带来的收益时，市场主体就会选择违约。

（六）社会诚信意识淡薄

民间有句话叫：“无商不奸，无奸不商。”经商需要奸猾，只有不守信用才能赚到钱，这种思想根源是产生信用意识淡薄的基础。目前由于我国的个人信用体系尚未健全，因个人的不诚信而影响了商业信用和银行信用的健康发展。对国有企业而言，借钱不还是企业的事，不是个人的事，借钱不还对企业生产经营活动以及企业高级管理人员毫发无损。在商业交易中，应付货款拖欠不还、到期贷款不予偿还、贷款利息不予清偿大量存在，国有企业借款偿还的信用意识十分淡薄。

要从根本上解决社会诚信缺失，不仅要靠舆论监督、思想教育，更要靠行政职能部门的监管和处罚。软性的批评对那些坏了良心的人来说，几乎是对牛弹琴。对于那些道德败坏，丧失良知的人来说，一次严厉的处罚要胜于千万声谴责。更重要的是，不论制定怎样的法律，也不论处罚规定多么严厉，终究还要落实得力。如果行政不作为，再好的法律也是一纸空文。每年“3·15”维权日虽然深入人心，假冒伪劣产品仍然层出不穷，对消费者的伤害也从未停止过。

案例链接

广州大米镉超标事件现疑云 专家称监管存漏洞

中广网北京2013年5月18日消息　据中国之声《央广夜新闻》报道，俗话说“民以食为天”，吃饭，那是咱们中国人的头等大事，不过，这两天，在广州，有些朋友在这个问题上会有些犹豫，为什么呢？因为不知道要吃的那碗饭会不会有点不踏实。

前天，5月16日，广州市食品药品监管局的网站公布了第一季度餐饮食品抽验结果，其中一项结果是：44.4%的大米及米制品抽检产品发现重金属“镉”超标。金属镉被国际癌症研究机构列为强致癌物质，而且它在人体的积蓄潜伏可以长达10～30年，可以导致肾脏等器官发生病变，还可能引发骨痛病，甚至影响下一代的健康。因此，这样的抽验结果公布以后，大家都很想知道，镉到底是来自何方？哪些品牌的大米或米制品有问题？不过，广州食药监局的随后的回应是，只能公布数据，不方便公布具体名单。

17日夜里，当地终于公布四家抽查单位，分别是：广州市太洋海鲜酒家有限公司大米镉含量不合格，检测结果是0.4 mg/kg；广东外语外贸大学南国商学院食堂大米镉含量不合格，检测结果是0.31 mg/kg；广州市海珠区燕南飞美食店米粉镉含量不合格，检测结果是0.21 mg/kg；仲恺农业工程学院第一食堂排粉镉含量不合格，检测结果是0.22 mg/kg。我国2005年10月实施的《食品污染物限量》强制性国家标准中规定：白米中的镉含量最高不能超过0.2 mg/kg。对比这样的标准，我们会发现就以公布的这四家来看，最严重的整整超标一倍。①

点评：这种伤天害理的行为必须坚决打击。

假冒伪劣产品屡禁不止的原因主要有以下两个方面。

首先，市场经济的负面影响常常导致信用的价值与价格的偏离。

① http://china.huanqiu.com/local/2013-05/3947047.html.

现代市场经济早已被定义为“信用经济”，这就要求在任何交易活动中都需要以一定的信用为基础。信用关系缺损，市场机制就不可能有效运行；信用关系扭曲，也会降低市场的有序性，市场经济就难以发展。但是市场经济从它诞生的那一天起就从未离开过欺骗、欺诈、假冒伪劣等不诚信和不法行为。这是为什么呢？因为市场经济是通过市场实现资源配置的，这种运行机制是以商品和货币的交换为最基本的特征。这种交换实际上是商品所有权的转让，亦即信用的转让。一件商品的价格为100元，也就是说，它里面包含的劳动价值等于100元，它体现的信用也是100元。买主用100元购买这件商品，等于同时购买了100元的信用；卖主出售商品，也等于同时出售了100元的信用。从这个意义上讲，有形物与无形物，即商品和信用是等价的，它们通过市场的交换实现“自我”的价值。但是，如果这件100元的商品其实没有包含100元的价值，也就是说价格与价值发生了偏离，那么，买主花费100元买到的信用也不值100元，这里就存在欺诈，就产生了“信用危机”。而事实上，在市场经济条件下，商品的价格与价值并不是总相一致的，它总是围绕价值上下波动的，这就导致物化为商品的信用的价格也是如此。只是如果市场主体人为地不尊重价值规律，破坏等价交换原则，那么这种偏离就会更远，信用危机就更严重。事实上，信用作为商品，其价值与价格不仅在理论上存在着分离的可能，而且在现实中也往往是分离的，特别是在市场经济发展的初级阶段，这种偏离所导致的诚信缺失更加严重，更加难以避免。但是，随着市场经济的不断完善和发展，它将逐渐好转。正如恩格斯指出的那样：“现代政治经济学的规律之一就是：资本主义生产越发展，它就越不能采用作为它早期阶段的特征的那些小的哄骗和欺诈的手段……这些狡猾的手腕在大市场上已经不合算了，那里时间就是金钱，那里商业道德必然发展到一定水平，其所以如此，并不是出于伦理的狂热，而纯粹是为了不白费时间和辛劳。”①

其次，诚信建设的法律基础薄弱，纵容了企业的失信行为。

法律制度对诚信的维系主要是通过两种途径：一是界定人们的利益、权限和责任，即事前规制企业和个人的行为；二是事后仲裁和惩罚，通过失信惩罚机制的设立，做到“违法必究”，加大企业和个人失信的成本，迫使其行为趋向诚信。应该说改革开放以来，我国的法制建设加快了步伐，取得了很大的进展。但是有关诚信建设的法制基础依旧很薄弱，从我国目前已经颁布的法律法规来看，尽管《中华人民共和国民法通则》《中华人民共和国合同法》《中华人民共和国担保法》《中华人民共和国票据法》《中华人民共和国反不正当竞争法》《中华人民共和国刑法》等法律法规都与诚信有关，但是还没有一部完整的、系统的规范信用活动的专门法律，而且在已有的法律

① 马克思，恩格斯. 马克思恩格斯选集第4卷. 北京：人民出版社，2011，419－420.

法规当中虽然有规范诚实守信的条文,但权利的设置大都较粗糙,且不便于操作;而对违规的惩罚规定则看似具体,却缺乏必要的稽查和处罚力度,这就纵容了失信行为的发生,为诚信危机的发生创造了机会。

第三节 中国社会诚信建设的展望

导 论

作为当代中国道德文化建设的重点,我国的社会诚信建设工作依据诚与信各自的特质,结合我国经济发展的实际,在理论教育上遵循由诚而信的逻辑,在实践中则从重信、守信入手;充分发挥领导干部和政府在诚信建设中的作用,防范政府和官员失信行为;以建立与完备的社会主义市场经济相适应的诚信道德体系,形成完备的社会维信体系和全民诚信的社会风尚为诚信建设的终极目的、根本的价值目标;以着重个体道德水平的培养,提高个体信用水平为当前诚信建设的具体价值目标。

一、加强中国社会诚信建设的重要意义

在社会生活中,诚信不仅具有教育功能、激励功能和评价功能,而且具有约束功能、规范功能和调节功能。就个人而言,诚信是高尚的人格力量和社会交往最基本的底线;就企业而言,诚信是宝贵的无形资产,是市场经济必须恪守的基本原则;就社会而言,诚信是正常的生产生活秩序和社会良好发展运行的保证;就国家而言,诚信是国家综合国力的重要组成部分和良好的国际形象。

一是要加强社会主义核心价值体系建设。要深入开展社会主义核心价值体系学习教育,用社会主义核心价值体系引领社会思潮、凝聚社会共识。大力弘扬民族精神和时代精神,深入开展爱国主义、集体主义、社会主义教育。倡导富强、民主、文明、和谐,倡导自由、平等、公正、法治,倡导爱国、敬业、诚信、友善,积极培育社会主义核心价值观。

二是要全面提高公民道德素质。要坚持依法治国和以德治国相结合,加强社会公德、职业道德、家庭美德、个人品德教育,弘扬中华传统美德,弘扬时代新风。推进公民道德建设工程,弘扬真善美、贬斥假恶丑,引导人们自觉履行法定义务、社会责任、家庭责任,营造劳动光荣、创造伟大的社会氛围,培育知荣辱、讲正气、作奉献、促和谐的良好风尚。深入开展道德领域突出问题专项教育和治理,加强政务诚信、商务

诚信、社会诚信和司法公信建设。

三是要丰富人民精神文化生活。要坚持建设优秀传统文化传承体系，弘扬中华优秀传统文化。开展全民阅读活动。加强和改进网络内容建设，唱响网上主旋律。普及科学知识，弘扬科学精神，提高全民科学素养。广泛开展全民健身运动，促进群众体育和竞技体育全面发展。

四是要增强文化整体实力和竞争力。发展哲学社会科学、新闻出版、广播影视、文学艺术事业。加强重大公共文化工程和文化项目建设，完善公共文化服务体系。促进文化和科技融合，发展新型文化业态，提高文化产业规模化、集约化、专业化水平。构建和发展现代传播体系，提高传播能力。扩大文化领域对外开放，积极吸收借鉴国外优秀文化成果。

深刻领会党的十九大报告，我们必须充分认识加强中国社会诚信建设的重要意义。

第一，诚信是国家政府的立国之本。国家的主体是人民，国家的主权也归属于人民。中国古代政治伦理强调“民唯邦本，本固邦宁”“民为贵，社稷次之，君为轻”“得民心者得天下，失民心者失天下”，认为国家的领导者应当以诚心诚意的态度和方法取信于民，进而达到人民安居乐业，国家太平清明。唐代魏征在给太宗皇帝的上疏中写道：“求木之长者，必固其本；欲流之远者，必浚其源；思国之安者，必积其德义。”（《贞观政要·论君道第一》）治国之道，在于贵德崇义，而德义的主要内容则是诚信。柳宗元说：“信，政之常，不可须臾去之也。”宋代司马光在《资治通鉴》中指出：“夫信者，人君之大宝也。国保于民，民保于信。非信无以使民，非民无以守国。是故古之王者不欺四海，霸者不欺四邻。善为国者不欺其民，善为家者不欺其亲。不善者反之，欺其邻国，欺其百姓，甚者欺其兄弟，欺其父子。上不信下，下不信上，上下离心，以致于败。”以上言论说明诚信是领导者治理国家的基本准则，诚信构成国德，支配国运，诚信是国家软实力的重要组成部分，没有诚信的国德就不能拥有长久而向上的国运。在现代社会，民主政治成为一种潮流和趋势，更要求把诚信作为治理国家的基本原则。政治的核心是权力。政治权力的历史形态是私权或集权，而民主政治下的权力是公权。公权意味着权力归人民所有，本质上是为人民服务的，权力的合法性来自人民的信任。失去人民的信任便失去了权力合法性的依据。我国是社会主义国家，建设高度的民主政治是社会主义政治文明建设的重要任务。

第二，诚信是企业和事业单位的立业之本。诚信作为一项普遍适用的道德原则和规范，是建立行业之间、单位之间良性互动关系的道德杠杆。诚实守信是社会主义职业道德建设的重要规范。诚实守信是所有从业人员在职业活动中必须而且应该遵循的行为准则，它涵盖了从业人员与服务对象、职业与职工、职业与职业之间的关系。

企业事业单位的活动都是人的活动,为了发展就不能不讲求诚信。因为发展既蕴含着组织本身实力和生存能力的增强与提升,又蕴含着组织与组织、组织与外部以及组织内部各要素之间关系的优化与完善。无论是组织本身实力和生存能力的增强与提升,还是组织内外关系的优化与完善,本质上都需要诚信并且离不开诚信。诚信不仅产生效益和物化的社会财富,而且产生和谐和精神化的社会财富。在市场经济社会,"顾客就是上帝",市场是铁面无私的审判官。企业如果背叛上帝,不诚实经营,一味走歪门邪道,其结果必然是被市场所淘汰。诚信是塑造企业形象和赢得企业信誉的基石,是竞争中克敌制胜的重要砝码,是现代企业的命根子。

第三,诚信是个人的立身之本。诚信是个人必须具备的道德素质和品格,是必须恪守的基本道德底线。一个人如果没有诚信的品德和素质,不仅难以形成内在统一的完备的自我,而且很难发挥自己的潜能和取得成功。程颢、程颐指出:"学者不可以不诚,不诚无以为善,不诚无以为君子。修学不以诚,则学杂;为事不以诚,则事败;自谋不以诚,则是欺其心而自弃其忠;与人不以诚,则是丧其德而增人之怨。"(《二程遗书》卷二十五)"诚"不仅是德、善的基础和根本,也是一切事业得以成功的保证。"信"是一个人形象和声誉的标志,也是人所应该具备的最起码的道德品质。孔子说:"信则人任焉。""人而无信,不知其可也。"诚于中而必信于外。一个人心有诚意,口则必有信语;心有诚意口有信语而身则必有诚信之行为。诚信是实现自我价值的重要保障,也是个人修德达善的内在要求。缺失诚信,就会使自我陷入非常难堪的境地,个人也难于对自己的生命存在做出肯定性的判断和评价。同时,缺失诚信,不仅自己欺骗自己,而且也必然欺骗别人,这种自欺欺人既毁坏了健全的自我,也破坏了人际关系。因此,诚信是个人立身之本,处世之宝。个人讲求道德修养和道德上的自我教育,培育理想人格,要求以诚心诚意和信实坚定的方式来进行自我陶冶和自我改造。中国古代思想家强调"正心诚意"和"反身而诚"在个人道德修养中的地位和作用,认为修德的关键是有一颗诚心和一份诚意。诚意所达到的程度决定修德所能达到的高度,正可谓"精诚所至,金石为开","天下无不可化之人,但恐诚心未至;天下无不可为之事,只怕立志不坚"。① 所以,中国人特别强调"做本色人,说诚心话,干真实事"。

习近平强调,培育和弘扬社会主义核心价值观必须立足中华优秀传统文化。牢固的核心价值观,都有其固有的根本。抛弃传统、丢掉根本,就等于割断了自己的精神命脉。博大精深的中华优秀传统文化是我们在世界文化激荡中站稳脚跟的根基。中华文化源远流长,积淀着中华民族最深层的精神追求,代表着中华民族独特的精神

---

① 金缨. 格言联壁. 延吉. 延边大学出版社,2001.

标识，为中华民族生生不息、发展壮大提供了丰厚滋养。中华传统美德是中华文化精髓，蕴含着丰富的思想道德资源。不忘本来才能开辟未来，善于继承才能更好创新。对历史文化特别是先人传承下来的价值理念和道德规范，要坚持古为今用、推陈出新，有鉴别地加以对待，有扬弃地予以继承，努力用中华民族创造的一切精神财富来以文化人、以文育人。

习近平指出，要讲清楚中华优秀传统文化的历史渊源、发展脉络、基本走向，讲清楚中华文化的独特创造、价值理念、鲜明特色，增强文化自信和价值观自信。要认真汲取中华优秀传统文化的思想精华和道德精髓，大力弘扬以爱国主义为核心的民族精神和以改革创新为核心的时代精神，深入挖掘和阐发中华优秀传统文化讲仁爱、重民本、守诚信、崇正义、尚和合、求大同的时代价值，使中华优秀传统文化成为涵养社会主义核心价值观的重要源泉。要处理好继承和创造性发展的关系，重点做好创造性转化和创新性发展。

习近平强调，要切实把社会主义核心价值观贯穿于社会生活方方面面。要通过教育引导、舆论宣传、文化熏陶、实践养成、制度保障等，使社会主义核心价值观内化为人们的精神追求，外化为人们的自觉行动。榜样的力量是无穷的，广大党员、干部必须带头学习和弘扬社会主义核心价值观，用自己的模范行为和高尚人格感召群众、带动群众。要从娃娃抓起、从学校抓起，做到进教材、进课堂、进头脑。要润物细无声，运用各类文化形式，生动具体地表现社会主义核心价值观，用高质量高水平的作品形象地告诉人们什么是真善美，什么是假恶丑，什么是值得肯定和赞扬的，什么是必须反对和否定的。

习近平指出，一种价值观要真正发挥作用，必须融入社会生活，让人们在实践中感知它、领悟它。要注意把我们所提倡的与人们日常生活紧密联系起来，在落细、落小、落实上下功夫。要按照社会主义核心价值观的基本要求，健全各行各业规章制度，完善市民公约、乡规民约、学生守则等行为准则，使社会主义核心价值观成为人们日常工作生活的基本遵循。要建立和规范一些礼仪制度，组织开展形式多样的纪念庆典活动，传播主流价值，增强人们的认同感和归属感。要把社会主义核心价值观的要求融入各种精神文明创建活动之中，吸引群众广泛参与，推动人们在为家庭谋幸福、为他人送温暖、为社会作贡献的过程中提高精神境界、培育文明风尚。要利用各种时机和场合，形成有利于培育和弘扬社会主义核心价值观的生活情景和社会氛围，使核心价值观的影响像空气一样无所不在、无时不有。

习近平强调，要发挥政策导向作用，使经济、政治、文化、社会等方方面面政策都有利于社会主义核心价值观的培育。要用法律来推动核心价值观建设。各种社会管理要承担起倡导社会主义核心价值观的责任，注重在日常管理中体现价值导向，使符合核心价值观的行为得到鼓励、违背核心价值观的行为受到制约。

二、中国社会诚信建设的原则

纵观世界各国的诚信建设之路，原则是诚信建设的纲领、关键之所系，有了原则就有了中心，诚信建设工作就易于成为一个有内在联系的整体。当代中国诚信建设之最终目的在于贯彻和落实科学发展观，建设社会主义和谐社会。为了推进我国的诚信建设，达到诚信建设的最终目的，就应当遵循以下原则。

（一）社会平等原则

社会平等是指人与人之间在政治、经济、文化等各方面处于同等的地位，享有同等的权利。

社会主义条件下的平等是：人民是国家的主人，实行的是社会主义公有制，"公民在法律面前一律平等"。恩格斯说："一切人，作为人类说，都有某些共同点，在这些共同点所涉及的范围内，他们是平等的，这样的观念自然是非常古老的。但是现代的平等要求是与此完全不同的，这种要求更应当是从人的这种共同特征中，从人就他的是人而言的这种平等中引申出这样的要求：一切人或至少是一个国家的一切公民，或一个社会的一切成员，都应当有平等的政治地位和社会地位。"①

当前，国家作为我国社会平等最重要的实践者，必须要在其诚信建设工作中，体现政府诚信，维护社会平等。基于社会平等原则，我国的诚信建设应当做到以下几点。第一，积极推动公民民主参政议政。公民基于民主意愿的参政议政是实现社会平等、保障公民权益的必要途径，同时也是体现一个国家政治诚信与否的重要标准。政府必须发扬民主精神，疏通和扩展民主渠道，增强开放度，坚持执行政务公开等制度。第二，应当明确政府与公民关系，明确政府的为民服务职责。在政府执政过程中必须做到，公民机会平等，官民享有平等的权利与义务，并在资源分配过程中，做到秉公执法。

（二）政府信息公开原则

从本质上说，政务信息是一种公共资源和社会财富，而不是一种垄断资源。在一个封闭的社会，政府往往将政务公开作为行使权力的一种方式，公民完全处于被动地位，没有人敢要求政府公开什么；而在一个开放的社会，政务公开是政府的一种法定义务，也是公民的一项基本权利。除了政府主动公开的信息外，公民可以依法申请公开其他公共信息，政府无正当理由不履行义务要受到追究。因此，"公开是原则，不

① 马克思，恩格斯. 马克思恩格斯选集. 第4卷. 北京：人民出版社，2011.

公开是例外”，将从根本上改变政府部门的工作思路和方式。

就我国诚信建设过程中的问题而言，政府信息公开原则，让公众获取充足的信息，能激发公众的社会主体意识和参与意识。过去，有的官员担心公众知情太多，会引起社会恐慌和混乱。例如，在非典灾难、松花江污染等突发公共事件中，有的官员错误地隐瞒事实真相，结果引起了更大的恐慌。事实证明，政府只有最大限度地公开信息，重大事情让人民知道，才能唤起民众的力量，彰显社会与国家的诚信。

信息公开也是最好的政治“防腐剂”。政府秘密越多，信息越垄断，权力寻租的空间就越大。官商勾结、权钱交易、欺诈失信等腐败现象，大都是“暗箱操作”所导致的。过去，很多官员习惯于能不公开就不公开，原因就在于此。而根据《政府信息公开条例》，除了国家秘密、个人隐私、商业秘密以外的政府信息，原则上都应向社会公开。这就意味着，在政府决策的过程中，所有阴暗的角落都将被阳光照亮。这是政府转变职能的重要契机，在法治力量的推动下，我们的政府向透明政府、责任政府、服务型政府迈进的步伐将更大。

（三）依法行政原则

在以政府为主导的后现代化国家，提出政府与诚信的关系问题并进行探讨研究，是非常有意义的。亚当·斯密曾指出，任何国家，只要她不具有管理的规范性和公正性，她的人民就不会享有财产的安全，契约信誉得不到法律的支持，她的商业和制造业要长期繁荣是不可能的。

依法行政原则是国家诚信建设的根本保证。政府诚信措施的成功实施，从根本上看，必须通过法律与制度的完善。诚信建设的重要前提和对策思路应是建立在依法行政基础上的制度创新。

第一，国家应建立和健全产权制度。产权制度的确立，是全社会诚信建设的经济基础，就政府而言，国有企业的改革是要理顺国家与企业的关系。从法理上说，企业都是法人的企业，即使是国家投资的企业，它首先也只是一个法人实体的经济组织。各种合法财产权利的主体，应该是平等的。只有在这样的前提下，各主体的交易才会相互诚信，并降低成本。

第二，国家应重视权力制约体制、机制的建设。没有制约的权力是极易腐败的权力，更不用说诚信危机的产生了。政府及其机关人员，也是“理性”的人，也有相对独立的自我利益，且也存在着追求利益最大化的问题。所以要在最大程度上减少政府的不诚信，就必须建立健全权力的约束机制和制衡机制，以及较为完备的组织体系和法制系统。

第三，国家应强化责、权、利“三位一体”的长链建设，使政府成为一个责任政府。行政机关的职权，从某种意义上说，就是它的职责。责、权、利三者是一条长链，缺少了职责的一节，行政长链就会断掉。在工作或工程中，出现过失或事故（包括可预防的灾难），如果行政首长连承担责任的勇气都没有，政府也就丧失诚信，公信力无从谈起。因此要加强与责任有关的制度建设。责任明确、赏罚有度，本身就具有诚信效应。

第四，国家应创立和发展诚信体系。借鉴市场经济国家的经验与做法，我们要建立的不仅是商业性的、社会性的诚信体系，还要建立政府的诚信体系。这样的诚信体系，就是一种信息化的档案（如不守信用者的黑名单）及其相关的管理制度。有了这样的诚信体系，就可加大失信者的交易或行为成本，并使诚信者利益最大化。政府要担负起维持市场秩序和社会秩序的公共管理职能，就要建设好行政诚信监管体系，为行政行为最优化提供组织保障。

（四）守信获益，失信受惩原则

历史与经验告诉人们，如果让人们发现欺诈所产生的实际收益大于其道德成本和物质支出时，诚信就不会成为他们当中绝大多数人自觉遵守的规范。只有使不讲诚信的人付出高昂代价，使其因为欺骗产生的成本支出远远大于其收益，才能从根本上遏制不讲诚信的人依靠不诚信获取私利的现象。要顺利地进行诚信建设，必须要将守信获益，失信受惩原则制度化。

就社会评价而言，其实诚信已经是社会生活对人的必然要求，同时也是一个人获得社会认可的前提条件。对于不诚信者，不仅要使之受到舆论的谴责，而且要在行为上受到制度的惩罚。通过这些办法，让每个公民都认识到，诚信是进入社会的通行证，那他自然就会去注意这些问题。不要期望通过简单的诚信教育，人们马上就能变得诚实起来，只要社会上存在着不诚信仍能使人获利的情况，公民就不可能真正变得诚实起来。诚信教育要取得效果，离不开社会评价机制的健全、教育制度的完善、用人制度的健全。尽快建立一个有利于诚信品质培养的守信获益、失信受惩的社会制度环境，为公民品德教育提供正确的制度导向对于国家诚信建设而言是非常重要与急切的。

案例链接

如果政府和政府官员没有诚信，社会将会怎样？

这个问题近来成为广大读者关注的焦点。一些政府官员的诚信度远未达到群众的预期。常见的现象是，某些政府官员对群众当面信誓旦旦，背后信义全无；更有甚者，一些官员将一时的承诺作为糊弄群众的权宜之计和投机取巧的手段，从根本上损害了群众的切身利益。有的地方政府先许以种种优惠政策招商,将投资者引来之后,又出尔反尔,不兑现事先的承诺,甚至干出坑害投资者的事情;有的地方政府部门在其掌管的项目实施中故意侵害承包施工方利益,让企业长期垫付项目费用而不予偿还,部分企业因此被拖垮、拖死;一些地方政府在移民工作中违背国家有关政策,先以种种承诺令移民搬迁,一旦达到目的,先前的承诺就大打折扣,给移民的生产生活造成极大困难……

江苏盐城向民众借款1亿修铁路16年后仍未还款

"16年过去了,盐城市政府至今都没有归还修建新长铁路的借款。"近日,有盐城市民反映,"为修新长铁路,1995年盐城市政府发出筹借铁路建设资金的通知,次年各县(市)区从单位职工工资中强行扣除借资款,金额高达1个多亿。"

据了解,1996年,因修建新长铁路,在财力紧张的情况下,盐城市政府通过行政手段,向全市百姓借款1.129 155亿元。

按照借款收据的约定,"所借资金在铁路五年建设期间不计息,铁路运营后按银行同档利率分三年还本付息"。

2005年,新长铁路建成投入运营。按照当初的承诺,此时就将开始还款,到2008年,政府所借款项就要还清。但新长铁路如今已运营7年,还款还没开始。为了让政府尽快还钱,不少盐城市(县)两级的人大代表、政协委员纷纷奔走呼吁,多次提案,督促政府还款。但每次得到的答复都是:"市政府很重视,会尽快解决这一问题。"官方回应称7月底前兑付借款本金及利息。

2012年5月22日下午,就媒体报道"向民众借款修铁路16年未还"一事,江苏省盐城市政府就还款事宜召开专题会议,宣布在6月底前清理核对所有借款对象台账,7月底前实现集中兑付,除1.1亿元的本金外,还有相应的利息,计息期限从2001年4月1日起至2012年6月30日止,按中国人民银行同档利率计算。

黑龙江兰西县向百姓借1323万修路款14年未还

1995年黑龙江省兰西县准备大修改建兰肇公路,因资金缺乏,县委常委会决定向社会"借资修路",县政府制定了具体的借资标准:机关、企事业单位的科级干部每人400元,副科级300元,职工200元,教师200元,农户130元,个体工商户100元,外来租住户由房东交纳100元。据统计,兰西县共向全县百姓借款1 323万修路,承诺3年还款,可14年过去了欠款依旧没还。

政府回应:2010年1月还钱

媒体在2008年5月曾对兰西县政府向百姓借款修路,13年未还款一事进行了详细报道。2009年12月记者从兰西县政府获悉,县政府向全县人民发布了《关于兰肇路借资还款实施方案的通知》(简称《通知》)。《通知》要求,钱款由县财政局在2010年1月末拨付完毕,2月10日前完成检查验收。目前,共确定87个发放单位,现已进入审核阶段。《通知》还要求,要确保把资金及时发放到位,不准截留、挤占、挪用、抵扣资金,以确保还款工作圆满完成,但记者在《通知》上没有找到涉及借款利息的字样。

官员赖账案例

邯郸市磁县公安局一级警督、原政委石景福(又名石景付)在任职期间向磁县村民张伏全两次借款共计40万元。8年来,债权人多次讨要无果,所种植的百亩耕地更是无心打理。目前,他空有一份经过两审胜诉的判决书,追债之路不知何时到头。

向别人借的东西要还,是小学生都明白的道理,可堂堂一个县公安局政委却对这个常理进行了颠覆。这位局长8年以前伸手向磁县村民张伏全"借"了40万,到现在时过境迁这么多年,仍不归还。讨要无门的村民,虽拿起法律的武器自救,但他空有一份经过两审胜诉的判决书,仍然没拿到一分钱,追债之路尚不知何时是个头。看到这里着实让人愤怒,堂堂一名国家干部,一名公安局的政委,竟然如此"耍流氓",这可就不仅仅是诚信缺失的问题,而是在挑战法律的权威。

40万元对于一个农民来说不算小数,至于这位政委是如何"借"来的还值得深究,为何"借"得如此巨款之后8年不还,何来如此胆量也值得考究,此外胜诉后的村民为何拿不到钱,是这位政委没有钱还,还是他拒不执行法院生效的判决?法院对这样的"老赖"为何不采取措施,不执行?官员欠债不还岂止是诚信缺失,实则是在"耍流氓"当"老赖"。"耍流氓"需要的是底气和胆量,这位政委的底气和胆量何来,有关部门是否能给公众一个说法?

大牌央企赖账案例

不久以前,杭州市江干区法院公布了一部分"老赖"名单。

这份长达5页的名单涉及22个案件27名被执行人,有各种合同纠纷等商事经济纠纷案件,有一些劳动争议(比如欠薪)、婚姻家庭纠纷(比如夫妻离婚财产分割,还有诸如哪个银行职员拖欠抚养费)等民事案件。

这里普及一下法律知识,这些案件都被称为执行案件,不是说企业或者个人一欠钱就会遭遇这样的曝光和打击,而是这些欠款已经由法庭判决确认,也就是说官司对方赢了,法庭认定这个就是你欠了人家钱,而后,无视法院判决,久拖不还。这样的案子才会进入强制执行,这样的对象才会被称作"老赖"。

江干区法院公布的名单中排在第一位的就是中铁十八局集团有限公司这样的大型国企,被控欠下杭州某金属材料公司2 300万元,加上利息总共是2 400余万元,去年的判决,至今中铁十八局分文未付,法院认为其违反了财产报告制度,并且有能力还款而拒不履行。

搜索一下可以发现,中铁十八局集团截至2010年,在建合同数量316个,合同总额1 099亿元,2010年底结转剩余在建合同额为553亿元。集团公司不仅承担了国内21条铁路大线的建设任务,同时在城市轨道交通方面已进入11座大中城市的建筑市场,公路、市政、水利水电等工程遍及全国30个省市自治区。

但通过网络查询也发现,中铁十八局集体作为“老赖”,已经不是第一次榜上有名,而是早有先例。2009年,四川达州法院公布的老赖名单、2012年青岛法院公布的老赖名单中,都有它的身影。另外一家央企是中铁港航局,欠某建设工程公司80多万元。它们欠的都是普通的建筑工程款和材料款。①

点评:诚信建设需要全社会所有的人从点滴做起。

三、中国社会诚信建设的展望

名言警句:

诚者,天之道也;思诚者,人之道也。

——孟子

改革开放以来,在我国经济建设的基本国策和经济全球化的双重推动下,我国的经济发展和社会生活正在快速融入国际社会。社会主义市场经济的深入发展,引发了我国社会生活的巨大变革。市场经济活动,包括商品的生产、经营和交换,体现出前所未有的活力和多样性。人们的思想和生活习惯在文化全球化的影响下,体现出丰富的内涵。

面对时代的新要求、新情况。我们需要准确而全面诠释的发展应该是和谐、全面、健康的发展;意识到作为经济、社会、精神健康和谐发展的基础和保障,诚信建设对当前新时期中国道德文化建设的重要性;认识到加强社会诚信建设才能够使市场经济得到快速和顺利的发展,竞争的基础或前提就是信用或诚信,只有加强社会诚信建设才能让中国从容面对激烈的国际竞争。

当前我国正处在社会转型期。社会转型意味着利益的调整、价值的重估、观念的

① http://news. xinhuanet. com/fortune/2013 -11/16/c_118165573. htm.

转变和体制的转换。由于新旧体制和社会结构转变过程中出现的法律建设的滞后、道德教育的盲区,社会产生了各种无序的利益追逐,“诚信”建设出现了许多新问题。

(一)我国诚信文化建设面临的新问题

1. 历史传统诚信文化面临的挑战

我国传统诚信文化的基础是以农业为本的小农经济社会和以宗法血缘组织为基础的宗法等级社会,这与当前以全球化、网络化、工业化、城市化等为基本特征的我国社会基础差异明显,传统诚信文化的现代转化面临着困难。

2.“逐利驱动”诚信文化价值盛行

当前我国处在尚未成熟发达的社会主义市场经济条件下,人们的利益意识日益觉醒,利益诉求日益高涨。但是各种法律制度不完善,钻空子、搭便车的漏洞客观存在,在巨大经济利益的诱惑下,人们就会选择成本低的失信行为作为牟利手段,诚信文化建设面临尴尬的境地。

3. 改革创新诚信文化制度建设缺乏制度支撑

当前我国正处在新旧社会体制和结构的转换过程中,与之相配套的许多社会诚信制度尚未建立或者难以发挥应有作用,使得诚信文化建设缺少制度支撑。

4. 诚信文化建设重形式轻视精神内涵构建

当前我国文化建设中存在较为严重的“重形轻神”倾向,比较强调文化建设的外在器物形式要素,而容易忽略其内在的精神气质要素。受其影响,当前的诚信文化建设也容易走向工具化、形式化的路途,其内在的精神价值和文化意义容易受到忽略。

(二)破解社会转型期我国诚信文化建设困境的基本思路

1. 诚与信的统合

诚信文化建设包括“诚”文化建设和“信”文化建设两方面,且两方面要齐头并进,不可偏废。离开了“诚”文化建设,“信”文化建设就会走向虚妄;离开了“信”文化建设,“诚”文化建设就会成为空中楼阁。

2. 统筹政商、社会和司法公信等多领域诚信文化建设

政务、商务、社会和司法各领域诚信文化建设不能单打独斗、孤军奋战,而应相互配合、有机贯通。要实现它们之间的统合贯通,应打破学科壁垒,融合哲学、政治学、经济学、社会学、法学等学科的知识、理论和方法。

3. 诚信建设需要革新观念及现代制度和技术的统合

诚信文化建设是一项系统工程。首先需要转变观念,对诚信的认识和理解要立足当前我国社会的发展和人的发展;其次,诚信文化建设必须获得制度的支持和保证;最后,诚信文化建设要充分运用现代技术成果,以现代技术手段为载体,以期取得建设的良好效果。

4. 诚信建设需要吸收、借鉴不同时期、不同国家的经验

我国有着悠久的诚信文化传统，我国古代和新中国建立后的诚信文化建设积累了许多有益的经验和深刻的教训，能为当代诚信文化建设提供历史资源和思想启迪。同时，各个民族又具有其独特性，所以诚信文化建设又要立足于我国的国情，结合当今时代特点，赋予其新的内涵和意义。同时，我国的诚信文化建设要认真汲取国外诚信文化建设的有益经验，以之为参考和借鉴。

5. 诚信建设需要外在与内在相结合

一要观念与行动的统合。诚信文化建设既要着眼于人们观念的转变，使诚信文化深入人心，又要立足于人们的行动，使诚信成为一种生活习惯和生活方式。

二要主体与客体的统合。诚信文化建设既要强调外在的制度和规范体系建设，又要注重人们内心的道德律和善良心的唤醒；既要强调他律的功能，又要强调自律的意义。

（三）整体推进社会转型期我国社会诚信建设的展望

建立社会信用体系，是整体推进社会转型期我国社会诚信建设的一个重要内容。这个社会信用体系，就是指一个国家已经成为征信国家，建立以完善的法律法规为前提，以信用信息开放为基础，以独立、公正且市场化运作的信用服务企业为主体，以健全国家对信用市场的监管和有效的惩戒机制为保障，形成对失信者的约束机制和社会环境。在我国经济社会全面转型期，加快建立健全社会信用体系有着特殊的重要意义。这个社会信用体系需要包括以下内容。

1. 一套较为完善的信用法律法规体系

这是我国建设社会信用体系的核心。市场经济发达的国家都建立了比较完善的信用法律法规体系。美国在信用管理上的相关法律法规已有 16 部，涉及信息采集、加工、传播、使用等各个主要环节。西欧发达国家不仅制定了与信用有关的国内法律，而且共同制定了在欧盟所有成员国内都有效的信用法规。我国的社会信用体系建设，一定要强调立法先行，这样才能保证社会信用制度的健康发展。

2. 建立信用数据技术支撑系统

这是建立社会信用体系的重要基础设施。目前大部分政府部门对信用信息严格屏蔽，信用服务机构或企业难以获得涉及企业的信用数据和资料，更无法得到消费者个人的信用信息，也就无法征集信用信息进行公正独立的商业化、市场化运作。建立信用数据技术支撑体系，要从整合行政资源入手，把工商、税务、海关、贸易、交通、质检、药监、环保、劳动人事、公用事业、公安、法院、银行、证券、保险等有关方面掌握的有关企业和个人信用的数据资料，作为重要的信用信息资源，有序开放，充分利用。

3. 培育现代信用服务体系

这是建设社会信用体系的关键。信用服务业具有智力密集、技术密集、专业化程度高、市场集中度高的特点，承担着信用信息收集、加工、处理和传递的功能，在防范信用风险、促进信用交易方面发挥着重要作用。应大力培育和发展一批具备较高执业资质和道德水准的独立公正市场化运作的信用服务机构。

4. 培育信用产品市场体系

这是建立现代信用体系的市场基础。目前我国信用市场发展滞后，供求矛盾十分突出，一方面社会和企业信用意识不强，对信用产品的市场需求不足，制约了信用服务行业的发展壮大；另一方面信用服务企业总体水平偏低，资质参差不齐，信用评估方法不规范，信用产品质量不高。要通过政府立法、行业组织制定行规来引导全社会对信用服务的需求。

5. 建立健全企业信用管理体系

这是扩大社会信用交易规模和提高信用交易程度的前提。信用是企业生存之本和竞争力之源，是企业最宝贵的无形资产。研究制定适宜中小企业的财务会计制度，为企业建立健全财务会计制度提供标准；以资金、质量、营销等管理为核心，引导企业强化内部管理制度和责任追究制度；引导企业建立以客户资信管理制度、内部授信制度和应收账款管理制度等为主要内容的信用管理制度，提升企业的信用管理水平。

6. 建立政府信用市场管理体系

这是建设社会信用体系的组织保证。与社会信用体系建设关系最为密切的行政执法和司法部门主要包括：工商、税务、海关、外汇、质量技术监督、人事、社会保障等行政执法和管理部门，公用事业部门（通信、供水、供气、供热），公安、法院等司法部门，银行、保险等金融部门。这些重点部门的主要工作：一是尽快普遍建立信用等级分类管理制度；二是建立行业或部门基础数据库；三是建立信用信息公开制度。要依法向其他执法部门和社会信用中介机构开放在执法和履行公务过程中收集或产生的有关信用信息，实现资源共享。

7. 建立社会诚信教育体系

这是建立社会信用体系的一项长期的基础性工作。开展诚信教育，是社会诚信教育体系建立的重要保证。应主要从以下三方面入手：一是认真贯彻《关于开展社会诚信宣传教育工作的意见》，在全社会普遍形成守信光荣、失信可耻的社会氛围；二是组织编写现代信用知识普及性教材，普及现代信用知识；三是在大学开设信用管理的研究生或本科专业，培养高层次的信用管理专门人才。

8. 建立失信惩戒机制，提高失信成本的法律惩罚

这是社会信用体系正常发挥作用的保障。对失信者和失信行为不能给予及时、有力的惩戒,就是对失信者的鼓励,对守信者的惩罚。应综合运用法律、行政、经济道德等多种手段,使失信者付出与其失信行为相应的经济和名誉代价,直至被市场淘汰;使守信者得到各种方便和利益,获得更多的市场机会,不断发展壮大。

我们所进行的道德建设,是社会主义的道德建设;我们所培养的具有高素质公民,是“有理想、有道德、有文化、有纪律”的社会主义公民。在全社会加强理想信念教育,增强全民族对马克思主义科学理论的信仰、对共产党领导发展中国特色社会主义的信任、对实现中华民族伟大复兴的信心,是社会主义道德建设的基础工程,能够有效地增强公民道德水准。核心价值观的作用在于最大限度地凝聚全体人民发展中国特色社会主义的政治共识,彰显社会主义制度优越于资本主义制度的重要特征。在当代中国,只有马克思主义指导下的社会主义道德,而不是与其他社会制度相联系的道德,才能够真正教育人民崇尚真、善、美,提高其道德素质。我们正视当代中国的诚信缺失现象,是因为我们必须要做好我国的诚信建设工作。

现实生活中的诚信道德领域的确存在着不少问题,甚至一些领域和一些地方出现了诚信危机,但这毕竟是支流,不是我国诚信道德建设发展的主流。诚信问题的凸现主要来自两个方面的原因:一是市场经济固有的缺陷性消解着社会诚信传统,市场经济体制不完善的负面效应冲击着人们的诚信观念;二是社会转轨时期出现的矛盾和问题,容易诱导人们在日常经济活动中选择不讲信用、欺骗欺诈、能带来局部的短期的经济效益的行为。随着社会主义市场经济体制和社会诚信道德体系的不断完善,社会生活中的诚信问题就会得到有效解决。

历史现状告诉我们,诚信是社会发展的基石。不论何时,缺乏诚信的社会,必将走向衰败。大力开展全社会范围内的诚信教育培训,积极营造诚信建设的社会环境和氛围,提高对诚信重要性的认识,普及诚实信用观念是当代中国的历史使命。我们应该加强诚实守信的职业道德教育,深入开展公民道德实践活动,增强政府、企业和个人的法制观念和商业道德观念,推动诚信文化建设。

当然,加强我国诚信建设,建立一个以政府信用为关键、经济信用为重点、法制信用为保障、群众道德信用为基础、教育信用为先导的社会诚信监督和保障体系,还需要一个漫长的过程,但只要我们能坚持诚信原则,弘扬诚信精神,不断寻求建构和完善现代社会信用体系,一个稳定、和谐、诚实守信的社会终将会在中华大地展现。

案例链接

农民工骑车撞死老人 死者家属放弃赔偿求轻判

“他还年轻,还要养家糊口,出来打工不容易……”6月下旬,当傅纪余托人对法官说出这些话时，连法官都吃了一惊。

此时，距离傅纪余母亲出事刚刚过去两个月。4 月 21 日，在浙江嵊州打工的贵州农民工杨光荣骑电动车上班，路过长乐镇福全村姚姆山自然村路口时，一不小心撞上了 80 多岁的老太太陈水何。老太太经抢救无效死亡。

陈水何的三个儿子悲痛之余，得知肇事者是个农民工，决定放弃民事赔偿，他们甚至主动替肇事者求情，减轻处罚。①

点评：普通平凡百姓的义举，闪耀着道德的夺目光芒。

案例链接

沈浩：践行信念

沈浩 2009 年病逝。沈浩是安徽省财政厅派驻小岗村的选派干部，其任职期间小岗村有诸多发展。在 2006 年底沈浩任职三年届满即将离开时，村民们派了十个代表，按下手印到安徽省组织部、财政厅，要求沈浩留在小岗村，再带领他们干三年。2009 年 11 月 6 日，小岗村党支部第一书记沈浩在小岗村临时租住的房子内去世，年仅 46 岁。沈浩的事迹，生动诠释了一名新时期党员的崇高境界，他那种对党忠诚、一心为民的坚定信念，爱岗敬业、恪尽职守的高尚情操，任劳任怨、乐于奉献的无私情怀，艰苦朴素、勤俭节约的优良作风，为人正派、忠厚老实的高尚品德，永远值得学习。省委决定在全省财政系统深入开展向沈浩学习活动。②

点评：共产党员的楷模，他是真正实践了鞠躬尽瘁，死而后已。

案例链接

孟佩杰：恪守孝道的平凡女孩

在贫困中，她任劳任怨，乐观开朗，用青春的朝气驱赶种种不幸；在艰难里，她无怨无悔，坚守清贫，让传统的孝道充满每个细节。虽然艰辛填满四千多个日子，可她的笑容依然灿烂如花。命运对孟佩杰很残忍，她却用微笑回报这个世界。五岁那年，爸爸遭遇车祸身亡，妈妈将孟佩杰送给别人领养，不久也因病去世。在新的家庭，孟佩杰还是没能过上幸福的生活，养母刘芳英在三年后瘫痪在床，养父不堪生活压力，

---

① http://news.sina.com.cn/s/2011-07-11/115022792662.shtml.

② http://www.12371.cn/2013/08/22/ART1137716588O809630.shtml.

一走了之。绝望中,刘芳英企图自杀,但她放在枕头下的40多粒止痛片被孟佩杰发现。“妈,你别死,妈妈不死就是我的天,你活着就是我的心劲,有妈就有家。”从此,母女二人相依为命,家中唯一的收入来源是刘芳英微薄的病退工资。当别人家的孩子享受宠爱时,八岁的孟佩杰已独自上街买菜,放学回家给养母做饭。个头没有灶台高,她就站在小板凳上炒菜,摔了无数次却从没喊过疼。在同学们的印象中,孟佩杰总是来去匆匆。她每天早上六点起床,替养母穿衣、刷牙洗脸、换尿布、喂早饭,然后一路小跑去上学。中午回家,给养母生火做饭、敷药按摩、换洗床单……有时来不及吃饭,拿个冷馍就赶去学校了。晚上又是一堆家务活,等服侍养母睡觉后,她才坐下来做功课,那时已经九点了。

2009年,孟佩杰考上了山西师范大学临汾学院。权衡之下,她决定带着养母去上大学,在学校附近租了间房子。大一那年暑假,孟佩杰顶着炎炎烈日上街发广告传单,拿到工资后的第一件事就是买养母最爱吃的红烧肉。

“我只不过做了每个女儿都会做的事。”不少好心人提出过帮助,都被孟佩杰婉拒了,她坚持自己照顾养母。孟佩杰的毕业愿望是当一名小学老师,安安稳稳,与养母简单快乐地生活。①

点评:弱小女孩的言行,证明她是道德的强者。

(四)中央新时期反腐的政策和措施

展望中国的诚信建设,不得不提到反贪污腐败问题,新一届中央领导上台以来,我国的反腐败进程不断加快。自十八大以来,以习近平为总书记的中央先后提出“中国梦”“群众路线”和“反对四风”等举措,作为中央查处贪污腐败的重要的部门,中纪委根据中央的指示,结合当前的反腐倡廉形势,从基层出发,明察暗访,积极接受群众的监督举报。从数据可以看出,中央反腐的决心和力度是空前的,一大批高官被查处,如原中共中央政治局委员、重庆市委书记薄熙来,原中共中央候补委员、成都市委书记李春城,原中央编译局局长衣俊卿,原国家发展和改革委员会副主任、党组成员刘铁男,原国务院国资委主任蒋洁敏,原四川政协主席郭永祥等一批省部级干部被立案查处调查,其中有一部分涉嫌贪腐官员已经被开除党籍移送司法机关审理,部分因涉及刑事问题已经司法宣判。

---

① http://baike.so.com/doc/5406416.html.

案例链接

薄熙来受贿、贪污、滥用职权案二审宣判

新华网济南10月25日电(记者 霍小光 杨维汉):25日上午,山东省高级人民法院对薄熙来受贿、贪污、滥用职权案二审公开宣判,裁定驳回上诉,维持一审无期徒刑判决的原判。

薄熙来受贿、贪污、滥用职权一案,济南市中级人民法院于2013年9月22日一审宣判,认定薄熙来受贿人民币2 044万余元,贪污人民币500万元,滥用职权情节特别严重,对薄熙来以受贿罪判处无期徒刑,剥夺政治权利终身,并处没收个人全部财产;以贪污罪判处有期徒刑十五年,并处没收个人财产人民币100万元;以滥用职权罪判处有期徒刑七年;数罪并罚,决定执行无期徒刑,剥夺政治权利终身,并处没收个人全部财产。

宣判后,薄熙来提出上诉,山东省高级人民法院依法立案受理,并组成合议庭进行了审理。合议庭审阅了案件全部卷宗材料和一审庭审录像资料,审查了薄熙来的上诉状及其辩护人的辩护意见,多次讯问了薄熙来,听取其辩护人意见,核实了全案证据,对一审认定的事实和适用法律进行了全面审查,充分保障了薄熙来及其辩护人的诉讼权利。经合议庭评议、审判委员会讨论,山东省高级人民法院依法做出二审裁定。

山东省高级人民法院在二审裁定中对一审认定的事实、证据予以确认,认为薄熙来身为国家工作人员,利用职务便利,为他人谋取利益,非法收受他人财物,其行为构成受贿罪;身为国家工作人员,利用职务便利,伙同他人侵吞公款,其行为构成贪污罪;身为国家机关工作人员,滥用职权,致使国家和人民利益遭受重大损失,其行为构成滥用职权罪,情节特别严重。薄熙来犯受贿罪、贪污罪、滥用职权罪,应依法惩处,并数罪并罚。一审判决认定的事实清楚,证据确实、充分,定罪准确,量刑适当,审判程序合法。薄熙来供认犯罪的自书材料和亲笔供词与证明其犯罪事实的证人证言及相关书证、物证能够相互印证。薄熙来及其辩护人所提上诉理由和辩护意见没有事实和法律根据,不能成立。依照《中华人民共和国刑事诉讼法》第二百二十五条第一款第(一)项之规定,裁定驳回上诉,维持原判。该裁定为终审裁定。①

点评:此案彰显共产党反腐的决心与信心。

---

① http://www.jiaodong.net/news/system/2013/10/25/012075321.shtml.

自十八大以来，中纪委按照“苍蝇”“老虎”一起打的方针政策，在开通全国纪检监察举报网站之后，中央纪委又新建立起反腐倡廉网站，任何个人，只要有党员干部贪污腐败的相关举报材料，均可以在第一时间向中纪委网站投递举报材料，并有专人负责处理和回馈，反腐倡廉出现了新的形势，反腐的力度不断加强，每一个月基本会有1到2位中央或地方官员因贪污腐败问题受到查处。

思考与练习

阅读书目

①中共中央党史研究室. 中国共产党历史大事记(1919. 5—2005. 12). 北京:中共党史出版社,2006.

②中共中央党史研究室. 毛泽东文选. 北京:人民出版社,1999.

③中共中央文献研究室. 十一届三中全会以来重要文献选读. 北京:人民出版社,1987.

④中共中央文献编辑委员会. 邓小平文选. 北京:人民出版社,1993.

⑤中共中央文献编辑委员会. 江泽民文选. 北京:人民出版社,2006.

⑥本书编写组.《胡锦涛总书记在第十七届中央纪委第六次全会上的重要讲话》学习读本. 北京:人民出版社,2006.

⑦中央宣传部. 习近平总书记系列重要讲话读本. 北京:学习出版社、人民出版社,2014.

⑧卢梭. 社会契约论. 李平沤,译. 北京:商务印书馆, 2011.

⑨乔治. 经济伦理学(第五版). 北京:北京大学出版社, 2002.

思考题

①新中国成立之初的诚信建设与改革开放后的诚信建设有哪些异同?

②大学生诚信建设亟待解决的问题有哪些?

③当代中国诚信建设怎样借鉴西方诚信建设的成果和理论?

④怎样认识市场经济中的不诚信行为?

案例讨论

大学生的诚信缺失现象屡见不鲜

2013年11月20日,华北首届大学生信用论坛在石家庄经济学院举行。论坛上,主办方发给每位学生一张诚信调查问卷,其中对“您认为现在大学生的诚信度如何”这一问题,几乎所有学生都选择了“一般”或“较差”。为此,记者在石家庄几所大学进行了采访。一些大学生毫不隐讳地说出了发生在他们身边的事情:有的同学家庭并不困难,却要申请助学贷款;有的借同学甚至老师的钱不还;有的平时不用功,考试作弊;有的替人当“枪手”,有的雇“枪手”替自己考试;有的自造假毕业推荐信、各种证书……像这样的诚信缺失的现象屡见不鲜。助学贷款是为解决贫困生的家庭和生活困难而设立的专项基金,不是无期贷款,更不是无偿赠送。一些贫困生拖欠助学贷款不还的现象相当普遍。

生活不诚信现象。如大学生高消费;借物不还;签订了《自律协议书》但不自律;在老师同学面前说谎;沉迷网络;不遵守校、院日常管理规定;对同学、朋友不真诚;在课桌、教室墙壁、厕所内乱刻乱涂乱画。

学习不诚信现象。如:抄袭作业与论文,考试舞弊;上课迟到、早退、旷课、替他人答到(签到);借阅图书馆资料不归还或撕走、涂毁资料等。

工作不诚信现象。如工作中不如实反映情况;欺上瞒下、阳奉阴违、表里不一、不负责任、互相推诿、敷衍塞责;不按要求去落实相关工作精神;在就业过程中,做假推荐材料、说假话、欺骗用人单位;不履行就业协议。浙江余姚某电器企业去年招聘省内外20多名大学生,不到一年仅剩1名坚守岗位,公司不得不再到洽谈会上急寻人才;该省镇海电子公司去年7月招进5名大学生,目前只剩下1名。大学毕业生频频毁约跳槽,已成为用人单位的心病。

思考题

①试分析大学生诚信缺失的现象产生的根本原因。

②作为一名大学生,你对根治这些问题有什么好的建议?

热点讨论

道德两难问题

一、情景

那是在1991年的夏季，江淮大地暴雨成灾，洪水横流，淮河多处出现险情，少数河断决堤，不少地方为保护国家更大利益而开闸行洪，一些来不及转移的村民只能在洪水中无助地求生。

安徽阜阳颍上的一户人家在淮河决堤时，全家逃亡，大水已经把全家人冲散，这家的男主人洪生拼命地徒手划着水，在茫茫的洪水中寻找着亲人，好不容易找到自己的女儿小红，女儿已经精疲力竭，洪生一手紧紧抓着女儿的胳膊，一手拼命地划水，半个小时后，他们靠近了的一座桥梁，他们要上岸必须经过这个险关……涵闸附近，这也是最危险的地方，弄不好要被洪水卷进涵闸，生存的希望将十分渺茫，但是再险也得闯过去，于是洪生带着女儿小红游到涵闸的正前方，洪水的洄流及强大的吸力差点把父女俩拉了进去。

刚刚摆脱了激流的吸力，突然上游漂过来一个人……洪生的邻居女孩英子，英子看到洪生父女，出于求生的本能，一把抓住了洪生的衣服，顿时，洪生觉得一股强大的力量把他们拉向涵闸，洪生拼着吃奶的力气也摆脱不了三人被冲向闸口的势头，洪生头脑还算清醒，他知道，他只有丢下一个人，才能生存下去，他回头看了看依靠他而活的女儿和英子，看到女儿和英子那在洪水中变得浑浊但可怜的目光，心里十分难受，时间一秒一秒地过去，生存的希望越来越渺小，容不得多想了，这时洪生采取了一个非常的举动——他用力掰开英子紧紧拉着自己的那只手，奋力向岸边划去，可怜英子像一片树叶一样被卷向涵闸口……

洪水退去了，洪生一家和村民们都被安置在临时的帐篷里，洪生整天郁郁寡欢，像做了见不得人的事，他也知道英子没有死，她是被一根电线挂住了，后来得救了。一天他偶然看到英子，他脸一下子红了，英子上前叫他一声"洪生叔"，他惭愧地低下了头……

二、问题

①如果你是洪生，处于当时的情况下你会怎么做？洪生这样做该不该？

②如果洪生当时背负的是自己的两个女儿，他又将如何选择？

③如果把洪生放弃自己的女儿而只救下英子，洪生的其他家人会怎么看？

④如果英子因洪生的"狠心"放弃而死亡，洪生会有怎样的感受？英子的家人会

怪罪于洪生吗?

⑤如果你是英子,你会自动放弃生命,把生的希望留给洪生父女吗?

⑥如果你是英子,你会怪罪洪生的"见死不救"吗?

⑦小红会不会为了救父亲而主动放手呢?

⑧如果你是小红,你会感激父亲还是怨恨父亲?

⑨如果洪生不放弃任何人而导致三人死亡,英子的家人会有负疚感吗?

⑩乡亲们知道洪生的做法后,会怎么对待洪生?

践行建议

①组织一次关于诚信建设的读书报告会,确定一个主题进行讨论。

②邀请几位各行各业卓有建树的普通劳动者做报告。

③邀请几位专家学者开设关于诚信建设的讲座。

④组织一次公益活动。

⑤组织参观监狱,进行一次警示教育。

⑥撰写一份关于诚信建设的不少于3 000字的读书笔记。

第四章 学生的诚信修养

导论

诚信是中华民族的传统美德，是当代学生需要继承和发扬的优良传统之一。学生作为国家宝贵的人才资源，是未来社会国家建设的中坚力量，他们能否健康成长，关系到民族的复兴、国家的强盛和全面建设小康社会宏伟目标的实现。培养德智体全面发展的合格人才，是党和国家一项长期战略任务，学生自觉加强诚信修养对于促进学生身心健康发展有着十分重要的意义，与学生成才成长息息相关。

第一节　加强诚信修养的重要意义

诚信是一个具有普遍性的道德规范，在道德体系中，一切道德规范都是在此基础上得以建立的，更高的道德规范都是以诚信为基础的。诚信是当代学生思想道德修养的必修科目。

一、提高道德素养

名言警句：

君子养心，莫善于诚。

——《荀子·修身》

伟大人格的素质，重要的是一个诚字。

——鲁迅

诚信是我国丰富道德资源中的一块瑰宝。在古代先贤们看来,诚信作为一种重要的道德规范调节着人与人之间的关系,是一个人安身立命之本,为人处世之基。讲诚信才能立足于社会,如果没有诚信,不讲信誉,也就失去了做人的根本。千百年来,无数个古圣先贤用他们的实际行动为后人树立起一个个诚信榜样,使诚信融入到中华民族的血液中去,成为衡量一个人基本道德素质的重要标准。

(一)加强诚信修养是学生提升自身道德素养的需要

诚信作为中华民族的传统美德,是当代学生需要继承和发扬的优良传统之一。大学阶段,对知识的掌握仅是教育内容的一部分,重要的是培养学生能力以及提升包括诚信在内的道德素质和修养。1968 年,美国心理学家安德森列出 550 个描写人的形容词。他让学生们评价他们所喜欢的品质。研究结果明显地表现出,学生们评价最高的性格品质是"真诚"。在八个评价最高的形容词中,有六个(真诚的、诚实的、忠实的、真实的、信得过的和可靠的)与真诚有关,而评价最低的品质是说谎、装假和不老实。当代著名教育学家陶行知曾说"千教万教教人求真,千学万学学做真人",学生不仅要勤学知识,还更应该学会做人,把追求真善美作为道德的价值标准,学做真人,把诚信作为立身之本和为人处世之道。

学生正处于青春期,自我意识发展迅速,绝大多数学生的思想都非常活跃,接受新事物比一般人要快;同时学生成才的欲望比较强烈,社会参与意识也日益增强。但是,大多数学生的世界观、人生观、价值观正处于形成期,思维方式和思想方法仍未定型,具有较大的不稳定性,容易被事物表象所迷惑。在这个时期,学生自觉加强诚信修养十分重要。法国学者蒙田指出:真诚是"美德的首要和基本部分",它制约着其他一切美德,没有真诚这种美德,任何美德都不是真实的,或者都将不是真正道德的。一个人是否诚信直接反映出其道德修养水平,加强诚信修养是学生形成健康人格的前提条件,是提升自身道德素养的需要。

(二)加强诚信修养是学生持续发展的需要

在发展社会主义市场经济的今天,各种利益主体之间密切关联,各种利益关系日益复杂,诚信已不仅是一个基本的道德问题,更是社会主义市场经济发展不可或缺的重要条件。党的十六届三中全会通过的《关于完善社会主义市场经济体制若干问题的决定》指出:"形成以道德为支撑,产权为基础,法律为保障的社会信用制度,是建设现代市场体系的必要条件,也是规范市场经济秩序的治本之策。增强全社会的信用意识,政府、企事业单位和个人都要把诚实守信作为基本行为准则。"社会主义市场经济是信用经济,信用是现代市场经济的基石,没有信用,也就没有秩序,市场经济就不可能健康发展。建设社会主义市场经济的一个方面,就是要营造讲诚实、守信用的社会规范体系。社会主义市场经济条件下,"信用绝不是信用者的墓志铭",相反,如富兰克林所说"信用就是金钱",在诚信与利益的冲突中,不守信用在短期内可能

获益,而要获得长期的发展,失去信用则是寸步难行。讲诚信是一种宝贵的社会资源,它是资本,是无形的财富,是竞争力,它不仅能给人们带来名誉和声望,更能使他们获得更多的经济收益。发展和完善社会主义市场经济体制迫切地需要诚信道德力量的支撑。

当代学生是一个具备高素质的特殊群体,即将融入到社会经济建设中去,他们是全面建设小康社会的中坚力量,是完善社会主义市场经济体制的主力军,因此学生本人加深对诚信的重要性的认识十分必要。诚信不仅是提高个人魅力的主要途径,更是日后步入社会,走向好的工作岗位的通行证。越来越多的用人单位强调的不单是要有能力,更强调要有品德,而诚信就是良好品德的重要判别标准之一。诚信是决定个人生存与发展的一张王牌,是助个人走向成功之路的必需品。良好的信誉宛如一笔巨大的无形资本,是学生在市场经济社会中站稳脚跟,持续发展的必备素质,这就要求我们从个人平时的言行做起,做一个诚实守信的学生。

案例链接

一封写给中国学生的信:从诚信谈起

李开复,一位信息产业的执行官和计算机科学领域的研究者,在语音识别、人工智能、三维图形和国际互联网多媒体等领域享有很高声誉。2000 年,他曾把在中国近两年间到国内高校与学生们进行交流的体会写成一封信,就是《一封写给中国学生的信》。在这封信中,他把“坚持诚信、正直的原则”“生活在群体当中”“做一个主动的人”“挑战自我”以及“直截了当地沟通”等做人的道理,作为学生必须具备的基本素质做了深入浅出的阐述,并将“坚持诚信、正直的原则”放在第一位。在阐明这个原则时,他是这样说的。

“我在苹果公司工作时,曾有一位刚被我提拔的经理,由于受到属下的批评,非常沮丧地要我再找一个人来接替他。我问他:‘你认为你的长处是什么?’他说:‘我自信自己是一个非常正直的人。’我告诉他:‘当初我提拔你做经理,就是因为你是一个公正无私的人。管理经验和沟通能力是可以在日后工作中学习的,但一颗正直的心是无价的。’我支持他继续干下去,并在管理和沟通技巧方面给予他很多指点和帮助。最终,他不负众望,成为一个出色的管理人才。”

“与之相反,我曾面试过一位求职者。他在技术、管理方面都相当出色。但是,在谈话之余,他表示,如果我录取他,他可以把在原来公司工作时的一项发明带过来。随后他似乎觉察到这样说有些不妥,特作声明,那些工作是他在下班之后做的,他的老板并不知道。这一番谈话之后,对于我而言,不论他的能力和工作水平怎样,我都肯定不会录用他。原因是他缺乏最基本的处世准则和最起码的职业道德:诚实和讲信用。

如果雇用这样的人,谁能保证他不会在这里工作一段时间后,把在这里的成果也当作所谓的'业余之作'而变成向其他公司讨好的'贡品'呢?这说明,一个人品不完善的人是不可能成为一个真正有所作为的人的。"

点评:诚信是学生必备的素质,只有讲诚信的人,才能最终取得成功。

(三)加强诚信修养是提升高校人才培养质量的需要

任何一种道德的形成都不是天生的,也不是完全自发形成的,个人诚信观念的形成也是如此。从道德观念和意识的形成规律看,个人诚信观念的形成有赖于系统的教育与培养。学校教育是我国培养人才、提高全民素质的一个重要渠道。学生诚信观念的形成有赖于大学阶段高等教育的培养和塑造。道德教育是社会道德发挥作用的重要杠杆之一,是形成良好社会风尚的重要手段,也是个人道德品质形成的重要推动力。党和国家历来重视学生的思想政治教育工作,始终坚持把德育工作放在学校教育的首位。《中共中央国务院关于进一步加强和改进学生思想政治教育的意见》指出:"以为人民服务为核心,以集体主义为原则,以诚实守信为重点,广泛开展社会公德、职业道德和家庭美德教育,引导学生自觉遵守爱国守法、明礼诚信、团结友善、勤俭自强、敬业奉献的基本道德规范。"可见,在加强和改进学生思想政治教育中,要把开展诚实守信教育摆在重要位置。

目前教育上存在的问题就在于教育者只管"教",不管"育"。"教"即传授知识,"育"则要培养健全的人格,由此在道德上引出两种恶果:一是教育只管"知",不管"行";二是教育里只有知识教育,而无情感教育。没有情感教育,则培养不出善的情感,没有善的情感,又何来诚信呢?因此,高等学校必须严格遵守诚信的原则,积极开展学生诚信教育,将学生诚信教育作为学生思想政治教育的重要内容,以便培养出具有高尚道德水准的合格人才。

二、练就真才实学

名言警句:

诚实和勤勉,应该成为你永久的伴侣。

——[美]富兰克林

诚实比一切智谋更好,而且它是智谋的基本条件。

——[德]康德

宋代的程颢和程颐认为:"进学不诚则学杂,处事不诚则事败,自谋不诚则欺心而弃己,与人不诚则丧德而增怨。"大意是说,做学问不诚实学业肤浅,做事不诚实就会失败,自我经营不诚实就是自欺欺人糟践自己,与人交往不诚实就会丧失道德并增加积怨。对求学者来说，最值得高兴和自豪的是掌握了有用的知识和高超的技能。在学习的过程中，学生们想要真正获取知识和本领，练就一身真才实学，先要学会做人，养成踏实做事、诚信求学的态度，勤学苦练，不偷懒，不取巧，坚持实事求是，“知之为知之，不知为不知”的作风。更高层次应该是在学业和学术上不弄虚作假，实事求是，尊重科学，遵从学术规范，并自觉与学术不端行为做斗争。

（一）诚实做人，老实做学问

欲做学问，须先学做人，只有把“人”字写端正了，治学才不会背离根本。诚实做人，老实做学问，这是一种人生态度，也是一种人生哲学。

案例链接

梁国志教子学画先学做人

梁国志是清朝乾隆年间人，他从小就聪明好学，可是他家里很穷，父亲想让他放弃学业，做些小生意来养家糊口。梁国志为此苦苦哀求父亲，让他再读几年书。街坊邻居见了，也觉得梁国志不读书太可惜了，就帮着说情，有的还愿意帮他出学费。父亲也盼着将来儿子能有些出息，家里日子就好过了。于是就答应让他继续学习。

村子里的乡亲们都是忠厚老实的人，心肠很好，虽然都不富裕，还是经常帮助贫困的梁家。全村的人都盼望着梁国志将来能出息，好给他们村子争争光。小国志知道，自己一定不能辜负乡亲们的期望，学习也就更加努力了。由于梁国志从小就在这样一个和谐友好的环境下成长，他从小就形成了善良、诚实、正直的品格。

1741 年，年仅十七岁的梁国志就中了举人，二十四岁那年，他又中了头名的状元。梁国志在朝廷当了官以后，不忘家乡父老，经常用自己的俸银为乡亲们办事。无论在哪里当官，他都替老百姓着想，受到老百姓的好评。

梁国志不但学问高，人品好，而且还擅长书画，谁要是得到他的书画作品，都当作宝贝收藏起来。他的儿子受他的感染，很小的时候就对书画产生了兴趣，吵着让梁国志教他画画儿。

一天，儿子又拿着画笔来找父亲，还弄得满脸都是墨汁。梁国志见了就想笑，帮儿子擦了擦脸，然后语重心长地对儿子说：“学作画之前，要先学会做人，没有人格的永远也不会成为优秀的书画家。”

儿子抬起稚嫩的小脸，很疑惑地问爸爸：“画画儿就画画儿呗，和做人有什么关系？”梁国志说：“一个真正的画家，是用心在画，而不是用笔在画。如果你是一个诚实、正直的君子，你的画也就会充满正气，让人一看就觉得充满灵气。”

儿子眨眨眼睛，好像还不是很懂，于是梁国志就讲了宋朝大奸臣秦桧的例子。他说：“秦桧其实是一个很有才华的人，他的书法相当好，可他是历史上有名的奸臣，品行十分恶劣。他死了以后，人们一听到他的名字就咬牙切齿地骂他，没有人愿意收藏他当时留下的书法作品，都认为留着他的字会带来灾难，他的作品不是被撕毁后扔到粪坑里就是让人用火烧掉。他的字现在留下的已经很少了，人们讨厌他的字其实是讨厌他这个人。"

儿子点点头，好像听明白了。梁国志又说："诚信是做人的第一步，不说谎话、讲信用的人，才会挺起胸脯光明磊落地做人。"

儿子听了，牢记父亲的教导，一生坚守诚信的品格，后来他真的成了当时很受人尊敬的著名画家。

点评：诚信是做人的第一步，品行端正，为人诚实，是做学问的基础。

（二）勤奋好学，不投机取巧

知识、技术更新换代的速度让人目不暇接，近几年，人类的知识大约是以每三年增加一倍的速度向上提升。知识总量在以爆炸式的速度急速增长，在激烈的人才竞争中，假如没有知识，也就没有能力，只有勤奋好学，勇于攀登，积累一定的知识和阅历后，才能使自己适应急速变化的时代，才能有更大的目标和理想，并最终体会到学习给自己的人生带来的巨大收益。那么，应该如何养成勤奋好学的好习惯呢？

1. 学习要有计划

只有有了计划，才能使学习有条理、有系统、有步骤，才能胸中有数。

第一，抓住重点。有些知识是至关重要的，或者说是有战略意义的，应当把它视为重点，在学习计划中要有充分的体现，要抓住重点，切忌眉毛胡子一把抓。

第二，采取循序渐进的原则。知识的学习要由浅入深，切忌好高骛远，急于求成。要保证某门知识学习所需的全部时间。

第三，充分利用时间。根据自己学习与生活的实际情况，使用好大块时间，把它用在最重要又需要连续学习的内容上，只有这样，才能使每次学习都有较大的收益。

第四，合理安排时间。从长远观点来看，要取得学习的成效，就得稳步前进，使每个计划落到实处，所以时间上留有余地是非常必要的。

2. 注意学习方法

掌握好的学习方法对学习效果的提高具有重要意义，通过科学的学习，可以获得大量的知识。好的学习方法应该是任何一个有志于成功的人必须要掌握的。

3. 学习效果的自我检查

学生应该根据一定的标准，采用一定的方法，对自己想取得的和已经取得的学习效果之间的差异进行分析和评价，以找出经验和教训，这便是学习效果的自我检查。

现代社会机会很多，但是，如果不学习，终有一天会被淘汰掉，只有勤于学习，不断提升自己，才能在激烈的竞争中不败下阵来。

学习来不得半点虚假，必须耐得住寂寞，不受诱惑，扎扎实实，持之以恒。当前，很多同学认为读书无用，学习的激情不高，面对诱惑，有的同学沉迷于游戏，有的同学痴迷于恋爱，更有的同学中断学业下海经商，等等，这些都是不珍惜学习机会的表现。学生求学、做学问一定要端正态度，潜下心来，孜孜以求。

案例链接

专注成就卓越

英国著名物理学家、全身瘫痪的斯蒂芬·霍金是一位残疾人，同时也是一位科学巨人，他的科普巨著《时间简史》被誉为人类科学史上里程碑式的惊世之作，他对“黑洞”的研究使人类对宇宙又有了深层的了解。

探究霍金取得如此伟大成就的原因，霍金母亲的解释对我们具有启发意义：“如果他不生病，他可能不会这么专注，因为一个健康的人兴趣是广泛的。”专注、安静下来、丢去广泛兴趣，是霍金取得巨大成功的一个重要原因。

点评：在学术领域，研究者需要具备像霍金这样的专注和恒心，才能有所创造、有所超越。

（三）实事求是，不弄虚作假

诚实是求学、治学的基础，学习上必须诚恳踏实，才有利于学生健康成长。被誉为美国政府思想库的哈佛大学，先后诞生了八位美国总统，四十位诺贝尔奖得主和三十位普利策奖得主，培养了微软、IBM 一个个商业奇迹的缔造者。哈佛大学能培养如此多的社会精英，取得如此辉煌的成就，与学校严谨诚信的校风、学风分不开。在哈佛，每一个新生拿到的《哈佛学习生活指南》，都以醒目的字体告诫学生：“美国高等教育体系以最严肃的态度反对把他人的著作或观点化为己有，即所谓剽窃，每一个这样做的学生都将受到严厉的惩罚，直到被大学驱逐出去。”当你在准备任何类型的论文，包括口头发言稿、平时作业、考试论文等，你都必须明确地指出，你的文章中哪些观点是从别人的著作和任何形式的文字材料上移入或借鉴而来的。

相对于名人名校在治学上的严格要求和诚实作风，在我们身边却不乏学生失信的现象，在学业上主要体现在各种舞弊行为的滋长，例如考试作弊、伪造实验数据和报告、抄袭作业、剽窃论文等。

针对学生失信行为，许多大学开始着手为学生建立“诚信档案”。诚然，学生在学业上诚信行为的养成需要外在的约束，但学生更应该从自身着手，多进行自我约束，树立“诚信从我做起，从现在做起”的理念，敢于正视自身的缺点和不足，自觉在日常的学习生活中严格要求自己，实事求是，在学业上不弄虚作假，精益求精，培养自身核心竞争力以应对激烈的社会竞争并最终立于不败之地。

三、创造幸福人生

名言警句：

走正直诚实的生活道路，必定会有一个问心无愧的归宿。

——[苏联]高尔基

守信的人是最快乐的，诚实是最天真的。

——鲁迅

诚信，即诚实守信用。诚实就是真实无欺，既不自欺，也不欺人。对自己，要真心诚意地为善去恶，光明磊落；对他人，要开诚布公，不隐瞒，不欺骗。一句话，诚实就是表里如一，说老实话，做老实人；守信就是信守诺言，讲信誉，重信用，忠实履行自己承诺的义务。诚实和守信是统一的。

诚信是做人的美德，这种美德表现在工作和学习上，就是专心致志，认真踏实，实事求是；表现在与人交往中，就是真诚待人，互相信赖；表现在对待国家和集体的态度上，就是奉公守法，忠诚老实。德国诗人海涅说过："生命不可能从谎言中开出灿烂的鲜花。"诚信似清泉一波，滋润良田；诚信似白云一朵，洁净蓝天；诚信似磐石一尊，亘古不变！拥有诚信，我们才会有豁然达观的人生；拥有诚信，我们才不会在物欲横流的世界中迷失方向；拥有诚信，我们的人生才会因此美丽而绚烂。

（一）讲诚信并不意味着吃亏

在现实生活中，面对诚信与利益的冲突，很多人会产生一种错误观念：诚信会使人吃亏。确实，在日常生活中，不乏一些以物质利益为价值追求、重利轻义之人，在实际行为中表现为急功近利、背信弃义、为达目的不择手段，但其结果是，人们在品尝到一时获利的短暂甜头之后，不得不咽下由此带来的苦涩。

案例链接

美国教授为何拒收中国学生读博

2010年6月，中国留学生国外失信行为闹得沸沸扬扬，多家媒体进行了相关报道。

美国某名牌大学博士生导师带的一名中国博士生，很有天赋并在研究领域取得过卓越成就。但是，这名博士生连博士学位还没修完，就马上中止了学业。导师发现，这名学生离开的原因并非因为学习跟不上，而是因为找到一份既高薪又有望申请到美国绿卡的工作，导师相当失望、心寒、气愤。因为，在此之前，他所在的学校已经遇到过6宗类似个案！这些在读博士生离开的原因都是为了找工作、得绿卡。而此前他们带着攻读硕、博士学位的承诺进入学校的诚信却荡然无存。对于校方而言，所有付出均付诸流水——给每个在读博士生每年支付共约5万美元的学费、健康保险费、各种杂费、实验和计算机费等，还每月发放工资。学校不遗余力地帮助留学生提升研究能力，但最终的回报是，学生竟把难得的求学机会当作就业移民的跳板。

“这极其不道德！”“你会觉得自己竟然愚蠢到被自己的学生欺骗。”“您尽力帮助他们，可他们却把您弄得一团糟！”这名博士生导师身边的几位教授很为他不值。据悉，现在这名美国名牌大学的博士生导师明确表态：他与学校其他一些教授、科研人员决定，今后不再考虑来自中国的申请者，包括来自清华大学那些高素质的学生在内。虽然这只是个人决定①。

针对留学生为私利不惜抛弃诚信的事件，有媒体甚至以这样的标题来警示留学生们：莫让留学生失信成“中国威胁论”的下一版本。不讲诚信可能短期内会给部分留学生带来利益，但长期来看，中国留学生的失信行为很可能将牵连一个群体乃至整个国家，付出的“低成本”终会被讨回“高代价”。

点评：一个人不诚实造成的损失是个人的，但当他代表一个团队的时候，那损失是整个团队的。一个人因不守信而毁了自己的信誉，那毁的是他自己一个人，但当他代表一个团队的时候，就会因为他一个人的不诚实守信，而毁了整个团队。这是多么严重的后果啊！

讲诚信真的会吃亏吗？《韩非子》中说：“巧诈不如拙诚。”巧诈可能一时得逞，但时间一久，就露馅了。相反，拙诚是指诚心地做事，诚心地交友，尽管可能在言行中表现出愚直，但时间长了会赢得大多数人的爱戴。韩非子的这句话是说，与其运用巧妙的方法来欺骗他人，不如诚心诚意地来对待别人。诚信，不仅不会让人吃亏，相反，它会使你赢得别人的尊重和信赖，使你的人生更加丰富多彩，更加完满。

案例链接

讲究诚信，留住饭碗

王军大学毕业后，奔波于深圳的大街小巷，两个星期后，幸运地被一家公司雇用为采购员。

经理安排王军与公司的几个同事共同负责公司的原料采购。工作进行得相当顺利，王军第一次订的货，就比其他几个同事便宜近2%。经理当众夸奖之余，对他也

① 费玉杰. 美国教授为何拒收中国学生读博. 广州：羊城晚报，2013-06-15(B07).

是十分欣赏。

遗憾的是,其他几个同事硬是压不下价来,经理非常恼火,为什么学生都能压下来,你们却不行?

晚上,几个同事约王军一起去喝酒,酒酣耳热,几个同事你一言我一语的劝导王军不要太傻,瞒着经理弄点油水也不为过。

第二次订货,王军的表现同上次一样出色,其他几个同事的价格还是压不下来,经理对这几个人产生了疑心。

过了两天,王军被经理叫到办公室,“从前两次的表现看来,你为公司省了很多不必要的成本,鉴于你工作出色,从今天起,由你来担任公司主管一职”。王军惊讶之余,连连道谢。“不要谢我,你应该感谢你自己,感谢你自己有颗诚实的心,奉行诚信。”

王军从办公室出来后,打听到其他几个同事已被公司开除了。

点评:部分人认为讲诚信是要吃亏和付出代价的。现实生活中,因为讲诚信而吃亏的事情确实存在,但更多的是,吃亏背后所得到的无法估量的丰厚回报。这样的人生不是更美满吗?

(二)诚信使人活得轻松

诚实的人比诡诈的人活得轻松,他们没有羁绊,也不设防,脸上没有心机重重的艰难神色,也不需要借助更多的辞令、表情,包括手势来解释自己。诚实的人把真话像石头一样卸到了别人怀里,自己反得轻松。

案例链接

诚实:让瑞典人活得很轻松

曾经在一本小册子上读到,瑞典人要比其他任何民族都更看重诚实这种品质。有人曾讲过他在瑞典的经历,证明了瑞典人对诚实的看重。

有一天,朋友邀请他去别墅做客。别墅坐落在市郊,中间要路过一家农场。朋友在那里停了车,说要顺便买些鸡蛋。这时他才看到,路边上摆着几个筐子,里面放着不少鸡蛋,另有一个筐子里放着零钱。旁边的一个小牌子上写着鸡蛋的价格。

朋友拿了几个鸡蛋,把钱放在筐里,而后又自己取了要找的零头。他问朋友:“卖鸡蛋的人呢?”朋友说:“他们不会待在这儿的,要买鸡蛋就自己拿。”“会不会有人拿了鸡蛋不给钱呢?”他随口问道,朋友扭头看了他一眼,他立刻为自己问出这样一个问题而感到有些脸红。不过,朋友还是回答说:“不会的。”

点评:诚信就像是人际关系的“润滑剂”,因为有了诚信,人也就有了更多的生活在阳光下的愉悦。因为有了诚信，人们就用不着整天提心吊胆地怕被谁忽悠，用不着总是在买东西时费尽心机地琢磨一件商品的真实价格，用不着总是害怕吃了什么“问题食品”而担惊受怕。当然，也用不着千方百计地想着法儿蒙人而又害怕被法律惩罚。一句话，诚实让人活得很轻松①。

行动指南

◆提升诚信意识，自觉加强诚信修养。

◆苦练基本功，不偷懒，不投机取巧。

◆知之为知之，不知为不知，实事求是。

◆独立完成作业及论文，不应付，不抄袭，不剽窃他人学术成果。

◆抱拙守诚，坦然面对生活。

第二节　诚信与做人

中国传统文化中讲究“诚”，以诚待人；讲求“信”，“人无信不立”。从古到今，成语典故中就有许多讲诚信的成语，如“言而有信”“一诺千金”等。诚信为做人之本，真诚待人、有诺必行、勇于负责、严于律己，都是诚信作为做人基本准则的体现。做一名合格的学生也必须以诚信的态度面对任何人和事，时时以诚信的标准要求自己。

一、真诚待人

> 名言警句：
>
> 真者，精诚之至也，不精不诚，不能动人。
>
> ——《庄子·渔父》
>
> 你必须以诚待人，别人才会以诚相报。
>
> ——李嘉诚

在人际交往中，真诚是一把打开人际交往大门的金钥匙，又是人际交往中心与心沟通的桥梁，更是交往得以成功的关键和核心。真即真实，诚即坦诚，只有真诚的东西才有持久的生命力和说服力，才能经受时间的检验；而那些虚假的东西，无论有多么华丽的外表，都是注定不能长久的，必然会引起别人的厌恶。因此，要想取得别人

① 丁刚.诚实：让瑞典人活得很轻松.东方早报，2006－11－29.

的信任和理解，只有遵循诚信的准则行事。

（一）不欺骗自己

做到真诚待人首先需要做到对自己诚实，即“不自欺”。“不自欺”即内诚于己，对自己实事求是。对自己诚信的人，会表现为对他人的诚信；对自己不诚信的人，也就会表现为对他人的不诚信。“自欺”与“欺人”是一体两面的。在自己的心目中，要建立一种正确的自我评价标准，形成一种自我监督机制，不说违心的话，不做违心的事，就像对待他人那样客观地对待自己。

案例链接

美国总统亚当斯的尴尬

美国前总统亚当斯在卸任后，决定前往英国剑桥大学，去探望他的朋友史库里教授。剑桥大学见机不可失，在亚当斯抵达剑桥大学后，立刻对亚当斯提出为全校师生演讲的邀请。由于校方诚挚、热烈的邀请难以推托，亚当斯只得以“早起的好处”为题，即席发表一段演讲。演讲结束后，亚当斯便信步走到史库里教授正在授课的班上去听课。听着听着，没多久，亚当斯便沉沉地睡去。这时，史库里教授毫不容情地对在座听课的学生说道：“各位，请看，这就是早起的坏处！”

点评：倘若连自己都无法信服的事情，又何必付诸言语与行动呢？一个为人处世遵循诚信之道的人，绝不需要强迫自己，去迎合那些有违诚信之道的人和事。

（二）不欺骗他人

真诚待人还需要做到对他人诚信。要说老实话，即说真话。不管所说内容是什么，都要有一说一，有二说二；不歪曲事实，不胡编捏造，不能因为担心自己的利益会受损失而说谎话，更不能为了占别人的便宜而讲假话。要做老实事，如果不能保证做到，不论出于什么理由，都不要轻易答应别人，一旦答应别人就一定要按当时的承诺严格履行自己的诺言。

案例链接

应聘者的诚信考验

有一家很大的外资公司在中国招聘雇员，条件非常苛刻，前来应聘者都具有高学历。当第一位应聘者走进房间时，主考的美国人立即露出兴奋之色。像他乡遇故知一样热情地说：“你不是哈佛大学某某专业的研究生吗？我比你高一届，你不记得我了？”

应聘的中国青年心里一震:“他认错人了。”在此时,倘若承认自己有哈佛学历对应聘绝对有好处。但这个青年认为,诚实比什么都重要。于是,他冷静而客气地说:“先生,你可能认错人了,我没有在哈佛大学学习过,我只有在中国读大学的经历。”说话的同时,他已经做好了不被录用的心理准备。

没想到,美国人又一次露出了欣喜之色,他说:“你很诚实,刚才是我们考试的第一关。现在我们进行第二关的业务水平测试……”

最终,这位青年被录取了,如果这位青年在一开始就耍小聪明,不坦诚,那么他连第一关都过不了,更不用谈其他了。

点评:真诚是人最起码的品行,欺骗别人的人,最终被欺骗的是自己,这位应聘的年轻人向面试官如实说明情况,是证明自己诚实的最好方法。

学生在日常人际交往中做到为人真诚非常重要。为人坦诚,做老实人,讲老实话,办老实事,表里如一,心口一致,才能赢得别人的信任;“言必行,行必果”,才能赢得别人的尊重;真诚相待,互相帮助,互相学习,才能“海内存知己,天涯若比邻”。只有敞开心扉,将心比心,襟怀坦荡,光明磊落,身边的知心朋友才会越来越多,相互之间也才更有凝聚力。

在多变的环境中,人与人的交往逐渐变得复杂,我们的身边也存在这样一些同学,始终带着猜疑的心态去揣度别人,不愿意随随便便相信对方,做事总是小心翼翼,觉得自己的生存环境不能带给自己安全感,害怕别人说自己的坏话,担心别人对自己好是另有图谋,所以一直小心翼翼地面对生活,面对身边的所有人,致使他们忧愁烦恼、郁郁寡欢,不能与同学、朋友正常交流,从而变得孤独寂寞。人总是生活在群体之中,要不断地与身边的人打交道。人心向善,把别人往好里想,信任别人,便会觉得很轻松,很温暖;反之,总是猜疑别人,只会活得很苦,很累。

(三)学会相信他人

信赖是人与人之间最高贵、最重要的情谊,人们最骄傲的就是自己可以受到别人的信任,自己的所作所为能够无愧于心,并能与人坦诚的沟通互信。如果你相信别人,别人也会相信你。你以什么样的态度对别人,别人也会以什么样的态度来对你。我们要学会去信任我们身边的朋友,相信我们身边的人,同时也要让自己成为值得信任的人。

案例链接

信人者，人亦信之

心理学教授恩科带着一群学生做实验。他先让同学们面朝他站成两排横队，然后命令后一排的同学做好救助准备，待他喊了“开始”之后，前一排同学就往后一排相对位置的同学身上倒。他说：“前面的同学不要有顾虑，要尽力往后倒。好，开始！”

前排的同学们嘻嘻哈哈地笑着，按照恩科教授的指令，身子一点点地向后倾斜，但是，大家都明显地暗自掌握着身体的平衡，并不肯把好端端的自我撂倒到后面那个人的身上。后排的同学本来已经拉开了架势，预备扮演一回救人于危难的英雄角色，但是，由于前面向后倒的人暗中掌握着平衡所以重量太轻，他们也只好扫兴地用手轻触了一下别人的衣服就算完事。

可是，这里面有个例外——一位身材高大的男生在听到恩科教授的指令后，紧紧地闭上了双眼，十分真实的向后倒去，他的搭档是一位小巧玲珑的女生。当她感到他毫不掺假地倒过来时，先是微微一怔，接着就倾尽全力去抱住他。看得出，她有些力不自胜，但却倔强地抿紧了双唇，誓死也要撑起他……

她成功了。

恩科教授笑着去握她和他的手，告诉大家说：“他俩是这次实验中表现最出色的人。”

点评：人与人之间需要信任。只要你真心对人，关心他人，相信他人，别人同样也会给予你真心。

对人以诚的反面是待人虚伪、欺诈。当一个人不讲诚信，不真诚，那么，他不仅仅是面对个人道德的沦落，而是要面对越走越狭窄的人生道路。失去了诚信，就代表着失去朋友，失去别人的帮助，失去了发展机遇，甚至付出生命的代价。古时周幽王为博得宠妃褒姒一笑，不惜失信于诸侯，数次燃起救急之用的烽火信号。最后，当戎人真的来犯时再燃烽火，已无诸侯军队前来救援，周幽王也因此死于戎人的铁蹄之下。这是前人因失信而为自己酿就的苦果。

美国前总统林肯说过这样一段话：“你可以在所有的时间中欺骗某些人，你也可以在某些时间中欺骗所有的人，但你却不能在所有的时间中欺骗所有的人。”这段话足以告诫人们，无论我们身处任一时空、置身何种情境，欺骗别人终将被揭穿，无法长久持续。如此，我们又何不轻轻松松地秉承真实，真诚待人呢？

二、有诺必行

名言警句：

一言既出，驷马难追。

——《论语·颜渊》

遵守诺言就像保卫你的荣誉一样。

——［法］巴尔扎克

承诺是彼此之间的约定，它是具有约束力的心灵契约。诚实守信、践诺履约，是中华民族的传统美德，自古以来就有“千金一诺”之说，用来形容一个人很讲信用、说话算数。随着社会经济的不断发展，当今时代竞争日趋激烈，重诺守信也越来越体现出它的魅力和风采，成为人们友好交往、共同合作、走向成功的基石。

案例链接

千金一诺

据《史记》记载，秦末楚人季布行侠仗义。他曾在项羽军中任职，曾被刘邦立汉侯悬赏通缉，在朋友的帮助下才免于祸殃，后被赦免担任了官职。有一人叫曹丘生，托人想结识季布，遭拒绝。当他终于得见季布时，他拜见季布说：“楚人谚曰‘得黄金百（斤）不如得季布一诺’，足下何以得此声于梁楚间哉?”这就是“千金一诺”的由来。

点评：只有信守承诺的人才能获得别人的信任和尊重。

（一）重诺守信、有诺必行的重要意义

重诺守信、有诺必行是衡量学生是否是一个诚实的人的主要条件。信守承诺是诚信的重要体现，是一种高尚的人格，是人性中最珍贵的部分，它与伪君子无缘、与空谈家远离。一个受人欢迎、喜欢的人必然是一个重视承诺、遵守信用的人。孔子经常教育他的学生，要“言必行，行必果”，就是说，说话一定要算数，说到要做到，办事一定要果断，不能犹豫不决。承诺是一件非常严肃的事情，只要是答应他人的事情，无论遇见何种困难，都要想尽办法做到，这样才不会失信于人。

重诺守信、有诺必行是学生能够赢得别人尊重和信任的前提。诚信作为一种传统美德，是人际交往顺利进行的基本保证。孔子强调：“言忠信，行笃敬，虽蛮貊之邦，行矣。言不忠信，行不笃敬，虽州里，行乎哉?”意思是说，为人言而有信，即使到了蛮貊地区，也可以行得通；说话不忠信，行事不笃敬，就是在本乡本土，也是行不通的。人无论是做人还是做事，都必须重诺守信，别人才会相信他，愿意与他打交道，彼此才有可能建立稳定的、长期的联系。孔子的弟子曾参曾有“吾日三省吾身”的修身养性规则，其一就是每日必自省：“与朋友交不信乎？”意思是：对朋友，我有没有不诚实、不守信的地方呢？学生在学习生活中，对朋友、对他人能做到言而有信、有诺必行，必能维系人心，增进朋友间的情谊。

重诺守信、有诺必行是学生成就未来的有力武器。重诺守信，人必近之；狡诈欺蒙，人必远之。对于守信用的人，人们会格外推崇、依赖和亲近；而对不守信用的人，则轻蔑、贬斥和远离。从这个意义上来说，重诺守信是开启成功之门的钥匙。我们每个人都喜欢和诚信的人打交道，并且都渴望获得成功。这就要求我们无论是做人还是做事，都必须恪守承诺，用自己的诚心换取别人的诚心，在互惠互利的基础上，共同取得成功。那些靠欺骗手段混迹于世的人，或许会一时得逞，获取一些名利，但终会是昙花一现，自我毁灭。面对未来职场中的激烈竞争，只有真正恪守承诺、诚实守信的学生，才会取得最终的成功。

案例链接

守诺助开成功之门

A是一位应届毕业生，她凭借优异的成绩顺利去了一家外企上班。由于缺乏工作经验，在签劳动合同时，她就只提出了每月2 000元的工资要求。由于工作与她的专业比较对口，加上她工作也认真，学习能力又很强，所以没过多久，她就已经得心应手。

然而第二年，那些初来乍到的新员工却没有像她当初那样做事小心谨慎，在没有熟悉工作要求的情况下，就向单位提出每月5 000元的工资标准，单位竟然也同意并与之签订劳动合同。

A心里很不是滋味：“我自己辛辛苦苦地工作，总是努力将自己的工作做到最好，可是一年多以来，一直每个月就只有2 000元，公司凭什么给那些什么都不懂的新员工那么高的工资？”但是她明白抱怨没有任何用处，因为自己当时和公司签订了三年的劳动合同，而且每月2 000元的工资是自己给公司提出来的。

随着时间的推移，A对自己每月2 000元的工资待遇越来越不满，周围的好多同事也劝她去申请加薪，若上级不批，大可以跳槽。

她想同事的话也很有道理，但是又想想自己和公司一年前签订的劳动合同，明明是自己提出来的每月2 000的工资，公司只是按劳动合同执行，现在却去要求加薪，似乎有点说不过去。而如果现在就跳槽到别的公司去，那就是违约，自己就成为一个言而无信的人了。

想到这里，A下了决心：先把剩下的两年干完再说。如果到时候单位还不加薪，她就辞职跳槽，如果加薪，她就继续留在这里工作。

三年的合同期终于满了，A鼓起勇气，主动走进经理的办公室，准备递交辞职报告。经理非常热情地招呼她就座，还没等她把辞职报告拿出来，就将事先准备好的储蓄卡交到她手上。

"这个卡里是你这三年应得的劳动报酬，由于我们双方之前劳动合同上的规定，就没有给你加薪。但是三年内你一直努力地工作，所以公司决定按照新员工的标准把你以前的薪水全部补上。"

听到经理的话，A心里的一块石头终于落地，两年多来的心事终于了却了。

经理说："如果你愿意，我们非常欢迎你继续留在本公司工作。"A微笑着，从容地点了点头。

经理接着又宣布，"从明天起，你就是分公司经理，月薪7 000元。公司相信你一定会在新的岗位上做出更好的成绩。"说完以后，经理和A相互信任的看着对方，双手紧紧地握在了一起①。

点评：承诺一经做出，就不可以临时改变或退出，不可以出尔反尔，只能遵守下去。

（二）不要轻易许诺

盖茨有句名言：如果你不能履行自己的诺言，就不要轻易地许诺。我们提倡重诺守信，但同时也要求不要轻率许诺，把问题看得过于容易。《老子·六十三章》说："轻诺必寡信，多易必多难。"这句话的意思是：轻率地允诺，必定少讲信用；把事情看得很容易，必然会有很多困难。

世界上的事物总是发展变化的，你原来可以轻松做到的事情，可能会因为条件的变化，例如时间的推移、环境的变化而变得困难重重。如果你轻易地承诺别人，不仅会给以后自己的行动带来困难，对方也会因为你不能兑现承诺而失望。因为，当对方没有得到你的承诺时，他不会心存希望，更不会焦急等待，自然也不会有失望；相反，你若承诺，无疑在他心中播下了希望，此时，他可能一心指望你的承诺能够得以实现。而你随意的承诺很可能改变他已经制订的计划，一旦你给他的希望落空，那将会扼杀他的希望。所以，不可以随便地给别人承诺，信口开河。明智者应事先充分估计客观条件，尽可能不做那种没有把握的承诺，给人承诺时，不要把话说得太满，应留有一定的余地。须知，有了承诺，就应该努力做到，千万不要开空头支票。

（三）凡有承诺，一定兑现

凡有承诺，一定兑现，不管是对别人的承诺，还是对自己的承诺。然而，很多时

① 刘光明.诚信决定命运：驰骋职场的秘诀.北京：经济管理出版社，2009.

候，我们将对自己的承诺忽视了。原因在于除了自己，没有人知道这个承诺。比如开学初，你给自己拟订了一个阅读计划，计划在一学期内读多少本书，这件事情无人知道，是你个人的秘密。但是，一学期过去了，或许是自己太忙，或许是出于懒惰，你一再地推迟自己的阅读进展，书本被你扔在一边。读书乃小事，但是因为这件事情，你欺骗了你自己，对自己失去诚信，可是你认为这并不重要，因为没有人知道，也没有人因此而看轻你。

重诺守信是一种习惯，当你认为某些对自己的承诺不重要而屡屡原谅自己时，距离你对他人不讲诚信的那一天，也许就为时不远了。对自己守信，不仅是对你事业的负责，更是对自己人品的负责。

三、勇于负责

名言警句：

人生须知负责任的苦处，才能知道尽责任的乐趣。

——梁启超

一个人若没有热情，他将一事无成，而热情的基点正是责任心。

——［俄］托尔斯泰

对人守信、对事负责是诚信做人的基本要求。爱默生说："责任具有至高无上的价值，它是一种伟大的品格，在所有价值中它处于最高的位置。"科尔顿说："人生中只有一种追求，一种至高无上的追求——就是对责任的追求。"

何为责任？对责任的理解通常可以分为两个方面。一是指分内应做的事，如职责、责任、岗位责任等；二是指没有做好事情或犯了错误，而应承担的不利后果或强制性义务，如担负责任、承担后果等一个人不得不做的事或一个人必须承担的事情。

在生活中我们要勇于承担责任，因为承担责任能促进自己的成长和发展。承担责任就会承担压力，而压力会产生动力，激励自己充分发挥个人潜能，克服种种困难，去实现自己的奋斗目标；承担责任才能赢得别人的信任，得到别人的帮助和支持；承担责任才能获得自尊和自信，在履行责任中增长才干，获得社会的承认和赞誉。一个缺乏责任感的人，或者一个不负责任的人，首先失去的是社会对自己的基本认可，其次失去了别人对自己的信任和尊重，甚至失去了自身的立命之本——信誉和尊严。

（一）做好分内事

勇于负责首先就应该做好分内应该做的事情，也就是承担应当承担的任务，完成应当完成的使命，做好应当做好的事情。

案例链接

文花枝——用生命践行诚信

2007年被评为全国“诚实守信道德模范”的学生文花枝在生死关头把生的希望让给游客，把死的威胁留给自己。她以不惜生命、先人后己的行动，兑现了诚实守信、服务游客的诺言。

2005年8月28日，在陕西省洛川县境内的210国道上，一辆西安旅游集团的中巴车满载着来自湖南的乘客前往延安游览，却不幸遇上一场突如其来的车祸。原本充满欢声笑语的客车被撞得严重变形，哭喊声、呻吟声、求救声异常凄惨，死亡的阴影笼罩着游客，所有人都失去了活的希望。危急时刻，车厢里传来微弱的鼓励声：“挺住！加油！”“大家一定要坚持，等待救援”。这个声音虽然微弱，却透着一股沉稳、坚定，让受伤、受惊的游客从死亡的噩梦里看到生的希望。事后许多亲历者都说，正是这个坚定的声音，给了大家支撑下去的勇气。

在此后的救援行动中，一位伤势比较严重的女孩却多次拒绝了救援，“我是导游，先救游客！”，直到此时，人们才知道刚才那微弱的鼓励声正是导游文花枝。在这起6人死亡，14人重伤、8人轻伤的重大交通事故中，文花枝是伤得最重的一个，但重伤的她一直牢记着自己的神圣职责。文花枝是最后一个被救出来的。她左腿9处骨折，右腿大腿骨折，髋骨3处骨折，右胸第4、5、6、7根肋骨骨折。由于延误了宝贵的救治时间，医生不得不为文花枝做了左腿截肢手术。

文花枝一直是一个用真诚和微笑对待游客的阳光女孩。她常说：“作为导游就是要把游客当成朋友和亲人。”每带一个团，她都按事先的承诺服务；每到一个地方，她都提醒游客购物要谨慎；每到吃饭的时候，她都先安排好游客，自己最后才吃。游客对她的称赞是：她是我们人品上的“导游”，是我们职业道德的“导游”。

点评：生命攸关之时，身为导游的文花枝并没有忘记导游的神圣职责，把生的希望留给别人，表现了一个普通导游先人后己、忠于职责的忘我境界，以实际行动践行了诚信。

（二）勇于承担不利后果

勇于负责还意味着在没有做好自己应该做好的事情的前提下，勇于承担不利后果或履行强制性义务。

案例链接

35 次紧急电话

一天下午，在日本东京奥达克余百货公司，索尼专柜的售货员彬彬有礼地接待了一位来买唱机的美国女顾客。售货员为她挑选了一台未开封的索尼牌唱机。稍后，售货员清理商品时发现，原来错将一个空心唱机货样卖给了那位美国女顾客。于是，立即通知了百货公司的保安。保安四处寻找这位女顾客，但不见其踪影。售货员和保安向百货公司经理报告了此事，经理接到报告后，觉得事关顾客利益和公司信誉，非同小可，于是马上召集有关人员研究。当时只知道那位女顾客叫基泰丝，是一位美国记者，还有她留下一张"美国快递公司"的名片。

据此仅有的线索，奥达克余公司公关部连夜开始了一连串接近于大海捞针的寻找。先是打电话，向东京各大酒店查询，毫无结果。接着，打国际长途，向纽约的"美国快递公司"总部查询，深夜得到回话，得知基泰丝父母在美国的电话号码。终于联系到了基泰丝的父母，进而打听到基泰丝在东京的住址和电话号码。几个人忙了一夜，总共打了 35 个紧急电话。

第二天早上，奥达克余公司先给基泰丝打了道歉电话。几十分钟后，奥达克余公司的经理和公关人员急速赶到基泰丝的住处。两人见到基泰丝首先表达了深深的歉意，除了奉上一台全新的合格产品外，又加送了几张唱片和一些礼品。当基泰丝询问他们如何找到她时，奥达克余公司经理打开记事本，告诉了基泰丝他们如何通宵达旦查询她的住址和电话号码并及时纠正这一失误的全部记录。

基泰丝深受感动，她坦率地告诉他们，她买这台唱机，是准备作为见面礼，送给东京的外婆的。回到住所后，她打开唱机试用时才发现，唱机没有装机心，根本无法使用。当时，她火冒三丈，觉得自己上当受骗了，立即写了一篇题为《笑脸背后的真面目》的批评稿，准备向奥达克余公司兴师问罪。没想到，奥达克余公司纠正失误如同救火，为了一台唱机，花费了这么多精力。基泰丝于是重写了一篇题为《35 次紧急电话》的报告文章。

《35 次紧急电话》见报后，反响强烈，奥达克余公司因一心为顾客着想而声名鹊起。

点评：千里马也有失蹄之时，企业在经营过程中难免会有失误的地方，导致企业形象受损。问题在于，事情一旦发生，应当如何对待？奥达克余公司的做法是值得学习的，公司对于自身的失误，树立了正确的态度：亡羊补牢，向公众表明解决问题的诚意，求得公众的谅解和合作，使失误对企业形象的破坏降到最低程度，并由被动变为主动。

人人都会犯错误，做事情也不总是都会成功，这是非常普遍的现象。人们往往对于承认错误和担负责任怀有恐惧感，因为承认错误、担负责任往往会与接受惩罚相联系。很多人习惯性地把失败归咎到外部环境和他人身上，总是寻找各式各样的理由和借口来为自己开脱。没有谁能做到尽善尽美，但是，主动承认错误的人至少是勇敢的，如何对待已经出现的问题，能看出一个人是否能够勇于承担责任。在我们身边，在我们周围，我们做的每一个决定，处理的每一件事都要对它的负面效果勇于负责。没有了勇于负责的精神，我们的整个社会体系也就无法健康地持续发展下去。

案例链接

失信的代价

陈任和张明新到一家速递公司，被分为工作搭档，然而一件事却改变了两个人的命运。一次，陈任和张明负责运送一件昂贵的古董。在交货码头，陈任把邮件递给张明的时候，张明却没接住，古董掉在地上摔碎了。

张明趁着陈任不注意，偷偷来到老板办公室对老板说："这不是我的错，是陈任不小心弄坏的。"随后，老板把陈任叫到了办公室。"陈任，到底怎么回事？"陈任就把事情的原委告诉了老板，最后陈任说："这件事情是我们的失职，我愿意承担责任。"

后来，老板把陈任和张明叫到了办公室，对他俩说："其实，古董的主人已经看见了你俩在递接古董时的动作，他跟我说了他看见的事实。我也看到了问题出现后你们两个人的反应。我决定，陈任留下继续工作，用你赚的钱来偿还客户。张明，明天你不用来工作了。"

点评：职场中，老板更欣赏敢于承担责任的员工，这样的员工才能给人以信赖感，才会忠于职责。

人这一生不可能只行使权利，更多的是尽责任。人这一生有太多太多的应尽责任，毕竟它的存在，是上天给我们的考验。有的人自知通不过这场考验，推卸掉了，逃避了，看似轻松了，事实上，那些人只是随时光的消逝而逝去，过着轻于鸿毛的一生。有的人承受住了这场考验，尽管会劳其筋骨，饿其体肤，尽管也会像前者那样随时光的消逝而逝去，但他的一生重于泰山。正如臧克家先生所说的："有的人活着，他已经死了。有的人死了，他还活着。"

四、严于律己

> 名言警句：
>
> 严于律己，宽以待人。
>
> ——周恩来《团结广大人民群众一道前进》
>
> 行谨则能坚其志，言谨则能崇其德。
>
> ——胡宏

严于律己，顾名思义，就是在思想道德及行为上更加严格要求自己。道德具有自律性的特点。道德作为一种社会规范提倡“应当怎么样”“不应当怎么样”，而不是强行规定“必须怎么样”“不准怎么样”，它依靠不具强制性的社会规范和人们的心理价值选择发挥作用。一个人选择道德的行为或者是放弃不道德的行为，主要是通过自律机制实现的。诚信作为一种社会美德，它的维系和实现主要靠个人自律，关键在于个人内心信念的选择，如果缺乏自律性，其他的外在倡导和约束很难起到作用。学生要成为诚实守信的人，关键在于时刻严格要求自己，提高自觉性，加强自身的道德修养。

在诚信道德品质的修养方面，自省和慎独两种方法值得推广。

自省即内省，是一个人对自己的品行是否合乎道德规范进行的自我检查。通过对自己品行的检视与评判，可以使人知道自己道德修养的实际情况，从而了解自己有哪些不道德的恶的品行需要纠正，有哪些善的品行可以继续发扬。不断自省可以促进自己道德修养不断趋向完美。

慎独的意思就是即使在无人的情况下也要时刻检查自己的行动，警惕自己的言行是否有什么不妥。大多数人在公共场合、在有人监督的情况下往往能遵守规则，严格要求自己，而在无人在场的时候，因为没有人看见或听见，就不再自觉遵守规则。慎独就是以自己的道德意识为约束力，有人在场遵守道德，无人在场同样遵守道德，绝不因为没人看见、没人听见就违背道德。

案例链接

杨震辞金

东汉杨震在担任荆州刺史时，发现秀才王密是个人才，便举荐王密为昌邑县令。后来杨震改任东莱太守，路过昌邑时，王密对他照应得无微不至。到了晚上，王密悄悄来到杨震住处，见室内无人，便捧出黄金10斤送给杨震。杨震连忙摆手拒绝说：

“以前因为我了解你，所以举荐你；你这样做就是你太不了解我了！”王密轻声说：“现在是夜里，没人知道。”杨震正色道：“天知，地知，你知，我知，怎么说没人知道！”王密听了，羞愧地退了出来。杨震为官公正廉洁，不接受私礼，其子孙也是蔬食步行，生活朴素。有些老朋友劝他置点产业留给子孙，他说：“使后世称为‘清白吏子孙’，用这样的好名声作遗传，不是十分丰厚吗？”

点评：“杨震辞金”告诫人们在个人独处的时候，也能严于律己，谨慎地对待自己的所思所行，防止有违道德的欲念和行为发生，为人们树立了“慎独”的典范。

学生的自我意识、自我教育、自我管理的能力相对较高，在日常生活中，学生也应以“自省”和“慎独”为依托，培养自我省察、自我克制和自我约束能力，增强自身的诚信自觉意识和自律意识。

拉罗什夫利有句名言：“意志薄弱的人，一定不会诚实。”在日常的学习生活中，学生们遇到的诱惑和考验很多，做一个讲诚信的人，就要严格要求自己，能经受住诱惑和考验，从小事做起，从自我做起，自觉抵制不诚信的思想和行为。

行动指南

◆不欺骗自己，用诚信点缀内心。

◆学会相信别人，有了信任，生活才会阳光明媚。

◆不轻易许诺，只要是答应别人的事情，无论有多么困难，一定要想方设法做到。

◆塑造责任意识，以认真负责的态度面对人和事。

◆事不避难，敢于担责，不为所犯的错误找借口推脱。

第三节　诚信与求学

胡锦涛在清华百年校庆大会上，曾给清华大学的同学们和全国青年学生提三点希望，第一点希望就是：希望同学们把文化知识学习和思想品德修养紧密结合起来。学生朝气蓬勃，善于接受新事物，正处于学习的黄金时期，应该珍惜美好青春年华，以只争朝夕的精神，刻苦学习科学文化知识；同时也要注重思想道德修养，而学生的诚信建设便是思想道德修养的最重要的内容。因此，学生在求学之路上，必将诚信作为思想道德建设的第一要务。

一、踏实求学

名言警句：

在一切道德品质中，善良的本质是世界上最需要的。

——［英］罗素

处己、事上、临下，皆当以诚为主。

——薛瑄

踏实求学是针对学生学习生活中的诚信问题提出的基本要求，包括学生课内和课外的诚信学习，贯穿于学生学习的各个环节，体现在学生学习的各种方式之中。就是说既要求学生在课堂学习中诚信为学，也要求其在课外学习中诚实不欺；既要在平时的学习中诚而有信，也要求在考核考试中不弄虚作假；诚信既要体现在书本学习中，也要体现在社会实践、实习中。

（一）课堂学习诚信

依照高校教务部门设置的课程体系，积极参加本专业各门课程的教学活动，特别是课堂上的教学活动，是学生的本分之事，也是学生成才的重要基础。参加课堂教学活动，也是在校学生获取知识的主要途径。在校学生应当按时完成教学活动，认真掌握所学知识，为将来步入社会打好坚实的基础。然而，部分学生对学校规定的教学活动持一种可有可无的无所谓态度，经常性旷课、逃课，迷恋于网络游戏，或者在课堂上从事与学习无关的其他活动，严重违反了学生课堂诚信规则。

关于逃课，不同阶段的学生有着不同的看法，中学生里流传着这样一句话："想旷课都难。"同样是逃课，到了大学，"想不旷课都难""必修课选逃，选修课必逃""不逃课的学生活是不完美的学生活"等诸多"经典名言"，早已经是学生心领神会而且公认的不成文的习俗了。毫无疑问，在当今的大学里，逃课现象不但不是什么新鲜事情，而且相当普遍，大有愈演愈烈的趋势，成了令老师心痛、学校心痛、家长心痛的一块顽症。

目前在校学生的逃课情况可以分为两种，即"显性逃课"和"隐性逃课"。"显性逃课"是指学生没有取得任课教师的批准而擅自不去上课。据对山西省10余所高校学生逃课现状调查显示，学生"显性逃课"现象频繁，65%的学生有过"显性逃课"的经历，5%的学生经常"显性逃课"。基础课程"显性逃课"率在25%以上，专业课程"显性逃课"率在20%左右，至于哲学、政治经济学、思想道德修养、中国近代史纲要等公共课程的"显性逃课"率在50%以上①！从不"显性逃课"的学生几乎成了大

① 冯焱.学生逃课现象刍议.太原：山西高等学校社会科学学报，2006(9).

熊猫级的珍稀国宝，于是由于学生“显性逃课”引起了不少的争议。可以说，“显性逃课”是学生求学道路上严重的失信行为。

针对此现象，很多教师采取各种手段，来保证课堂的到课率，其中，课堂点名并将其与期末成绩挂钩是被普遍采用的方法，但收效一般。正所谓上有政策，下有对策，很多学生假借生病或有事等缘由向任课教师请假，更有甚者让其他到课同学帮忙搪塞考勤。

表4-3-1是全国东南西北中五大区域里，选择了包括18个省份和直辖市在内的64所不同类型高校的2万名学生对于“谎言请假或帮缺课同学编个理由搪塞”等现象的存在状态与性质评判的调查数据。数据表明，学生在课堂考勤方面的不诚信状况确实比较普遍，且近六成的学生对考勤失信的行为持宽容理解，甚至有肯定的倾向。

表4-3-1　学生对“谎言请假或帮缺课同学编个理由搪塞”等现象的存在状态与性质评判①

		谎言请假或帮缺课同学编个理由搪塞考勤							
		存在状态（%）				性质判别（%）			
		较普遍	少数	个别	不存在	不诚信之举	无奈之举	正常行为	聪明行为
学校类别	重点高校	48.7	33.5	15.9	2.0	43.2	41.9	13.6	1.3
	一般高校	47.8	32.6	16.8	3.0	42.0	42.6	14.0	1.4
	独立高校	51.7	33.3	14.0	1.0	40.1	41.6	17.2	1.1
	高职院校	40.1	29.4	25.5	5.0	43.2	42.1	12.8	1.8
	民办高校	47.2	33.0	18.1	1.8	41.8	44.6	12.3	1.2
学生类别	研究生	53.8	31.1	13.6	1.8	41.8	44.0	12.5	1.6
	本科生	48.1	33.4	16.3	2.2	42.4	42.2	14.1	1.2
	专科生、高职生	42.2	32.0	22.3	3.5	44.1	41.0	13.2	1.7
年级类别	一年级	46.9	33.0	18.0	2.2	47.8	40.1	10.8	1.3
	二年级	50.4	33.7	14.3	1.6	41.5	42.5	14.9	1.1
	三年级	48.4	31.3	17.6	2.6	41.9	42.3	14.3	1.4
	四年级	47.3	34.0	16.0	2.7	40.2	43.8	14.6	1.3
	五年级	48.1	42.3	9.6	0.0	30.6	40.8	14.3	14.33
平均		48.2	33.0	16.5	2.3	42.6	42.3	13.8	1.3

① 董娅，廖小明，刘维. 学生学习诚信的现状调查与深度分析. 西南大学学报：社会科学版，2008.

所谓的“隐性逃课”是针对“显性逃课”而提出的，就是指学生按时来上课，不迟到也不早退，坐在教室里似乎也在认真听课，但实质则“人在曹营心在汉”，心思早已和课堂学习分道扬镳了，只顾做自己的事情（自学其他课程、听MP3、用手机短信聊天等）。据对河北某高校学生调查结果显示，约90.58%的学生有过隐性逃课经历，约68.59%的学生有过1/4课堂时间都在隐性逃课的经历，约8.11%的学生有过整堂课都在隐性逃课的经历。隐性逃课方式各式各样，主要有学习其他科目，赶作业，玩手机，听音乐，睡觉，看报纸、杂志、小说，发呆，聊天等。其中，学习其他科目或赶作业的人最多，共计可达53.93%；玩手机（打游戏、网聊、发短信）其次，约为40.97%；阅读书籍、报刊约有39.79%；睡觉、发呆、想事情的约有28.27%；选择其他的约有8.77%。从隐性逃课的课程种类看，必修课好于选修课，专业基础课好于公共课，专业必修课隐性逃课的人最少，公共选修课隐性逃课的同学最多。从学生对隐性逃课的态度调查中，回答可以理解的同学约有76.04%，表示不支持的同学约有12.04%①。

这种来上课但不听课的“隐性逃课”现象，与“显性逃课”的不上课也不听课自然也有异同之分，但它对于教学质量的影响远比显性逃课来得隐蔽、巨大，眼睁睁地看着教学质量在到课率高的假象背后急剧下降。

导致学生“逃离教室”和“心离课堂”的原因有很多，除了社会大环境的影响、学校管理体制的缺陷、专业课程设置不合理、教师的不作为及上课效果不佳等原因外，学生自身原因需要引起高度重视。目前学生大多为1985年以后出生，也就是我们所说的“80后”的一部分，甚至还有部分“90后”，他们当中有一部分人群，更具个性，更加自我，做事情我行我素，缺乏责任意识，将逃课行为视为平常之事，严重践踏了诚信课堂规则。

无论是哪种逃课行为，都是学生严重的学业诚信缺失行为，自学生迈入大学门槛的那一刻，就无形中与学校签订了契约，即遵守学校的各项规章制度，按时上课是学生的权利，更是学生的义务，也是对于学校、对于家长、对于学生本身的一种负责任的诚信行为。更重要的是，严格遵守课堂制度，对于塑造学生坚毅的品质，形成良好的学习和思维方式有着重要的作用。因此，当代学生应该将诚信作为约束自己进行课程学习的一条道德准则，这也将成为学生将来步入社会，遵守社会公约的初步适应过程。

---

① 张晶．对独立学院隐性逃课的调查．世纪桥，2010（15）．

案例链接

学生逃课理由一览

早上八点的课……那么早……还让不让人睡觉了……不去了……

早上十点的课……下课食堂都没位置了……还让不让人吃饭了……不去了……

下午两点的课……午觉还没睡醒呢……还让不让人长身体了……不去了……

下午四点的课……中午十一点就吃饭了……下午撑到那时候……想饿死人啊……不去了……

晚上的课……白天不上课晚上还去上……怕人家说我假积极……真矫情……不去了……

不点名的课……不点名去干吗……不去了……

点名的课……别以为点名就可以束缚我们……君子坦荡荡……不去了……

心情不好……没心情上课……不去了……

心情好……上课多影响心情啊……不去了……

老师讲得不好……误人子弟……呸……不去了……

老师讲得好……人太多了……抢不到前排座位……不去了……

过节的前几天……都要过节了……谁还上课啊……不去了……

过节的后几天……刚过个节多累啊……休息几天……不去了……

既不是过节的前几天又不是过节的后几天……没节过……心情不好了……不去了……

天气不好,下雨……这么差的天气干吗还要出去上课……不去了……

天气很好,晴朗……这么阳光明媚用来上课多浪费了……不去了……

点评:无心上课,何患无辞?

诚信到课堂,不仅要求我们学生做到不逃课,更要养成勤于思考、热爱学习的好习惯。学生学习与中小学生学习不同,在课堂上,大学教师的课堂讲授普遍是以引导学生思考为主,学生在掌握基础知识或基本原理的情况下,积极发散思维,对于这些知识有更深一步的理解乃至研究。因此,我们可将学生学习定义为一种创新型学习,这就要求学生在课堂上积极思考,在倾听老师讲授的同时,要学会培养或建立自己的思维模式。当一个人对所学知识的理解达到一定程度后,对其兴趣度也会随之增长,随着兴趣度的增长,他会不知不觉在学习上投入越来越多的时间,久而久之,就会养成热爱学习的好习惯,这也是对当代学生学习的基本要求。

案例链接

杨振宁的课堂学习

杨振宁在华中理工大学的演讲“我的治学经历与体会”中提到，他在昆明西南联大学习的时候，学过量子力学，量子力学是物理学中的一门基础课，当时的任课教师是王竹溪教授。王教授教得非常全面，也非常深。杨振宁在课堂上听得也非常认真，并且做了详细的笔记，尽管当时笔记本的纸质比现在的手纸还要粗糙。到了芝加哥大学后，著名物理学家泰勒也开了量子力学，杨振宁又重新选了这门课。在听泰勒教授讲课之前，杨振宁对量子力学已经有了相当多的认识，当听到泰勒教授的讲授时，杨振宁可以洞悉泰勒教授在物理学上的想法，例如：他注意什么，不注意什么；哪些真正是他心里觉得值得注意的，哪些只是雕虫小技，是不重要的。通过这点，杨振宁学到了很重要的东西，就是像泰勒这样的物理学家，对物理学的价值观念是什么，在这方面，杨振宁坦言，他受到了很大的启发。

点评：杨振宁告诉我们，在课堂上认真听讲，勤于思考，就会有意想不到的“收获”。

当代学生应该将诚信作为约束自己进行课堂学习的一条道德准则，诚信课堂学习不仅有利于培养学生的自学能力，建立发散性思维模式，也将成为同学们将来步入社会，遵守社会公约的初步适应过程。

案例链接

为了父母我也要诚信求学

小李是四川大学锦城学院2008级的一名学生，家在四川省南充市一个小县城，其父母都是当地的农民，全家经济来源仅靠几亩薄田，家庭经济情况比较拮据。小李入学后，勤俭节约，衣食住行的花销比其他同学节省近一半。在学校学习期间，小李从没有逃过一节课，这在逃课现象普遍的大学校园里是难能可贵的，当被问及坚持不逃一节课的原因时，小李眼含泪水说：“我的爸爸妈妈赚钱很不容易，我的学费花光了家里的钱，爸爸妈妈为此还借了外债，为了减轻爸爸妈妈的压力，我本不想读书了，但是爸爸妈妈说，就算砸锅卖铁，也要让我读大学！我不想辜负爸爸妈妈的一片苦心，所以，我对自己说，一定要好好学习，报答父母的恩情。至于逃课，我根本就没有想过，作为学生，上课是本分，也是对老师的尊重，这是诚信问题。况且我也舍不得，逃一节课，就等于爸爸妈妈白干几天的农活，我心疼！”就是这个懂得感恩的女孩，怀

着感恩父母的心，秉着诚信求学的态度，以优异的成绩，连续三年获得校级奖学金、2009—2010年、2010—2011年度国家励志奖学金，并获得校"优秀学生"称号。

点评：讲诚信、懂感恩，当代学生的楷模！

（二）作业诚信

作业是对课程教学效果的检验，也是对课堂教学的有益补充，可以起到复习和巩固课堂所学知识、提高学生分析和解决问题的能力等重要作用。通过批阅学生的作业，教师可以了解学生对课堂所学知识、技能的理解、掌握和运用情况，从而能更有针对性地开展教学。因此，诚实、独立地完成作业，是对学生的基本要求。可是，大部分学生却经常拖欠作业，甚至抄袭作业。在一些高校中抄作业现象是较为普遍的，对这种不良学习习惯的调查数据令人担忧（见表4-3-2）。

表4-3-2 学生在作业、实验实习（含社会实践）等平时学习中的诚信表现①

		对待平时作业（%）			做实验或做社会调查（%）		
		完全自己做	自己做一些，抄一些	基本上抄	认真做并尊重事实结论	象征性地做，然后编个结论	完全抄同学的
学校类别	重点高校	25.9	67.9	6.2	50.7	46.9	2.4
	一般高校	25.7	67.2	7.2	46.3	51.2	2.5
	独立高校	15.3	73.8	10.9	37.5	59.5	3.0
	高职院校	14.2	71.6	14.2	37.8	57.2	5.2
	民办高校	24.6	65.2	10.8	45.6	49.2	5.3
学生类别	研究生	30.4	64.2	5.5	55.6	42.3	2.1
	本科生	24.3	68.7	7.1	47.4	50.2	2.6
	专科生、高职生	23.3	66.4	10.3	43.9	51.8	4.3
年级类别	一年级	32.5	63.5	4.0	56.0	4.21	1.9
	二年级	25.4	68.4	6.2	48.3	49.3	2.5
	三年级	21.0	70.5	8.5	46.2	51.0	2.8
	四年级	22.6	68.5	8.9	44.5	52.3	3.2
	五年级	39.0	50.8	10.2	41.4	48.3	10.3
平均		24.9	67.9	7.2	48.1	49.2	2.7

一个大学女生在日记中这样写道："我大一时一位老师有句很经典的'台词'，你

① 董娅，廖小明，刘维.学生学习诚信的现状调查与深度分析.西南大学学报：社会科学版，2008(3).

现在抄作业，就考不了高分；考不了高分就找不到好工作；找不到好工作就挣不到钱；挣不到钱就买不到饭吃；买不到饭吃就会饿死。即抄作业的人以后会间接饿死！当然，老师的话是严重了。在当今就业形势日益严峻之下，谁都知道要学好专业知识以便找个好工作，谁都知道独立完成作业是学好知识的保证。一开始我也坚持不抄作业，偶尔抄一次也会好几天心里不舒服。可后来，看到身边的同学都在心安理得地抄作业，我也动摇了。抄作业真是又快又省事。有时候也会想，这样抄下去考试怎么办？也知道不能再抄作业了，可是看到别人在抄，我又不由自主……"

我们不禁要问：是谁动了我的作业本？谁还在抄作业？抄作业的"主力军"，首当其冲是那些经常逃课的同学。他们有的沉迷于网络无法自拔，有的对所学专业不感兴趣进而产生厌学情绪。课堂上常常看不到他们的身影。为了应付老师，更为了老师那句"平时作业成绩占期末总成绩的10%"，他们总是在要交作业的"紧要关头"，匆匆捞起一本来，看都不看，照葫芦画瓢，敷衍了事。还有一类同学是偶尔抄抄作业。他们有时因为事情多会忘记做作业，要交作业时只好先抄了再说。课后他们一般会自己私下里将作业再做一遍。有时是因为遇到难题不会做，又不好意思向老师和会做的同学请教，只好借3到5个版本的作业，细心研究别人做题的思路，然后再自己动手动脑将作业做出。这类同学抄作业应该算是抄得比较"聪明"的。

学生们为了交作业而抄作业，教师们为本分工作而批改这些多为"盗版"的作业，且是日复一日、年复一年，无奈、无谓地消耗着宝贵的时间和精力，这岂不是无形之中吞食着学生和教师的青春和生命吗？因此，高校应该制订学生课程作业诚信制度，明确规定学生完成作业的质量和时间要求，并且提出相关的诚信要求以及违反诚信的处罚措施。作为学生，也要以诚信完成作业作为日常学习的准则，以巩固课堂学习效果，提高自身专业能力。

案例链接

抄袭的得与失

美国堪萨斯州城郊的一所叫Piper的学校，118名学生被要求完成一项课程作业，其中28名学生从互联网上抄袭了一些现成的材料。此时被任课女教师Pelton发现，判定为剽窃，于是28名学生本科课程得分为零，并面临留级危险。在一些当事人家长的抱怨和反对下，校方要求该位女教师提高那些学生的得分，这位27岁的女教师愤然辞职。此后，女教师每天都接到十几个支持她或打算聘用她的电话。一些公司已经传真给学校索要当事学生的名单，以确保公司今后永远不会录用这些不诚信的学生①。

点评：社会对诚信的人永远敞开接受的大门，而对于那些不诚信的人，大门却只能紧锁。

（三）考试诚信

考试是学生在校期间最司空见惯的事情，贯穿于学习生涯的始终，它是教学效果的检验，也是对学生知识掌握程度的测评。遵守考场制度和纪律是每个学生最基本的道德规范，只有诚信考试，才能考核出每个学生掌握知识程度的真实水平，不同的分数结果不仅可以督促同学们继续努力学习，争取更好的成绩，还为各个学校的奖、助学金评定，优秀学生或优秀学生干部的评定工作提供了比较客观公正的参考标准，这对于引导学生应该如何追求个人成绩与荣誉提供了正确的途径，对于和谐班级氛围的构建也具有重大的意义。

有的学生平时学习不认真，考试没底，想通过作弊，取得更好的成绩，有的只是蔑视考试的权威性等等，动机各不相同。有人专门就学生作弊的心理因素做过分析，从作弊行为主体角度出发，分为以下一些心理因素：功利心理、冒险心理、担忧心理、懒惰心理、投机心理、从众心理、互惠心理、逞能心理、逆反心理等。总之，巧立各种名目，在考试时极尽作弊之事、弄虚作假、骗取成绩，考试后又千方百计地找路子、打招呼，希望老师能够在分数上高抬贵手，此等做法严重扰乱了校园的风气，应该受到众多师生的鄙夷，然而，这些行为在高校中却屡见不鲜。在较权威的搜索工具 google 上，键入“学生考试作弊”的字眼，就可以看到约有 6 170 000 项符合条件的查询结果。可见，学生考试作弊已经成为时下较受关注、也是发生频率较多的现象，学生对待作弊行为的看法及作弊动机也存在一定的差异化（见表 4-3-3）。从表 4-3-3 可以看出，目前我国各种高校的作弊行为比较普遍，学生们对待作弊的态度普遍较为宽容，作弊动机则以“不挂科顺利毕业”为主，“平时不学习，考前搞突击”，甚至寄希望于考场作弊，以求获得课程考试通过，很可能是这批人考试前最后的选择。这种风气的蔓延，对培养合格的人才非常有害。

① http://blog.sina.com.cn/s/blog_5f9091b00100dg92.html.

表 4-3-3　学生考试失信的范围、态度及动机的调查统计①

		考试作弊人数(%)				考试作弊态度(%)				学生作弊动机(%)			
		较多	较少	个别	没有	非常反感,希望严肃处理	可以理解但不为之	有机会可以试试	其他	为了不挂科,顺利毕业	为了考高分获得奖学金或其他利益	他人作弊,我不作弊吃亏	其他
学校类别	重点高校	20.9	48.6	28.8	1.7	36.6	56.2	5.0	2.2	74.6	19.5	3.6	2.3
	一般高校	28.0	48.2	22.3	1.5	33.9	58.1	5.3	2.8	79.9	15.0	3.2	1.9
	独立高校	35.6	46.6	17.0	0.8	29.0	60.0	8.0	3.0	84.9	9.8	3.3	2.0
	高职院校	38.6	44.9	15.3	1.2	26.2	62.3	8.0	3.5	86.8	9.9	2.3	1.0
	民办高校	34.0	45.9	19.1	1.0	25.9	65.2	5.2	3.7	83.7	11.1	2.7	2.5
学生类别	研究生	22.4	51.4	24.2	2.0	39.5	54.1	4.7	1.7	73.1	20.9	3.7	2.4
	本科生	24.3	48.0	26.3	1.4	34.9	57.4	5.2	2.5	77.7	16.7	3.4	2.2
	专科生、高职生	33.8	45.9	19.0	1.3	25.6	64.6	6.4	3.4	84.0	12.1	2.2	1.8
年级类别	一年级	19.6	51.8	27.1	1.6	36.8	57.5	4.0	1.6	80.7	15.1	2.5	1.7
	二年级	25.3	48.6	24.6	1.6	34.2	58.6	4.8	2.4	77.0	17.4	3.2	2.2
	三年级	26.3	47.4	25.0	1.3	32.5	58.7	5.7	3.1	77.2	17.2	3.4	2.4
	四年级	27.4	46.1	25.1	1.5	35.3	55.8	6.2	2.6	76.5	17.5	4.0	2.0
	五年级	25.9	41.4	24.1	8.6	30.5	57.6	5.1	6.8	68.3	13.8	5.2	17.2
平均		25.0	48.1	25.35	1.5	34.6	57.6	5.3	2.5	77.5	16.9	3.4	2.2

考试是公平、公正地检验人才、选拔人才的一种手段,而作弊则破坏了这种公平、公正,一方面使"学"有识、"才"有能的人失去机会,另一方面则使得那些"学"无识、"才"无能的人有可能得逞。作弊不仅会导致同学们对于公平的标准产生怀疑,更会令一些曾经充满斗志的同学逐渐产生投机取巧的念头,最终导致不学无术的不良后果。毫无疑问,作弊不可纵容。

诚信考试其实已是一个老生常谈的话题,在高等学府接受教育的学生没少接受诚信教育。现在谈到学生诚信考试,却让很多人不满。根据某大学校园教务在线系统 2007 年和 2008 年期末考试期间发布的"期末考试考风考纪通告",2007 年期末考试中有 12 个学生"夹带与考试内容相关的纸张,属于考试舞弊",而 2008 年期末考试中"夹带与考试内容相关的纸张,属于考试舞弊"的学生的数量上升到 55 人。令

① 董娅,廖小明,刘维.学生学习诚信的现状调查与深度分析.西南大学学报:社会科学版,2008(3).

人不解的是，在2008年期末考试开始之初，在第一份“考风考纪通告”中就有这样一条重申：“第一次舞弊，留校察看；第二次舞弊，开除学籍”。然而，少部分学生仍然顶风作弊，2008年期末考试作弊学生是2007年期末考试作弊学生人数的4倍多。虽然考场内总贴着“舞弊可耻、诚信考试”的醒目标语，但仍有一些学生不可避免地用非常手段通过考试，考试作弊现象屡禁不止：四、六级考试“枪手”频出，隐形耳机、短信传题大行其道……即便是在期中、期末考试期间，夹带、抄袭者仍大有人在，交头接耳、临场切磋的也不少。尽管各高校在《学生手册》中对考试纪律和违纪处理有明确的规定，并且安排了众多监考老师和考场督查及巡视人员，但遗憾的是无论何时考试，如何严格，总有人铤而走险，以身试纪。

案例链接

日本校园的考试诚信

日本校园一向以严谨的科学态度著称，“诚信”在日本大学里是一条人人自觉遵守的规范。一位到日本留学的中国学生给我们讲述，日本学生在考试时基本无人作弊。因为在日本的大学里，有些考试用不着作弊，而有些考试，学生不敢作弊，因为作弊的代价非常惨重。

日本的学生考试，可以带词典、书本、计算器，凡是学生认为用得着的都可以带进考场。在考试过程中，随时可以翻书查找公式。可是考试题都出得很灵活，翻书肯定是找不到答案的。所以，词典、书本、笔记本对应付考试基本上是没有用的。这位留学生到了日本，第一次考试就令他非常惊讶。老师发了试卷后就离开考场休息去了，根本不进行监考。一个小时以后老师回来了，也不收试卷，而是将标准答案写到黑板上，让学生自己对照标准答案给自己打分。同学们自报分数的时候，表情都很自然，有的报“80分”“30分”“50分”“60分”，最少的才十多分。这位留学生就想，有没有人趁机自己给自己多报些分数呢？据他观察，没有。

为什么会有这样的现象呢？原因有两个。第一，决定学生学业成绩的，不是某一次两次考试，而是要综合出勤和对知识的掌握、灵活运用情况而定。第二，这可能是至关重要的。假如有学生不是如实报告自己对自己的真实评分，将会被视为不诚实。而一旦被视为不诚实，该门功课的成绩肯定就是不及格了，这比打分低一点要严重得多。而且，不诚实的学生今后找工作、走上社会的一切活动都会受到影响，学生就不敢冒这种险了①。

---

① 胡善林.有一种美德叫诚信.北京：中国纺织出版社，2009.

点评:灵活的出题方式既可以防止作弊,又可以提高学生综合运用所学知识的能力,我们在佩服日本校方考试体制别具匠心的同时,也不得不承认其带给我们很多不同维度的教育新思路。

为防止考试作弊,我国各高校常规的做法是一经发现,校方给予严惩,轻者警告、留校察看,重则勒令退学、开除学籍。惩罚可谓是严厉,但却治标不治本,铤而走险者不减。

面对诚信缺失的道德病症在高校蔓延,上海高校率先在全国建立学生诚信管理制度,为每个在校学生设立个人信誉档案。该档案主要记载学生在校期间在诚信方面受到的奖惩情况,并借鉴金融系统客户信用等级评价的方法,给每个学生在校期间信誉状况一个客观等级评价。

其实,防止考试作弊,诚信考试,最主要的是从学生自己身上找原因,那些手段和制度都不是解决问题的根本方法,最根本、最直接的方法就是每个学生应诚信做人、诚信考试。

案例链接

新型考试法让"作弊"无路可走

四川大学锦城学院工商管理系近日推出了新型考试方式——综合考试法。这种考试方式打破了传统的一卷定分制,最终课程成绩由三个分数综合决定,三个成绩分别为平时成绩、口试成绩和期末笔试成绩。平时成绩:口试成绩:期末笔试成绩 = 3:3:4,平时成绩由到课率及作业分数决定,口试采取现场抽题即兴作答方式,作答后教师当场打分数,笔试也多采取灵活性较强的题目。学生们对于此种考试方式有着不同的见解,绝大多数同学持认可的态度,也有一小部分的同学说适应此种新型考试方法还真需要些勇气。四川大学锦城学院工商管理系的系主任左教授说,新型考试法有很多好处,首先,提高平时成绩比重有效地控制了学生无故旷课的行为;其次,灵活的出题方式促使学生注重知识的运用;第三,口试的方式极大地锻炼了学生的心理素质和口头表达能力;第四,大大减少了学生作弊的可能性。

点评:新型考试法无疑是应试教育转变为素质教育的一个典范,优点多多,值得推广。

二、严谨求是

名言警句：

失去了诚信，就等同于敌人毁灭了自己。

——[英]莎士比亚

进学不诚则学杂，处事不诚则事败，自谋不诚则欺心而弃己，与人不诚则丧德而增怨。

——程颢、程颐

严谨求是是针对学生在科研实践、写学术论文等方面提出的基本要求。严谨求是对于学生的诚信制度建设具有十分重要的现实意义。近年来，我国科研工作取得了一定成绩，但与发达国家还有很大的差距。原因之一就是欠缺学术科研诚信。教育部社会科学委员会2004年6月21日第一次全体会议讨论通过的《高等学校人文社会科学研究学术规范（试行）》正式规定：“不得以任何方式抄袭、剽窃或侵吞他人学术成果。”同时提出：“引文应以原始文献和第一手资料为原则。凡引用他人观点、方案、资料、数据等，无论曾否发表，无论是纸质或电子版，均应详加注释。凡转引文献资料，应如实说明。”这就对当代学生学术诚信提出了明确的要求。在科研实践、学术论文的创作过程中，学生应该遵守五种基本价值观，即诚实、信任、公平、尊敬、负责任。

（一）科研课题诚信

我国著名的教育家蔡元培先生曾指出“所谓大学者，非仅为多数学生按时授课，造就一毕业生之资格而已也，实以是为共同研究学术之机关”，“大学并不是贩卖毕业生的机关，也不是灌输界定知识的机关，而是研究学术的机关”①。也就是说，大学负有教学与研究双重任务。大学作为研究的机构，无论对教师和学生来讲，科学研究是共同的任务。因此，学生不仅要认真学习理论知识，而且要积极参与科研实践活动。当前很多学生积极申报与自身专业相关的各项科研课题，这的确是一种好现象，展现了当代学生善于钻研、勇于探索的优秀品质，对于学生平时专业知识的积累及独立分析研究的能力也提出了进一步的要求。学生投身于科研活动，还将日常课程学习同学术研究相结合，是提高学习能力的重要途径，对于加深对知识的理解消化也大有裨益。因此，对在校的学生来讲，应放宽自己的视野，不能局限于课堂，局限于教材，局限于教师，应积极进行科研课题的钻研与探索。但是在此过程中，却出现了很

① 蔡元培.北京大学月刊发刊词.1918.

多的诚信缺失行为。例如,科研立项、学术课题申报、完成过程中的项目负责人及参加者徒有虚名,甚至与项目课题无关;不按时结题,导致科研课题完成情况受到重大影响等。学生申报科研课题,必须要信守承诺,圆满完成下达课题任务单位规定的科研任务,按时进行科研成果验收并结题。

(二)毕业论文诚信

学生在校期间大部分时间都是在进行知识传承链条中的知识学习,如果说申请科研课题,进行学术创新活动的同学属少数,那么毕业设计(撰写毕业论文)却是所有学生都要参加的一项考察综合运用知识能力或知识创新能力的活动。但事实是毕业设计期间,多数学生忙于寻找工作,分散了时间、精力,有的找到了工作,但认为毕业课题与自己即将从事的工作没有关系,甚至有的学生认为学校出于就业率的考虑不会在毕业问题上为难学生。种种理由之下,有些学生根本无心在毕业论文上下苦功,干脆利用方便的网络资源,直接剽窃他人成果,有的甚至全文原封不动抄袭过来。有人总结了媒体披露的高校抄袭和剽窃事件的几种方法,即"全篇搬用法""偷观点偷思想——隐性剽窃法""化名抄袭法""署名抄袭法""拼装法""名编实抄法",等等。

学生撰写毕业论文,应当诚实守信,做到不抄袭、不剽窃他人科研成果,不弄虚作假,坚持求真务实的优良文风。针对目前学生中存在的抄袭、剽窃他人科研成果的不良现象,学校应制订学生毕业论文诚信制度。制度中应规定学生在撰写论文时,引用他人的学术观点或科研成果时,应注明出处。对侵权的界限、惩罚措施做出明确的规定,预防和禁止学生学术论文抄袭行为的发生。

案例链接

史上最牛硕士论文抄袭

2009年5月21日中午12时31分,有网友在"天涯社区"论坛的"天涯杂谈"版发表了一篇题为"史上最牛硕士论文抄袭,直接用替换键搞定,我无语了"的帖子。发帖人写道:"昨晚在期刊网上查资料的时候,无意中下载了这两篇硕士论文,看着题目就觉得有点诡异,打开来细看,原来真是抄袭的啊,而且抄得还特别夸张,直接用替换键搞定。学术造假的新闻、论文抄袭的故事咱也听多了看多了,但看到这样抄袭的还是第一次,这可是硕士论文啊……"帖子中写道,东北财经大学2005级统计学专业研究生袁新的硕士学位论文《山东省FEEEP协调度研究》,系抄袭南京财经大学研究生曾康宁的硕士学位论文《江苏省FEEEP协调度研究》,这两篇论文整体框架完全一样,除了把"江苏"两字替换成"山东",把江苏的统计数据换成山东的统计数据,以及一些统计指标的对比排序结果稍微改变之外,从摘要到目录到文献综述到正文分析再到后面的对策几乎完全一样，就连参考文献的排列顺序也一模一样，就差后面的致谢不同。袁新的抄袭行为违反了国家和学校的相关规定。为此，东北财经大学学位评定委员会于 2009 年 5 月 27 日召开全体会议，根据《中华人民共和国学位条例》第十七条和《东北财经大学学位授予工作实施细则》第五章第 24 条的规定，决定撤销 2007 年第四次校学位评定委员会授予袁新经济学硕士学位的决议，并收回已发放的硕士学位证书①。

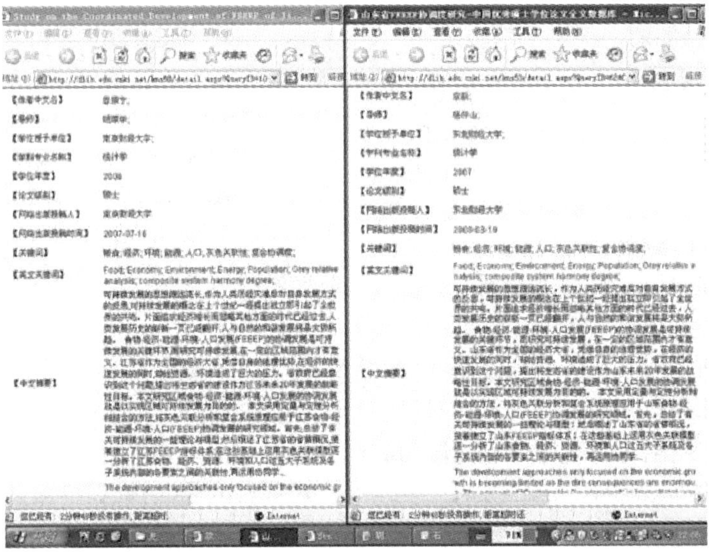

（图片来源：http://news.xinhuanet.com/edu/2009-05/25/content_11428721.htm）

武汉某高校一名研究生因论文涉嫌抄袭，被原作者和校方发现后，不堪压力选择了自杀。而这起事件，距离上一起论文抄袭事件仅半年时间，华中师范大学校园明星、硕士生贯学政因剽窃论文被开除学籍。

近年来，高校教师被媒体曝光涉嫌剽窃抄袭的事件屡见不鲜。

1. 王铭铭抄袭事件。《社会科学报》曾发表某大学中文系博士生的文章《北大博导剽窃，叫人如何不失望》，披露北京大学博士生导师王铭铭 1998 年出版的著作《想象的异邦》涉嫌抄袭，书中 32 万多字，有 10 万字左右来自他翻译的哈维兰的《当代人类学》。此事曝光后，北京大学立即组成调查组进行调查，最后决定免去王铭铭担任的所有学术职务。

2. 杨敬安抄袭事件。合肥工业大学人工智能研究所杨敬安教授，博士生导师。

① http://www.tianya.cn/publicforum/content/free/1/1571208.shtml.

2000 年,一位以色列博士向一学术网站投诉,反映杨敬安在一篇公开发表的论文里,几乎逐字逐句抄袭这位博士的论文。2001 年 9 月,合肥工业大学调查证实,截至 1999 年年底,杨敬安有 6 篇论文严重抄袭国外学者的研究成果。杨敬安随后被开除党籍。

3. 胡黎明剽窃事件。华东理工大学博士研究生胡黎明,从 1991 年毕业留校,到晋升教授,取得博士生导师资格,只用了两年的时间,成为当时全国最年轻的博导之一。1997 年,他在博士毕业论文里剽窃了他人成果的丑闻被公开揭露。据调查,他将国外科学家送他阅读的尚未公开发表的论文的精彩内容占为己有,再加上其他科学家的专著内容,拼凑成自己的博士论文。胡黎明的导师即华东理工大学校长陈敏恒被除去院士之名①。

点评:知识可以共享,成果却万万不可,请遵守诚信规则,善用知识并创造属于自己的成果!

上述诸多的事件表明,抄袭或剽窃他人论文者,最终都付出了沉重的代价。论文抄袭是对学术的侮辱,但危害却在学术之外。论文抄袭是侵犯他人著作权的一种形式,凡是抄袭、剽窃字数达到一定比例,在司法实践中即被认定为侵权,行为人必须承担相应的法律责任。抄袭毕业论文无疑是对四年乃至五年的大学学习成果检验的极端不负责的做法。

针对高校频现学术不诚信现象,国内一些院校引进了学位论文学术不端行为检测系统,即"反抄袭"软件系统。在系统中输入待检测论文,系统右侧将自动显示搜索出的怀疑相似文章。可马上进行对比,两篇文章内容一致之处显示为蓝色。因此,原则上只要检测文献与比对文献存在一个相同的句子,都会被检测系统发现。对于该系统的引进是否可行,不同的人持有不同的看法,有的同学认为:"毕业论文是学生四年学习状况的集中体现,也是对学校教学质量的集中检验,如果大家都抄来抄去,又怎能体现自己专业知识的掌握及运用程度?岂不是对自己、对家人、对学校极其不负责任的做法?因此,查抄软件系统对于那些有意抄袭剽窃毕业论文的同学有震慑作用,学校应该引进。"有的同学却说:"学校要求每个大四的学生毕业时都能写出高质量的独创论文。而同一个专业的学生,全国就可能有几十万,人人论文都有创新观点,这显然不可能。就是老师也未必写得出来,让我们完全不借鉴别人的观点或论据,也太残忍了,如果学校引进查抄软件系统,那对我们学生来说,也太残忍了。"且不论高校引进学位论文学术不端行为检测系统是否合理,有一点可以肯定,那就是在撰写毕业论文时,应当诚实守信,做到不抄袭、剽窃他人科研成果,不弄虚作假,坚

① 李春秋,贾淑斌,王保江. 诚信助你成功:学生诚信建设读本. 广州:华南理工大学出版社,2005.

持求真务实的优良文风。

案例链接

高校推出信用登记证,促学生构建诚信信念

郑州大学旅游管理学院学生毕业时,除了毕业证、学位证等证书外,还将多出一种特殊的证书——信用等级证。学生在入学时就接受了诚信专题教育并参加承诺活动,签订承诺书。在承诺书中,学生对自己四年学生活中的一些行为做出承诺,如努力学习、不投机取巧、不抄袭作业、不在考试中舞弊;不恶意拖欠学费、住宿费等费用;不恶意拖欠借款、贷款;不抄袭论文、不剽窃他人成果;不编造虚假信息、不提供虚假求职书。四年学生活结束时,该学院将根据学生互评和学生的信用档案记录等对学生进行信用等级评定。信用等级分四级,A 级为诚实守信,B 级为信誉良好,C 级为信誉一般,D 级为信誉较差。这种信用评定措施,一方面是为了培养学生讲诚信的好品质,另一方面也为用人单位提供一个用人参考①。

点评:信用等级证作为一种制度手段,就像一把无形的剑约束着学生遵守诚信规则,这对于构建诚信校园有着积极的意义,我们也期盼约束学生的不是制度,而是每个人头脑中的诚信信念。

我国正步入信用经济时代,诚信是对公民的基本道德要求,作为“天之骄子”的学生是社会未来的栋梁、国家的希望,是否具备诚信品质成了判定学生是否能成为合格公民的基本准则。学生要做到诚信,首先就要做到踏实求学,严谨求是。学生要将外界的约束内化为道德自律。外部的环境、制度、教育的确都能对学生的诚信产生约束力,但这些都只是从外部产生作用,要从根本上解决问题,还必须要求学生从内在的修养做起。作为一名正在接受高等教育的学生,完全能衡量诚信的重要性。

作为当代学生要正确认识自我,牢固树立正确的世界观、人生观、价值观和社会主义荣辱观。不断强化良好的自我意识,塑造诚信人格;明确学习目标,提高学习动力,注意平时积累;注意对考试认知的调整,理智对待学术科研及毕业论文,这样才能有利于自身健康成长。

孟子曰:“车无辕而不行,人无信则不立。”诚实守信是中华民族的传统美德,也是公民的基本道德要求之一。对于当代学生来说,踏实求学,严谨求是是学生责任心的一种体现,也是每个人应该具备的基本道德素质。让我们一起抵制不良学风,为自己塑造一个诚信的人格。

---

① 郑州大学旅游管理学院网站:http://www2.zzu.edu.cn/lygl/news/shownews.asp? id=438.

行动指南

◆坚持上课时间坐在课堂里。很多同学逃课就是因为惰性太大,要鼓励自己在上课时间准时坐到教室里,只要能坚持下来,就战胜了自己。

◆争取课堂上注意力集中最大化。每个人在课堂上集中注意力的时间段都不同,要习惯跟着老师的思维走,这样可以大大提高上课效率,减少走神时间。

◆独立完成个人作业。认真完成老师布置的作业,在完成过程中要积极运用课堂上所学的知识,已达到学以致用。遇到不会做的部分,要主动向老师或其他同学请教,直到弄明白为止。

◆在小组作业中积极发挥作用。小组作业中,在积极发挥团队作用的同时,一定要避免“搭便车”的坏习惯,要充分发挥主观能动性,为团队贡献自己的努力,以期小组获得最佳成绩。

◆考前认真复习、考试诚信对待。在期末考试来临之前,要对所学的各门功课进行系统的梳理,认真复习,对于重点难点问题,可以进行小组讨论,以达到熟练掌握;在考试时,要将诚信刻在脑海中,实事求是地解答每一道题。

◆要勇于对同学说“不”。在考试过程中,难免有部分学生会向成绩好的同学“求救”,这时,不要意气用事,要勇于对其说“不”,否则,既害了自己,也害了别人。

◆认真掌握专业知识。在完成科研课题或各种论文时,要运用大量的专业知识,因此,在平时的学习过程中,熟练掌握和运用专业知识,对于完成课题或论文有非常大的帮助。

◆合理运用各种资源。在完成课题或各种论文的过程中,适当参考和引用一些原有的资料内容是可以的,但是一定要把握尺度,要以个人的结论和成果为主,适量引用,并在引出部分标注来源出处,以示对引用资料作者的尊重。

第四节 诚信与创业

《管子·乘马》曰:“非诚贾不得食于贾,非诚工不得食于工,非诚农不得食于农,非信士不得立于朝。”只有以诚实的态度对待工作,方可事业有成。所谓“为事不以诚,则事败①”,说的就是这个道理。

---

① 晁说之. 晁氏客语. 长沙:岳麓书社,2005.

正所谓:成事先成人,一个人无论成就多大的事业,人品永远是第一位的。而人品的第一要素就是诚信。作为当代的学生,步入社会后,其诚信就表现在对所从事职业的忠诚。也只有那些在岗位上秉承诚信原则的人,才能最终闪烁光芒,在其职业生涯道路上披荆斩棘、勇创辉煌。

一、诚信择业

> 名言警句:
>
> 诚实是人生的命脉,是一切价值的根基。
>
> ——[美]德莱赛
>
> 人而无信,不知其可也,大车无輗,小车无軏,其何以行之哉?
>
> ——孔子

每个人步入社会后都要考虑和面对择业、就业并守住一份适合自己的职业。首先是择业问题。在择业之前,我们需要给自己做个准确的定位,切实评估自己属于哪种气质与性格,有哪些优势,有哪些劣势,自身的志向和兴趣在哪个领域……确定了以上信息后,就需编制自荐书与个人简历,选择合适的单位进行面试等,一旦通过面试,便与用人单位签订就业协议书及劳动合同。由于目前学生就业实行双向择业,人人都想找一份称心如意的好工作,所以为了迎合用人单位提出的种种要求,有的学生便在个人简历的制作和面试过程中花起了“心思”,种种弄虚作假的不诚信择业事例屡见不鲜。据兰州某高校一次问卷调查结果显示:有 48% 的学生坦言在求职自我推荐表中进行过“技术加工”,有 21% 的学生表示准备对自己进行一番“大胆包装”,17% 的学生表示无所谓,只有 14% 的学生说要按实际情况做简历①。一项调查报告也显示,有近三分之一的求职者在简历中有言而不实的内容,其中超过 10% 的人在教育背景和社会实践经历上夸大其词。在已举行的“21 世纪中国人才资源管理与发展高峰论坛”上,中国人才交流协会副会长韩光耀一针见血地指出:“信用污染已经蔓延到人才市场,假学历、假档案的泛滥,使人才市场遭遇严重信任危机,这也破坏了人才流动的正常秩序。”

目前大学毕业生个人简历注水现象可谓五花八门,其表现主要有以下四种类型。

第一种,编造班干部、学生干部履历。学生时代的“班长”“学生会主席”等干

① 高校毕业生亟须走出就业诚信缺失“怪圈”. http://news3. xinhuanet. com/edu/2006 - 12/27/content_5538085. htm.

部会被视为天之骄子中的佼佼者,其学习能力和工作能力一定会比一般同学高一些,这部分同学也是用人单位正想录用的对象。因此,在学生个人简历当中,会发现“班长”“学生会主席”等干部非常普遍,但这些“干部”是否货真价实却值得考量。据报载:一家用人单位的负责人在一次招聘会上收到的自荐材料里,竟发现有5名学生同为一所学校的学生会主席,5人同时为同班的优秀班长。清华同方人力资源部一名负责招聘的同志在一次校园招聘会上,发现某大学一个班30人,竟然冒出了16个班长,剩下的全部都是班干部。面试中,有的同学肆意贬低甚至诋毁自己的同学。

第二种,伪造各类荣誉证书、资格证书。在学校各种荣誉获得者都是德、智、才兼备的人,他们一向是用人单位的首选。因此,在大四年级毕业时,许多并不是党员、“优干”和“三好”的毕业生便伪造证书,以获得用人单位的青睐。在目前的就业市场上,由于受学历和社会的影响,大学英语四、六级证、普通话证、计算机等级证被认为是毕业生求职的“敲门砖”。在大学四年里考证书也就成为了其在校学习的主要任务之一。舞弊者、请枪手者似乎随处可见。还有不少毕业生直接找到制假证者或借助现代化手段伪造证书,以期瞒天过海。

第三种,编造组织评语、推荐意见、学业分数。毕业推荐书是每个毕业生就业前都精心策划的自我介绍信,绝大多数用人单位都以此作为对求职者进一步考察的依据,但有的学校相关部门负责同志却敷衍了事,把关不严。班级、院系等组织推荐由学生干部甚至是毕业生本人填写,更有甚者利用学校教务管理系统的漏洞,随意篡改自己的学科成绩和学业分数。

第四种,随意拔高专长。有些单位根据岗位的特殊性或单位的需求,在录用应聘者时,除了对应聘者专业有要求外,还会注重其专长。有的学生不切实际,随意拔高或捏造自己的专长。具有超强的口头表达能力及人际交往能力、能熟练运用各种计算机软件、可以流利地运用英语进行交流等专长经常出现在学生的个人简历中,但这些夸大了的专长根本不堪一击。有的用人单位会在面试环节就对应聘者的专长进行考验,声称具有超强口头表达能力的应聘者竟然连最简单的自我介绍也说得结结巴巴,自称能熟练运用各种计算机软件的应聘者竟连一些OFFICE软件的操作都不熟悉,声称可以流利地运用英语交流的应聘者竟然不能回答面试官提出的英语问题,以至于在面试环节闹出了不少的笑话。

大学毕业生“注水简历”的危害是显而易见的。首先,它会造成一种不公正的就业环境,使真正优秀的毕业生不能脱颖而出,凭借造假的简历,毕业生则可能蒙混过关,进而给用人单位带来损失;其次,毕业生走向社会,将是现代化建设的主力军,其整体风貌亦是社会的缩影,一旦学生“造假”成为普遍现象,就会造成整个群体的诚信度降低,使社会对这一群体产生不信任心理,这种看不见的危害后果是无法估量的。

面对着众多的现实，面对着众多的疑问，我们不得不问：学生真的失去诚信了吗？学生择业过程中存在的不诚信现象真的就是势不可挡还是特例？难道经过十几年的教育学习，学生们学会的只是“弄虚作假”吗？我们该如何看待这一现象？其实，不诚信现象只是学生中极少数人的行为，在现实生活中仍然有很多崇尚诚信、发扬诚信的好事例。

案例链接

诚信赢得工作机会

某广告公司招聘文秘的广告一见报，诸多应届大学毕业生蜂拥而至，负责招聘的人事主管从众多候选者中选了两位女同学，小周和小李。

小周：中文系本科毕业，有作品见报……

小李：中文系本科毕业，有作品见报……

主管把小周和小李的登记表从头到尾仔仔细细看了一遍，他遇到了两难的状况：小周和小李年龄相同、专业相同、外表同样出众。但是公司只能招一个，这着实让主管难以抉择。主管沉吟了一下，说：“请两位回去等电话。”小周和小李走后，主管即向总经理汇报，总经理问了情况，看了两人的应聘材料，果断地说：“录用小周”。主管很惊奇总经理这么快就把优劣取舍决定了下来。“我去打电话通知小周，但是我想学些您的高招，您是凭什么判断的呢？”主管微笑着问总经理。“两个人我都没有见过面，我是根据她们的登记表填写的内容来判断的，看这一栏。”总经理指着中间的一栏，在“本公司如因工作需要而加班，员工是否可以主动放弃休息日而自动加班”的栏目中，小李填的是：“可以”。小周填的是：“家中有老母重病在床，每月需回家看望一次，如老母不幸辞世，需请三天丧假。”从小李填写的表格来看，她没有毛病，甚至可以说是相当完美的。但是，没有毛病这本身就是毛病。总经理直抒胸臆，说完点燃一支香烟又继续说：“小周在填写此项内容时，把她不能加班的原因清清楚楚地告诉了我们，至诚、至孝，初次接触能如此坦诚，我为其诚所感动。”主管恍然大悟，即刻拨通了小周的电话，通知她明天来上班。

从小周被录用的过程中，我们能深刻地感觉到，如果不是她的诚恳，如果不是单位的领导被她所感动，那她可能就要失去进入这家公司工作的机会了。然而在招聘中的一些不诚信现象，虽在眼前来看，是对自己有利的，是对自己缺点的掩饰。但是，一时的修饰是经不起时间考验的，与其到头来遭受自己给自己强加的痛楚，倒不如当初就以诚相待，或许会给自己赢得更多的机会。

点评：“完美”的简历不一定完美，诚信的简历更易获青睐。

对于即将踏入社会的学生,求职是他们迈进职场的第一步,在这方面表现出不诚信,则是得不偿失。古人云:“人而无信,不知其可也”,“民无信不立①”。在求职过程中,诚信坦率,不弄虚作假,已经成为整个社会的一种必然趋势,不粉饰、不掩饰自己的缺点,已经成为目前求职的一条成功法则。

湖南大学的李同学在求职简历上专门设置了“缺点栏”。上面赫然写着“没有实践经验、做事情急于求成”等内容,该校工商管理专业的一位男同学也在个人简历中罗列了自己的一些缺点,如“字迹写得不好”“自控能力较差”“有时出现消极厌倦情绪”“有时候喜欢偷懒”等。湖南师范大学外语学院的尹同学虽然在简历上明确写有大学期间失败过的经历,却依然被深圳的一家外企录用。她说,求职和做人一样,都需要诚信。把自己的失败写出来,正是为了避免发生同样的错误行为,把缺点写进简历中是便于用人单位了解自己。

“诚信简历”的出现是对目前“注水简历”的一种真诚大胆的挑战,“人无完人,孰能无过②”,用人单位在选用人才时,除了对人才的知识水平、业务能力等重视以外,对人才的思想道德水平和道德素质的考察也是其中一项重要的内容。“诚信”是为人之本,它是做人的首要品位,也是一切道德的基础。一个合格的学生除了应该具备扎实过硬的科学文化知识和强健的体魄外,还必须有健全的人格,虽然在现阶段许多用人单位看中的是学生的一些硬件条件,但是我们相信,随着社会文明程度的不断提高,用人单位对人才选用的标准将会越来越侧重于人品。

二、诚信就业

名言警句:

伟大人格的素质,重要的是一个诚字。

——鲁迅

诚实的人必须对自己守信,他的最后靠山就是真诚。

——[美]爱默生

目前学生就业实行双向选择,在没有签订就业协议及劳动合同之前,双方都有自由选择的权利。一旦双方认可对方,签订了就业协议及劳动合同,就达成了契约,进入这个程序对于应届大学毕业生来说,就是就业了。但是学生在就业过程中却存在严重的诚信缺失现象,其表现形式为违约。

---

① 刘宝楠. 论语正义. 北京:中华书局,1986.

② 杨柏峻. 春秋左传注. 北京:中华书局,2000.

当今有一部分学生在面试过程中信誓旦旦，一旦拿到录用通知书却满口托词、借口重重、左挑右捡，签约后不久就毁约或者不去报到的现象并不少见。据报道，仅仅2002年上半年，某市第二中级人民法院接连受理6起大学毕业生劳动争议案，其中大多是因为学生提前解除合同引起的①。

部分毕业生在求职中，这山望着那山高，更由于害怕错失良机，求职心切，缺少慎重考虑，一遇到接收单位就迫不及待地签约，过后却发现还有更好的单位可供选择，权衡之下便不顾一切地同用人单位毁约。这种在就业过程中的随意签约、任意毁约及“脚踏几只船”的失信行为，从根本上来讲，是一种道德缺失的表现。它更像一把双刃剑，不仅严重扰乱了单位接收毕业生的既定计划和原定专业技术人员的岗位配置，而且也影响了毕业生人才市场的正常秩序和健康发展。在毕业生供需洽谈过程中，毕业生和接收单位充分进行“双向选择”，本是无可非议的。但供需双方一旦确定了选择意向，并已按照法定程序办妥相关手续后，双方都必须恪守信用、履行义务。这样双方的合法权益才能得到保障，毕业生就业市场才能得到规范而有序的发展。

学生违约的主要原因有以下几种。

第一种，为了“保底”先“上保险”。有的同学说由于就业压力大，很多同学即使对已经找到的工作不是很满意，为了“保底”也会先签约，害怕错过这次机会，以后连工作都找不到。况且违约金也不是很高，在就业难的情况下，先“上保险”再找好工作成了自然而然的想法。也有一部分外地留城学生，为了将户口落到本地，先签约以解决户口问题，一旦有了更好的单位，就不顾诚信地另攀高枝。

第二种，考取研究生或者公务员后违约。面对目前学生就业难的状况，很多学生选择“考研”“就业”两手抓，如果考取了研究生就选择继续深造，若落榜则还有接收单位保底。考取公务员也是很多学生毕业后的选择，但是他们对于是否能考取公务员把握不大，就选择签约接收单位保底，如果考取上公务员，则抱着“铁饭碗”高枕无忧；若未考取，就选择接收单位就业。

第三种，这山望着那山高，频繁跳槽。有些同学已经与前一个单位签订了合同，但是看到又有了一个更好的公司，在薪水高低的绝对差异对比中，他可以毫不犹豫地撕毁之前签订的协议，而且非常主动地交纳几千元的违约金。这些同学并不认为违约是诚信缺失的行为，更有甚者还为其违约行为冠上了一个好听的名字“人往高处走”。

第四种，对自身、企业不甚了解，难以适应工作环境。有的同学在择业前未对自己和企业进行深刻分析，对于自己想做什么、能做什么、该企业如何、我在该企业能学到什么、该企业能给予我什么等完全没有概念。以至于进入企业后，很难适应工作，

① 吕昌锋.浅谈学生就业中的诚信问题.山东经贸职业学院经贸专刊,2008.

效率低下，事倍功半，身心不悦，难以施展个人潜力，实现自身价值无望，最终选择违约。

第五种，企业不诚信令学生大失所望。很多企业在招聘时，导致学生被动违约。单位招聘时对学生夸下海口，承诺入职后会给予专业岗位培训或学生在岗期间会有机会得到海外学习机会等，签约后的行径却与当初描述的情况不符。更有甚者，企业实际并不缺人，出于某些特殊原因才招聘学生，待学生入岗后则不闻不问，任其每天无所事事，散漫度日。这些企业让学生深感失望，不得不选择违约，以谋求更好的发展。被动违约的主要责任不在学生身上，而在企业。

学生违约，究竟伤害了谁？毫无疑问，这种缺乏诚信的行为不但给学生个人带来了伤害，还给学校、企业乃至整个学生群体都带来了极大的不良影响。

第一，对学生个人来说，会给自身带来很多的麻烦，影响个人的诚信度。学生违约，首先涉及个人信用问题。作为受过高等教育的大学毕业生，应当遵守诚信原则。如果想做一个有信用的人，签约之后就应当履约。所以，在学生签约之前一定要慎重。如果已经签约了，又去违约，这就违反了诚实信用原则。目前，很多高校对于学生应聘违约问题都有严格的规定，重新办理手续很烦琐。学生一旦违约，需要与签约单位解约，由签约单位出具同意解约的书面证明材料，学校才能重新办理相关手续。有些学校还会在网上对学生的违约行为进行公示，并会在其协议书上注明“已违约一次”。这些，都会使学生个人的诚信度下降。

第二，对学校而言，学生的违约行为，会给学校造成一定的损失。学生的违约行为不仅会损害学生所在的学校在招聘方心中的形象，而且对学校花费了大量人力、物力开拓的就业市场造成了冲击，从而影响了下一届学生的就业，影响学校就业工作的可持续发展。在当前学生就业竞争十分激烈的形势下，其影响和危害对学校来说都是十分不利的。

案例链接

学弟学妹的烦恼

据大四学生小刘讲，去年，自己同校同专业的一个师哥本来已经与某企业签约，但后来由于找到了更满意的工作，就与前者毁约了。今年，小刘又看到该企业在人才市场招聘人员。小刘及其他同学想应聘该企业的某职位，但却遭遇了拒收简历的待遇。企业给出的理由是：他们的专业与该职位不符。但是小刘后来得知，已经有其他学校相同专业的同学进入了该企业的面试。小刘说，自己应聘的职位，是他们专业的相关职位；几年来，该专业的毕业生很多都是被各公司的该职位录用的。小刘认为，今年他们遭遇的这种情况，是受到了师哥违约的连累。

点评：学生诚信缺失所带来的后患，不仅影响到个人，更重要的是还会影响到同校校友，我们不得不说，诚信缺失是一种损人不利己的自利行为。

第三，用人单位“很受伤”。在企业方面，违约的学生，不仅耗费了企业的人力资源成本，而且打乱了企业的招聘计划，还可能给企业的正常运行带来损失。

案例链接

企业的烦恼

“往往一有更好的去处，他们就马上走人。有的在签约一周就违约，这样的情况，每年都有。前几天，我又碰到了一个。”沈阳市某企业人力资源部经理马先生对于学生违约现象深有感触。他说，学生就业违约，是让企业感到头痛的一件事。他认为，毕业前是应届生最不稳定的时期。目前，普通高校毕业生普遍不愿意到基层单位工作，一些人迫于就业压力在签下一个普通单位就业后，只要有合适的机会就会迫不及待地“跳槽”，给用人单位造成损失。

“学生就业违约现象对企业，特别是中小型企业的影响非常大。因此，在签约后最初的一段时间，我们在一般情况下都不会把重要任务交给应届生，也不会教他们太多事。不是企业狡猾，而是因为应届大学毕业生太不稳定。工作交给他们，万一他们突然走了，就很麻烦，有时还要牵扯到公司机密和资源流失的问题。很多公司都拿这种人没有办法，因为他们又不会给企业带来直接损失，所以没法起诉。而如果用收取抵押金、扣留相关证件的方式进行制约，又违反了相关法规。”马先生无奈地说。

点评：学生缺乏诚信，频繁跳槽，给企业带来了人力、物力、财力以及时间上的损失，这是企业不敢轻易重用学生的根本原因。

第四，破坏规则，危害大家。很多大学毕业生仅仅单纯地把违约行为看作自己的个人行为。但是在客观上，这种行为很可能会影响到以后大学毕业生整个就业群体。社会的发展关键是靠人才，而学生又是人才的主力军。人才除了要以专业标准和能力来衡量外，更要靠道德标准来衡量，而诚信是个人最重要的品德之一。从深远的角度看，个别学生的违约行为会冲击整个就业市场，并可能导致大学毕业生整个群体的信用危机。

目前，应届毕业生就业基本都是通过人才市场供需见面、双向选择；而就业协议书作为就业市场的一种“秩序”“规则”，维护着人才流动的和谐的市场环境。随意违约意味着和谐的市场环境被打破，必将给就业市场带来严重的负面影响。他举例说，一名学生与用人单位签订协议，即意味着其他学生失去这个岗位，如果再毁约，可能就是所有的应届大学毕业生都失去了这个机会。如果众多的单位对应届大学毕业生关上大门,则所有的大学毕业生都将为此“买单”。正是由于一些毕业生自恃条件好,事事从自己的利益出发,而不考虑用人单位,把违约当“儿戏”,才导致了越来越多用人单位对应届大学毕业生的反感和愤怒。

危害如此大的诚信缺失现象,怎样才能得到有效地遏制呢?对当前学生来说,提早进行学生职业生涯规划,提高法制意识都是必不可少的,但诚信意识始终是主导学生正确就业观的航标。

案例链接

自寻烦恼的学生

吴某是位条件相当优秀的毕业生,在校期间多次被评为“三好学生”“优秀学生干部”,还经常参加各种社会实践活动,很受老师喜欢。在老师的推荐下他找到一家条件中等的企业,单位的经济效益也比较好。在找到工作后,他就在院办公室帮老师处理一些毕业生的事情,因此有机会了解到更多更新的就业信息,其中有不少诱惑性很大,这时他开始动摇了,产生了与签约单位违约的念头。把心思告诉老师后,老师劝他别这山看着那山高,并给他分析那家签约单位的优势及发展前景。于是他便又继续安心在办公室帮忙。

可是随着他不断获知其他信息,他安分的心又按捺不住了,最终与先前的那家公司解约,而攀上了大公司的枝头,尽管公司所给他的待遇与原来的差不多,“但是毕竟是大公司嘛,瘦死的骆驼比马大,一旦将来有什么变化,大公司也有它的生存优势”,他以这样的理由,给自己的毁约找到合理的借口。

在他投入到工作前的准备时,新的诱惑又出现了——一家外企以绝对的优势和诱人的薪资待遇来校园公开招聘,而他的专业也在需求之列。以他的成绩和所拥有的荣誉,进入竞争行列应该有很大优势。这样的诱惑让他决定再次一搏。于是他以种种理由拿到第二份解约函,并为此付出2 000元的违约金。最后,他击败其他同学进入外企,在牺牲了几家单位利益和学校声誉,并且致使其他同学失去就业机会之后开始了他的高薪生活。但不久他就辞职了,理由很简单:工作强度太大,自己无法适应其管理模式,没有自己的时间,活着有点累①。

点评:一个人把跳槽成为一种习惯,当跳槽理由不断“合理化”,他终将习惯于以各种理由频繁跳槽,伴随着他的将是无尽的欲望,不安分的生活,还有无尽的烦恼。

其实在诚信当道的今天,很多学生已经敏锐地认识到了频繁违约行为的不妥。

---

① 应届毕业生求职网:http://www.yjbys.com.

很多学生表示,即使有毁约的机会,但是在签约时还是要慎重。现在,很多人都在质疑学生的诚信,学生应该注重保持整个学生群体在社会中的形象。

案例链接

诚信小伙儿的升职"捷径"

小肖是吉林工程学院2003 届电气专业的毕业生,毕业后分配到冶金部下设的一家国企建设公司工作,担任工程技术员一职,与他共同分配到该单位还有三名同学。建筑单位一般都是驻外工作形式,工作条件差,初到单位的毕业生待遇也很一般,工作了一阵子之后,另外三名同学渐渐开始抱怨起来,并陆续辞职离开了。小肖是个不太喜欢说话的男孩子,他工作踏实肯干,当别人问起,你的三个同学都走了,你怎么没有考虑到待遇更好一点的单位呢?小肖面带微笑,淡定地说:"待遇好的单位多得很,换了一家又一家,什么时候是个头儿啊?既然来了,我就好好干,其实现在我挺满足的。"正是他这种诚信的工作态度,赢得了单位领导的赏识,在工作三年后,小肖被提为项目经理,在其工作岗位上实现了自己的人生价值,同时他也成为该公司近年来最年轻的项目经理。

点评:频繁跳槽让企业头疼,让领导讨厌,诚心工作,脚踏实地,最终赢得机会,这何尝不是升职的"捷径"?

三、诚信守业

名言警句:

一个人严守诺言,比守卫他的财产更重要。

——[法]莫里哀

诚者,天之道也;思诚者,人之道也。

——孟子

成功就业后,就要努力地工作,要时刻为了企业的发展和壮大而工作。在企业发展和壮大的同时,自己也在不断地积累和成长,由此便进入了守业阶段。何为守业?在此给出三种解释:第一,保持祖先遗留下来的事业;第二,尽力于自己的职责和本分,不好高骛远,做到爱岗敬业;第三,专心于所学之业,不断开拓。对于家族企业的继承人来说,第一种解释最为贴切,然而该类学生毕竟是少数,大多数学生就业时只是普通的劳动者,因此在本书中,第二种和第三种解释更为适宜。

（一）尽力于自己的职责和本分，不好高骛远，守住自己的职业，做到爱岗敬业

正所谓干一行爱一行，当你从事了你所选择的行业，就当对自己的工作尽职尽责，兢兢业业，而不是消极怠工，不思进取。我们曾经说过，当学生与用人单位签下一纸合约，就相当于双方签订了契约，用人单位付给学生劳动报酬，学生则要认真工作，为用人单位贡献自己的力量。然而，有的学生步入工作岗位后，以“天之骄子”自居，好逸恶劳，挑轻避重，消极怠工，混沌度日，没有履行一名员工的基本职责，这完全不符合诚信守业的标准。

“上班狂打私人电话、不愿加班、整天泡在开心网上、效率很低、不会主动去争取任务，做得好或不好都无所谓……”这是某人力资源经理在MSN群体讨论时归纳出来的学生消极怠工现象。

有些学生当初抱着“有钱就干，有好就换”的心理随便找了个工作干，薪资、专业、岗位性质都与自身期望相差甚远，但后来又一直没有遇到更好的机会，从而对手头这份工作产生了某种抵触情绪，觉得自己被埋没了，从而导致消极怠工的状况出现。此类同学的想法在学生新员工中具有一定的代表性，不少人表示想跳槽到更符合自己期望的公司，但一直没出现好机会。“等出现了更好的机会再努力干”“小公司低收入，这种工作就算丢了再找也不难”“缺乏信任感和成就感”等成为学生消极怠工的主要原因。

还有的学生家庭经济状况比较好，自身又怕吃苦，怕担责任，找个工作只是为了有个事情做，目的就是混混日子，钱多钱少无所谓，只要有个工作给家人个交代就成，这类学生缺乏责任感与上进心，对于工作完全没有主观能动性，工作任务是能躲就躲、工期是能拖就拖，做事是能将就便将就，工作效果令人担忧。这些员工其实就是企业里的蛀虫，不仅给企业带来了影响和损失，还虚度了光阴，浪费宝贵的青春时光。

不论是哪种原因导致消极怠工，不尽其责，都是守业诚信缺失的表现，持有这种态度工作又怎能守住自己的工作岗位呢？很多学生会问：“就给这点钱，企业还想怎么样？”一位新浪网友当即给了有力的反驳：“只有把给这点钱的岗位做好，才有底气和资格去找工资更高的活。”当代学生在工作过程中遇到的最大问题就是眼高手低，基层的工作还没有做好，毫无实战经验便想一步登天，这岂不是痴人说梦吗？因此，脚踏实地的从眼前的工作做起，慢慢积累经验，苦练心智，才是明智的选择。

（二）专心于所学之业，不断开拓，创业更铸守业辉煌

据一项调查得知，自行创业的中小企业中，有40%在创业第一年就不得不面临关门大吉的命运，存活下来的60%中，约有8成无法欢度五周年庆，而能熬过五周年的中小企业，其中也只有20%能继续走完第二个五年。这似乎验证了人们常说的一句话，即“创业容易守业难”。如果此观点是真的，那创业与守业的界限又在哪里呢？难道公司成立前五年叫创业，之后就叫守业吗？或者说企业资产达500万元之前叫创业，之后就叫守业吗？

案例链接

“王麻子”的兴衰

（图片来源：http://visionunion.com/article.jsp? code=200810100027）

（图片来源：http://akxjyk.xoosh.cn/view_news.php? nid=1975468）

自明代以来，中国的优质剪刀独出一家，这就是历经300多年沧桑的老字号“王麻子”剪刀。北京“王麻子”剪刀，始创于清朝顺治八年（1651年），名气流传甚广，与杭州的“张小泉”齐名，市场占有率一度在50%以上。凭着300多年的品牌积淀，“王麻子”成为北京剪刀业的象征。有着300多年历史的“王麻子”剪刀，曾一度辉煌。

这个老字号的金字招牌曾为企业赢得了上百万元的利润。但由于经营不善,竟然走到破产境地。这究竟是何原因呢? 缺乏创新意识,这是被许多专家认定的"王麻子"破产的一个最重要原因。它的主要产品一直延续传统的铁夹钢工艺,尽管它的硬度、韧度比不锈钢刀强得多,好磨好使,但工艺复杂,成本高,加上铁容易生锈,亮度也跟不上,外观低了一个档次,产品难以被市场接受。在传统工艺方面,国内刀剪企业谁都比不过"王麻子",但在新工艺和不锈钢刀领域,"王麻子"落伍了,远远跟不上时代要求。想想看,王麻子剪刀虽然有口皆碑,但几十年,甚至几百年都是一个老面孔,在社会迅猛发展的今天,不改变怎能再适应市场?

点评:无论你有多殷实的家底,不创新、不前进,也难逃坐吃山空的结局。

蒙牛乳业集团股份有限公司的董事长牛根生曾经说过:"生存和发展是齐步并前的,创业和守业也不是前后关系,也不算是并列关系,而是包含与被包含的关系:创业是永恒的,守业是相对的①。"

看看我们身边的企业,无论大小,有哪个不是"以发展求生存"。其实个人也一样。社会是发展的,市场是变化的,工作的需求不会一成不变,竞争对手也在想尽办法更新进步,如果自身不开拓、不创新,停滞不前,又怎能在竞争如此激烈的社会中保留住属于自己的一席之地呢? 在市场、资讯瞬息万变的今天,守业本身也是一种创业。那种"增长就是创业、不增长就是守业"的观念,实在是不负责任。

案例链接

创新守业铸就企业辉煌明天

1997 年 11 月,家住昆明市的 3 岁男童小明(化名)在幼儿园不慎将果冻吸入气管导致窒息死亡,小明是家中的独子,可谓是家里的宝儿。他的意外死亡让全家人都处在极度悲痛中,采访中,小明 80 多岁的奶奶始终是老泪纵横,他的爸爸哭泣着向记者讲述了事情的经过。出事当天的上午,孩子像往常一样被家人送进了家附近的幼儿园,怀里还紧紧地搂着家人事先给他买好的果味果冻。可半小时后,幼儿园的一名老师慌忙跑到小明家中,说孩子不知道是怎么了,脸憋成了青色。小明的二姨立即找来了孩子的母亲,一起奔向幼儿园。等到了那里后,发现孩子的唇部和脸部成青紫色,没了呼吸,鼻孔周围还流出了一些透明的胶状物。这时站在旁边的老师才说,孩子可能是被果冻卡住了。小明的母亲连忙将孩子送到昆明市第二医院进行紧急抢救,但最终还是因窒息时间过长,抢救无效死亡。家人在极度悲愤的情势下,以"儿

---

① 牛根生. 创业与守业. 理财,2008(4).

童食品未作安全标识以致儿童使用过程造成意外”之由，将××果冻厂告上法庭，××果冻厂负责人在接到法院通知后，态度诚恳，对于自己生产的果冻无安全食用标识而导致小明在食用过程中意外死亡深感歉意，双方经法院调节达成协议，××果冻厂一次性赔付小明家人30万元。事件发生后，××果冻厂立即召开紧急会议，并决定，今后果冻外包装增加安全标识“由于本产品具有弹性，建议食用时细嚼慢咽，请勿让幼儿单独进食，老人及儿童请勿一口吞食。”××果冻厂的创新举措随即被全国各个加工果冻的食品生产厂家所效仿。该项举措也通过了2005年中国食品工业协会糖果专业委员会的讨论，并于第二年出台了首个果冻国家标准——果冻外包装需有标签警示语。

××果冻厂在面临巨额赔偿时，以诚信为准则，妥善处理事件，并及时创新，其警示语不仅为今后的意外事件上了保险，还为本厂争得了诚信的美誉，可谓完满地守住了自己的事业。

点评：诚心对待问题并将问题变为创新的突破口，是智者明智的选择。

正所谓“静是动，动亦是静”，凡是一成不变者必是将亡的旧事物，新事物总是在千变万化中谋生存的，懂得此生存法则的事物才能长久存在。这个世界，没有“守业态”，只有“创业态”。创新是唯一的“长生不老药”，然而在创新过程中，本着诚信的态度是至关重要的，如若在创新过程中，缺乏诚信，最终只能自食其果。

每个学生都应该从自身做起，从择业到就业，再到守业，做一个诚信的学生，做一个诚信的求职者，乃至做一个一生重诚信的公民。

行动指南

◆认真准备个人简历。在择业之前，认真准备个人简历，要针对所应聘单位的具体情况，选择适当的信息进行填写，要把自己优秀的一面充分地展示给应聘单位，切不可千篇一律，手持一份简历驰骋职海，如此没有针对性的简历会让用人单位误解应聘者对其不重视，导致难以留下美好的第一印象。

◆切勿制作注水简历。在制作简历过程中，要实事求是，将自己的真实情况如实填写，切不可为了迎合用人单位的招聘标准，随意填写与自身不符的信息，编造虚假信息，要知道：不真实的信息是经不住考察和检验的。

◆慎重选择签约单位。在签约之前，要保持清醒的头脑，将自己的价值观、人生观与具体工作或岗位相对接，若契合度高于心中的期望值，就可以考虑签约。

◆经住诱惑守诚信。在与一家单位签约后，就安心工作，在工作中发挥自己的专业所长，为公司贡献自己的力量，切不可这山望着那山高，频繁毁约。

◆做到爱岗敬业。在选定自己的行业和岗位后，就要热爱它，并投入百分之一百的热情和专注度，在工作期间尽职尽责，为企业的发展贡献自己的一份力量。

◆深入岗位学习，勇于创新。在岗位上要继续学习，勤于思考，开拓思维，增强创新意识，勇于为企业的发展出谋划策。

思考与练习

阅读书目

①周林.诚信.北京:中国纺织出版社,2006.

②吴晶姝.做诚实守信的人.北京:中国人民大学出版社,2007.

③刘玉瑛.诚信决定存亡.北京:新华出版社,2008.

④马兆明,王希标.和谐校园视野中的学生诚信问题研究.济南大学学报:社会科学版,2006(6).

⑤汪双安.从毕业生就业谈学生诚信教育.科技信息,2011(15).

思考题

①为什么说隐性逃课比显性逃课危害性更大？如何避免隐性逃课？

②学生违约对个人、学校及企业带来了哪些不利影响？

③学生应该如何守业？

案例讨论

学生种放心菜 靠诚信实现梦想

十一年前，大学毕业的他放弃了城市生活，当起了农民，十年来，他的皮肤被晒得黝黑，他的手也变得粗糙，而他的梦想——让广大人民群众吃上放心菜，慢慢地变成了现实。他就是青年诚信创业榜样魏晓明，2000 年毕业于吉林农业大学，2003 年用借来的 4 万元钱到武汉寻求创业机遇，白手起家，艰苦创业。2008 年，开始筹建吉农沃尔特特色农业园，经多方筹资目前已完成总投资 1 500 万元。该园区位于东西湖区柏泉农场，占地面积 200 亩，设施覆盖率 100%，并全部配备全自动节水灌溉设备。种植的品种为特色瓜、菜，品种自给率为 85%，并采用立体栽培技术，平均亩产值达到 6.5 万元。在魏晓明及园区的影响带动下，已安置失地农民及下岗人员 68 名，带动周边 210 户农民共同致富。

“守住良心，种植放心菜”，这是魏晓明选择当农民的原因。十多年前，在吉林农大读书时，他就对在农作物种植时过度使用农药深恶痛绝，为此，他放弃了稳定的白领工作，从种子培育做起，一步步种植放心菜。“杀虫上我们用静电杀虫灯和防虫网，增产上我们使用声波助长仪，用空间电场来消雾，这样可以防止病虫害，通过这样一个组合，可以达到比传统农业施用化肥农药这种形式还要好的一种理想的生产效果。”科学的种植，诚信的理念，让魏晓明在消费者面前有了更多的底气，而这也正是魏晓明最看重的口碑，如今，150 亩蔬菜种植大棚就是他实现梦想的舞台。魏晓明的菜在湖北供不应求，面对客户大量的订单，他也坚持诚信经营，宁可少接订单，也要确保绿色蔬菜的质量。魏晓明在接受湖北卫视采访时曾经说道：“我们作为农产品生产企业，一直把农产品质量放在第一位，而且我们将把它永远放在第一位，并且坚持下去，永不放弃。”也正基于此，魏晓明个人获得 2009 年度东西湖区农业产业化先进个人；2009 年度和 2010 年度东西湖区科普先进工作者标兵、先进个人；2011 年武汉市十佳创业个人，五一劳动奖章等荣誉称号。魏晓明的企业 2010 年被市总工会授予“武汉市十佳工友创业基地”“武汉市助推都市农业示范点”“东西湖区特色农业科普示范园”“全程机械化示范园”“农业产业化重点龙头企业”等荣誉。

思考问题：

是什么原因使魏晓明的创业道路能够顺利走到今天？如果你是魏晓明，你将如何做到诚信守业？魏晓明的故事给了你什么启发？

巧手巧心

请制作一些宣传诚信的小卡片，方便贴在教室墙上的宣传栏上，例如：“让诚信的阳光温暖你我”。

实践探究

我们在现实生活中，不仅要懂得什么是诚信，诚信有什么价值，更重要的是要懂得和学会做一个诚信的人。为了进一步培养学生诚信的良好品质,塑造出一个个讲诚信的新时代学生。某高校学生准备召开以"做一个诚信的人"为主题的班会。假如你是该班的学生,请你根据下面的提纲完成活动设计。

(1)请你来拟订:请你为本次主题班会拟订一个班会主题。

(2)请你来设计:围绕主题,写出一种活动形式。

(3)请你来阐述:请你围绕主题阐述一下本次活动的意义。

(4)请你来列举:请你列举几句名人名言与同学们共勉。

开心测试

亲爱的同学,你知道自己的诚信指数是多少吗? 下面这个测试可你帮助你了解自己的诚信情况,快点测一测吧!

1. 假如说谎能给你带来好处,你会不会说谎?

A. 会　　B. 不会　　C. 看具体情况

2. 你在还有一门课补考通过后才能获得学位证书的情况下,会不会作弊?

A. 会　　B. 不会　　C. 看情况

3. 6月19日,大学英语四级考试作文题在网上泄密,武汉某考点7名考生夹带事先做好的作文当场被抓获。如果你在考前也碰巧看到大学英语四级作文题,你会:

A. 不理不睬

B. 事先做好,考场照抄

C. 向有关教育主管部门反映

4. 你参加了大学英语六级考试,在未知成绩时去参加招聘会,某单位看中了你,但要求英语必须过六级,你会:

A. 如实相告　　B. 支吾过去　　C. 编造谎言

5. 当你自己犯了错误,老师却冤枉了你的同学,你是:

A. 窃喜,有人代己受过

B. 忐忑不安,很想找老师说明情况

C. 主动承担责任

6. 你阅读那些与你的观点不相同的刊物吗?

A. 从来不看

B. 看,而且还特别感兴趣

C. 如果碰到的话,也会看看

7. 你很难原谅严重伤害过你的人吗?

A. 很难原谅他

B. 可以原谅他

C. 可以原谅他，但不会忘记这件事

8. 你认为自己是一个诚实守信的人吗？

A. 是　　　　B. 不是　　　　C. 基本上是

9. 一次学生篮球联赛中，你队以2分之差落后于对手。比赛结束前你来了一个三分远投，结果你投中了，裁判员没注意到你的脚踩界了，判你队以1分险胜对手，这时你会：

A. 举手向裁判示意你踩界了

B. 独自快乐，反正胜利就行

C. 忐忑不安，很想找裁判说清楚

10. 在田径场进行运动训练时，你无意间捡到一部售价很高的新款手机，这时你会：

A. 诚实地将它交给教练员

B. 管它三七二十一，据为己有

C. 内心矛盾，不知道怎么办

11. 在无人监控的学生英语四级考试中，你遇到了许多不会做的题目，这时你会：

A. 看实际情况吧，小心驶得万年船，我可不要做扑火的飞蛾

B. 不会做就不会做，绝不看别人的，说不定有监控器在偷窥呢

C. 东张西望，力争答案准确，不然就不及格也就拿不到毕业证书，多可怕呀

12. 在饭堂打饭时，周围人太多，服务员没留意到你是否有打卡而实际上你确定没打卡，这时你会：

A. 和她开个玩笑，装着没看见，一走了之

B. 人家食堂也不容易，自觉地打卡，享受刷卡消费带来的快乐

C. 义正词严地说：我打过两次卡了，你还缺我一份饭呢

13. 诚信、成人、成才是辩证统一的关系，诚信是基础，然后才谈得上探索如何成人与成才，你认为哪句话最能概括三者关系：

A. 车无辕不行，人无信不立

B. 有德有才者，谓之君子；有德无才者，谓之贤人；有才无德者，谓之小人

C. 成在学、思、行，行在诚、实、信

14. 助学贷款是国家为支持和鼓励家境贫寒的学生完成大学学业而设立的无担保、无抵押、无质押的纯粹意义上的信用贷款，其偿还完全取决于学生个人信用。有些高校助学贷款的还贷违约率超过20%，令学校和银行方面有苦难言。您觉得影响贷款同学还贷的最主要的因素是什么呢？

A. 是否偿还都无所谓的心理，反正国家也无法制裁自己，坚持能拖就拖、能赖就赖的原则

B. 个人或者家里出现问题，以至于不能按期还款，情非得已

C. 毕业后一定时期内的收入不足以偿还贷款，"口袋里没钱，银行倒是很多"

15. 青春爱情是校园里永恒的话题，它常谈常新不褪色。如果你在大学期间谈恋爱，你认为：

A. 玩玩而已，不会投入很深的感情，以后定会遇到更合适的

B. 对感情负责，认真投入，真心实意地恋爱，不求回报

C. 过程比结果更重要，只在乎曾经拥有，不在乎天长地久

16.《韩非子》中的寓言：宋国有个富人，一天大雨把他家的墙淋坏了。他儿子说："不修好，一定会有人来偷窃。"邻居家的一位老人也这样说。晚上富人家里果然丢失了很多东西。假设你就是那个富人，你会怎么想：

A. 自认倒霉，就当是扶危济困，为下辈子积善了吧

B. 运用法律武器，立即报告官府，擒拿偷盗的人，维护自我合法权益

C. 儿子很聪明，怀疑是邻居家老人偷的，找他理论去

17. 给所在的学校或公司填写个人材料如档案、履历表时，你会怎么做：

A. 无所谓

B. 自己会如实填写，绝对诚信

C. 在必要时可适当虚构，不必绝对诚信

18. 怎样才能提高学生诚信意识，实现校园诚信呢？

A. 主要靠国家、靠社会，大社会诚信了，校园这个小社会自然也就诚信了

B. 学校要严把思想教育关，把"诚信"纳入课堂话题

C. 学生自身要不断提高对诚信必要性和意义的认识，维护校园这最后一片净土

19. 两千多年前，孔子就有言曰："人而无信，不知其可也。"时至今日，诚信是做人之本、兴业之基、立国之策，这已是社会各界的共识。然而，我们正在经历一场严重的"诚信危机"，最严重的表现为：

A. 政治领域里欺上瞒下、粉饰政绩、买官卖官、贿选捞官、贪污腐败、权钱交易等现象在一些地方和一些官员身上不同程度地存在

B. 经济领域里制假贩假、偷税漏税、骗汇骗保、恶意透支、虚开票据、伪造票证、财务造假、商业欺诈、虚假广告、缺斤短两等现象相当严重

C. 教育文化领域里假成果、假学历、假文凭、假证件、假新闻屡见不鲜

20. 在教室的桌洞里你（或者和同学）发现了上节课同学落下的手机、MP3、戒指等贵重物品，这时你会：

A. 拿走物品，换个座位，淡然处之，全当物品不在自己身上

B. 感谢上帝给我一次做好事的机会，等待失主的到来

C. 假意为失主鸣不平，为同学隐瞒罪行

评分标准

	1题	2题	3题	4题	5题	6题	7题	8题	9题	10题
A	0分	0分	1分	2分	0分	0分	0分	2分	2分	2分
B	2分	2分	0分	1分	1分	2分	2分	0分	0分	0分
C	1分	1分	2分	0分	2分	1分	1分	1分	1分	1分

	11题	12题	13题	14题	15题	16题	17题	18题	19题	20题
A	1分	1分	0分	0分	0分	1分	0分	0分	1分	1分
B	2分	2分	1分	1分	1分	2分	1分	1分	2分	2分
C	0分	0分	2分	2分	2分	0分	2分	2分	0分	0分

你的总分是：

31~40分：你是一位诚信度很高的人，而且有很高的涵养，能充分意识到别人面临的困难，理解他们的难处。你可能会遭到别人暂时的不理解，但你仍不会同他们发生争执，你最终会成为许多人喜欢的朋友。倘若这种宝贵的品质继续发扬下去，将来定会成就一番事业，不仅如此，您还将会备受别人的尊重。

21~30分：你的诚信度还算可以，显得比较有涵养，在许多方面能容得下别人的意见。只要心诚，石头也会开出花来。紧握这些箴言，相信拥有诚信，你的人生之路会更平坦。要谨记："诚者，天之道也。"

11~20分：你的诚信度不算高，也许你还没有意识到这一点，你和朋友的友谊，一般不会维持太久，你在许多没有价值的微小问题上浪费了时间。

0~10分以下：你相当缺乏诚信，而且比较专横，易冒犯他人。你不能容忍别人对你做错事，但常为自己的过失找理由。朋友，衷心祝愿您擦亮心灵的窗户，别给自己蒙上一层灰。只有做到"内诚于心"，才能"外信于人"。切记切记！

歌曲欣赏

比黄金还要贵重的诚信

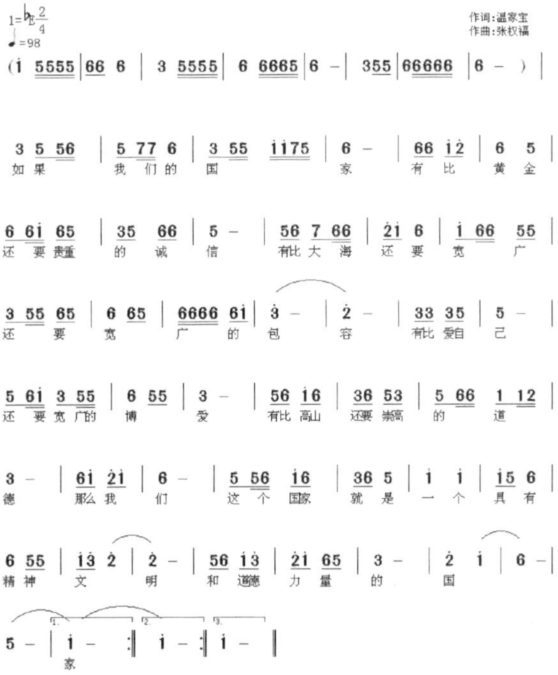

机智辩论

诚信是人类社会发展的基石,有人认为诚信是一个人的信念,要想做到诚信,关键在于自律;有的人却认为,当今社会人都很现实,只有在别人监督下,才能做到真正的诚信。那么,诚信究竟需要自律还是他律呢?那就请同学们分组唇枪舌剑,一争高下吧!

辩题:要想做到诚信,关键在于自律还是他律?

参考文献

[1]孔颖达. 尚书正义[M]. 上海:上海古籍出版社,1990.

[2]朱熹. 四书章句集注[M]. 北京:中华书局,1983.

[3]段玉裁. 说文解字注[M]. 上海:上海古籍出版社,1981.

[4]刘熙. 释名[M]. 台北:育民出版社,1970.

[5]刘宝楠. 论语正义[M]. 北京:中华书局,1986.

[6]朱伯昆. 先秦伦理学概论[M]. 北京:北京大学出版社,1984.

[7]赵岐. 孟子注疏[M]. 上海:上海古籍出版社,1990.

[8]许维遹. 吕氏春秋集释[M]. 北京:中华书局,2009.

[9]黎靖德. 朱子语类[M]. 北京:中华书局,1986.

[10]陆九渊. 陆九渊集[M]. 北京:中华书局,1986.

[11]王先谦. 荀子集解[M]. 北京:中华书局,1986.

[12]吴枫. 中华思想宝库[M]. 长春:吉林人民出版社,1990.

[13]西方法律思想史编写组. 西方法律思想史资料选编[M]. 北京:北京大学出版社,1983.

[14]霍布斯. 利维坦[M]. 黎思复,黎廷弼,译. 北京:商务印书馆,1985.

[15]姜正冬. 论社会诚信[J]. 山东师范大学学报:人文社会科学版 ,2002(3):13-17.

[16]马克思,恩格斯. 马克思恩格斯选集:第 2 卷[M]. 北京:人民出版社,1995.

[17]马克思,恩格斯. 马克思恩格斯选集:第 4 卷[M]. 北京:人民出版社,1995.

[18]吕方. "诚信"问题的文化比较思考[J]. 学海,2002(4):28-30.

[19]韦伯. 儒教与道教[M]. 王容芬,译. 北京:商务印书馆,1999.

[20]严可均. 全上古三代秦汉三国六朝文 [M]. 北京:中华书局,1958.

[21]郑少珍. 中国传统诚信思想的内涵及其特点[J]. 求索,2004(2):226-229.

[22]曹新军. 传统诚信思想与社会主义和谐社会诚信体系构建研究[D]. 西安:西安电子科技大学,2007.

[23]杨伯峻. 春秋左传注[M]. 北京:中华书局, 2000.

[24]吴兢. 贞观政要[M]. 上海:上海古籍出版社,1978.

[25]焦循. 孟子正义[M]. 北京:中华书局,1986.

[26]刘爽. 中国传统诚信道德的现代转变[J]. 中共中央党校学报,2003(4):121-125.

[27]费孝通. 乡土中国[M]. 北京:生活 · 读书 · 新知三联书店,1985.

[28]张锡勤. 中国传统道德举要[M]. 哈尔滨:黑龙江教育出版社,1996.

[29]周敦颐. 周敦颐集[M]. 北京:中华书局,1990.

[30]王文锦. 礼记译解[M]. 北京:中华书局,2001.

[31]张澍军. 人本身的建设与社会的和谐[N]. 中国教育报,2005-10-12.

[32]福山. 信任：社会道德与繁荣的创造[M]. 李宛蓉，译. 呼和浩特：远方出版社，1998.
[33]康芒斯. 制度经济学：下册 [M]. 于树生，译. 北京：商务印书馆，1997.
[34]马克思. 资本论：第 3 卷 [M]. 北京：人民出版社，1975.
[35]伊特韦尔，米尔盖特，纽曼. 新帕尔格雷夫经济学大辞典[M]. 北京：经济科学出版社，1996.
[36]韦伯. 新教伦理与资本主义精神[M]. 于晓，陈维纲，等译. 西安：陕西师范大学出版社，2007.
[37]马克思，恩格斯. 马克思恩格斯全集：第 25 卷[M]. 北京：人民出版社，1974.
[38]齐美尔. 货币哲学[M]. 北京：华夏出版社，1900.
[39]陈文玲. 中美信用制度建设的比较和建议[J]. 经济研究参考，2002(67).
[40]杨继国. 诚信、非正式制度与政府管制[J]. 厦门大学学报：哲学社会科学版. 2004(3)：94-101.
[41]李逸凡，等. 高等职业院校诚信教育引论[M]. 杭州：浙江大学出版社，2009.
[42]来永宝. 诚信五论[M]. 厦门：厦门大学出版社，2004.
[43]陈云涛. 大学生诚信文化理论与实践[M]. 杭州：浙江科学技术出版社，2008.
[44]蒙田. 蒙田随笔全集[M]. 马振聘，译. 上海：上海书店出版社，2009.
[45]李萍，钟明华. 诚信：人生之基 立身之本[M]. 广州：广东高等教育出版社，2004.
[46]唐凯麟. 大学诚信读本[M]. 长沙：湖南师范大学出版社，2007.
[47]景枫. 社会诚信研究[M]. 北京：中国社会科学出版社，2005.
[48]胡章记，等. 高校诚信教育的理论与实践[M]. 北京：国防大学出版社，2007.
[49]毛泽东. 毛泽东文集[M]. 北京：人民出版社，1996.
[50]韩玉伟，金国峰. 诚信论[M]. 沈阳：沈阳出版社，2005.
[51]肖川. “个性教育 · 人格教育 · 主体性教育”辨析[J]. 教育学术月刊，1999(5)：25-28.
[52]胡秀英. 和谐社会目标下大学生诚信教育的价值意蕴及其实现机制[J]. 当代教育论坛，2007(9)：46-48.
[53]张永红. 美国高校的荣誉规则及启示[J] . 外国教育研究，2010(6)：80-85.
[54]卢淑华. 婚姻观的统计分析与变迁研究[J]. 社会学研究，1997(2)：39-49.
[55]庞跃辉. 关于社会诚信观的哲学认知分析[J]. 南昌大学学报：人文社会科学版，2003(2)：1-6.
[56]郭湛，朱华彬. 政治诚信重在制度诚信[J]. 学习月刊，2010(14)：1.
[57]中共中央党史研究室. 中国共产党历史大事记(1919. 5—2005. 12) [M]. 北京：中共党史出版社，2006.
[58]李玉琴. 经济诚信论[M]. 南京：江苏人民出版社，2005.
[59]辞海编辑委员会. 辞海(缩印本) [M]. 上海：上海辞书出版社，1990.
[60]邓小平. 邓小平文选(第二卷) [M]. 北京：人民出版社，1994.
[61]曲芳兰. 信任危机症：一种无所不在的社会病[J]. 市场与价格，1994(12)：15.
[62]张风喜. 信用忧思录[J]. 经济论坛，1999(6)：16-17.
[63]中共中央文献研究室. 十一届三中全会以来重要文献选读：上册[M]. 北京：人民出版社，1987.
[64]中共中央文献研究室. 十一届三中全会以来重要文献选读：下册[M]. 北京：人民出版社，1987.

[65]中共中央文献编辑委员会.江泽民文选[M].北京:人民出版社,2006.
[66]中央保持共产党员先进性活动领导小组.保持共产党员先进性教育读本[M].北京:党建读物出版社,2005.
[67]佚名.诚信记录首次进入高考考生档案[N].中国教育报,2005-06-05(2).
[68]温源.信用档案:个人的信用通行证[N].光明日报,2006-01-23(6).
[69]周林.诚信[M].北京:中国纺织出版社,2005.
[70]刘光明.诚信决定命运:驰骋职场的秘诀[M].北京:经济管理出版社,2009.
[71]张多来,周晓阳,等.和谐社会视野中大学生诚信建设研究[M].合肥:安徽人民出版社,2010.
[72]党静萍,师会芳.聚焦诚信[M].北京:军事医学科学出版社,2007.
[73]胡锦涛.在庆祝清华大学建校100周年大会上的讲话[R].北京:清华大学,2011.
[74]冯淼.大学生逃课现象刍议[J].山西高等学校社会科学学报,2006(9):125-126.
[75]董娅,廖小明,刘维.大学生学习诚信的现状调查与深度分析[J].西南大学学报:社会科学版,2008(3):60-66.
[76]张晶.对独立学院隐性逃课的调查[J].世纪桥,2010(15):95,103.
[77]胡善林.有一种美德叫诚信[M].北京:中国纺织出版社,2009.
[78]蔡元培.就任北京大学校长之演说[R].北京:北京大学,1919.
[79]李春秋,贾淑斌,王保江.诚信助你成功:大学生诚信建设读本[M].广州:华南理工大学出版社,2005.
[80]晁说之.晁氏客语[M].长沙:岳麓书社,2005.
[81]王弼.老子道德经注校释[M].北京:中华书局,2009.
[82]吴毓江.墨子校注[M].北京:中华书局,2006.

后　记

为了更好地配合学校深入开展“三讲三心”明德教育，更好地满足学生在学习生活中，学诚信知识，明诚信道理，遵诚信要求，行诚信行为，养诚信品质，做诚信之人的需要，我们对本书部分章节的内容进行了调整。在编写过程中，我们力求紧密联系学生在成长成才过程中所面临的种种问题，贴近实际，贴近生活，突出针对性、实效性、可操作性，力求使本书具有可读性、吸引力和感染力。让学生在阅读中学有所获，并能增强分析、解决实际问题的能力。通过努力，我们如果能为学生的健康成长多做一些工作，那么足以让我们感到欣慰和自豪。

本书撰写工作分工如下：前言和后记由华宪成撰写，第一章由肖捷飞编写，第二章由李林霞编写，第三章由夏苇航编写，第四章由向利、霍岩编写，肖捷飞在书稿的编写过程中协助主编做了部分工作。全书的编写工作得到了学院领导的大力支持，邹广严院长和王亚利副院长在百忙中对大纲的审定和编写工作给予了许多指导；陈廷湘教授参与了大纲的审订工作，并对全书初稿提出了宝贵意见。天津大学出版社崔成山编辑为本书的顺利出版做了大量工作。在这里，我们每一位编者，对来自方方面面的支持和帮助，表示深深的谢意。在编写过程中，我们引用了许多资料、图片，在这里我们对这些资料、图片的原创者也表示深深的谢意。

尽管我们主观上希望本书能成为一本高质量的思想道德修养教材，在编写过程中我们也一直以这样的标准来要求自己，但在编写过程中要实现这一目标并非易事。这次再版修订，我们对部分章节的内容作了一些修改，内容更加充实，比过去有了不小的进步，但仍然存在不足之处，我们诚恳希望使用和阅读本书的老师和同学对我们的编写工作提出意见和建议，帮助我们不断修订此书。我们将始终为之而努力，让《知诚讲信——诚信读本》最终能成为学生真正喜爱的思想道德修养教材。

编　者

2019 年 1 月 1 日